1급부터 5급 단어가 다 들어 있는

新

HSK

기출 2500

VOCA

고은미 지음

동양북스

초판 5쇄 | 2017년 1월 20일

지은이 | 고은미
발행인 | 김태웅
총　괄 | 권혁주
편집장 | 이경숙
편　집 | 장아름
디자인 | 김효정
마케팅 총괄 | 나재승
마케팅 | 서재욱, 김귀찬, 왕성석, 이종민, 조경현
온라인 마케팅 | 김철영, 양윤모, 탁수지
제　작 | 현대순
총　무 | 한경숙, 안서현, 최여진, 강아담
관　리 | 김훈희, 이국희, 김승훈, 이규재

발행처 | 동양북스
등　록 | 제10-806호(1993년 4월 3일)
주　소 | 서울시 마포구 동교로 22길 12 (04030)
전　화 | (02)337-1737
팩　스 | (02)334-6624

http://www.dongyangbooks.com

ISBN 978-89-8300-707-0 13720

이 책을 내면서

제가 중국어 강의를 시작한 지도 어느덧 10년이 훌쩍 넘었지만, 지금까지 열정을 유지할 수 있었던 것은 수업 시간에 저를 보는 학생들의 똘망똘망한 눈빛, 그 속에서 전해지는 학습에 대한 열의를 고스란히 느꼈기 때문입니다. 그동안 수많은 학생들을 만났고 그들의 중국어 학습에 대한 무수한 이야기를 들었습니다. 이제는 저의 다년간 중국어 교육 경험을 바탕으로, 제가 여러분에게 진정한 중국어 교육의 길잡이가 되어 주어야겠다는 생각을 해 봅니다.

중국어 학습 과정을 한 마디로 요약하면 지속적인 어휘 학습에 규칙적인 순서 배열을 자연스럽게 익히는 과정입니다. 이를 위해서는 엄선된 중국어 문장들을 '스마트하게' 학습해야 합니다. 그렇다면 어떻게 하는 것이 '스마트하게' 학습하는 것일까요? 중국인들이 많이 사용하는 실용적인 문장을 반복적으로 외우고 말하되, 패턴화 시켜서 연습하는 것입니다. 중국어를 듣고 반사적으로 대답이 나올 수 있으려면 기본 문형부터 시작해서 패턴화된 문장을 반복적으로 연습해야 합니다.

또한, 新HSK의 쓰기 영역 대비를 위해 단기간에 쓰기 실력을 향상시킬 수 있는 방법을 고민하고 연구한 결과는 바로 어휘였습니다. 이 책은 교육 현장에서 증명된 저의 어휘 강화 학습법의 요체입니다. 新HSK 학습의 8할은 어휘입니다. 2500개의 1~5급 어휘가 사용되는 맥락을 이해하고, 정확한 용법을 숙지하는 것이 바로 新HSK 학습의 초석입니다.

예전에 新HSK 독해 지문에 이런 문장이 있었습니다. "选对老师，聪明一生。"은 "선생님을 잘 선택하면 한평생을 똑똑하게 지낼 수 있다."라는 말입니다. 이 책이 新HSK를 처음 접하는 학습자들에게 좋은 선생님, 바른 길잡이가 되어 주기를 기대하며 여러분의 중국어 학습을 응원합니다.

저자 고은미

이 책은 汉办(HSK 출제 기관)에서 제공한 新HSK 5급 단어를 철저하게 분석하여 만든 단어장으로, 엄선된 예문과 단어들은 新HSK 5급 학습자들에게 더할 나위 없는 최상의 학습 자료가 되어줄 것입니다.

1. 新HSK 5급 필수 단어 2500개를 과학적이고 효율적으로 학습!!

이 책은 新HSK 5급에 출제되는 필수 단어 2500개를 과학적이고 효율적으로 학습할 수 있도록 도와줍니다. 엄선된 예문은 물론이거니와 동의어·반의어·자주 함께 쓰이는 짝꿍 단어를 수록하여, 하나의 단어를 개별적으로 공부하는 것이 아니라, 연관되는 단어까지 카테고리를 만들면서 함께 외울 수 있도록 구성하였습니다.

2. 新HSK 작문에도 100% 활용 가능한 최적의 단어장!!

이 책은 쓰기 시험에 강해지는 단어장입니다. 단어장의 예문은 쓰기 시험에서 쉽게 활용할 수 있는 활용도가 높은 문장들을 선별 구성하였으며, 단어별 Tip에서는 학습자들이 실제로 문장을 만들면서 틀리기 쉽고 헷갈리는 부분을 콕콕 짚어서 알려드립니다. 독학 학습자들이 新HSK 5급을 쉽게 정복할 수 있는 최적의 단어장입니다.

3. 학습자를 배려한 모든 단어의 급수 표기!!

목표하는 급수가 다른 학습자들을 배려하여 5급 2500개 전 단어에 개별적으로 해당 급수를 표기하였습니다. 5급 밑의 급수 시험을 준비하시는 분들에게도 도움이 되고, 단어별 급수 확인을 통해 단어의 난이도를 체감하실 수 있습니다. 급수별로 공부하시면서 자신의 실력 향상을 체크해볼 수도 있습니다.

4. 출제 빈도를 고려한 단어의 중요도 체크!!

　　매회 시험에 참가하는 저자의 객관적인 데이터를 근거로 新HSK 필수 단어 2500개에 단어별로 중요도를 표시하였습니다. 동그라미가 많은 단어일수록 新HSK가 매우 선호하는, 출제 빈도가 높은 단어입니다.

5. 최신 쓰기 시험 기출문제 **수록** – 연습문제 구성!!

　　최신 쓰기 시험 기출문제들을 다량 수록하여, 예문 구성 및 연습문제에 활용 하였습니다. 최신 쓰기 시험 문제들을 통해 新HSK 쓰기 시험의 감각을 익히는 것은 물론, 실제 시험을 준비하는 데도 크게 도움이 될 것입니다.

6. MP3 음성 파일 제공!!

　　MP3 음성 파일을 제공하여, 정확한 원어민의 발음을 듣고 따라 읽는 청각 학습을 강화, 어학 학습에 최대의 효과를 거둘 수 있도록 도와줍니다.

7. 新HSK에 유용한 시험 처방전 제공!!

　　저자만의 新HSK 5급 시험 문제 유형 및 학습법에 관련한 노하우를 대거 공개하여, 학습자들에게 新HSK 학습의 방향을 확실히 잡아드립니다.

Mp3 녹음 차례

이 책을 한눈에 보여드립니다

급수 표기

汉办(HSK 출제 기관)에서 제공한 新HSK 필수단어 2500개에 5급 어휘마다 해당 급수를 모두 표기하였습니다.

중요도 표기

新HSK 시험에 출제되었거나 출제될 가능성이 높은 정도를 표기하였습니다. 동그라미가 많을수록 출제 빈도가 높은 중요 단어입니다.

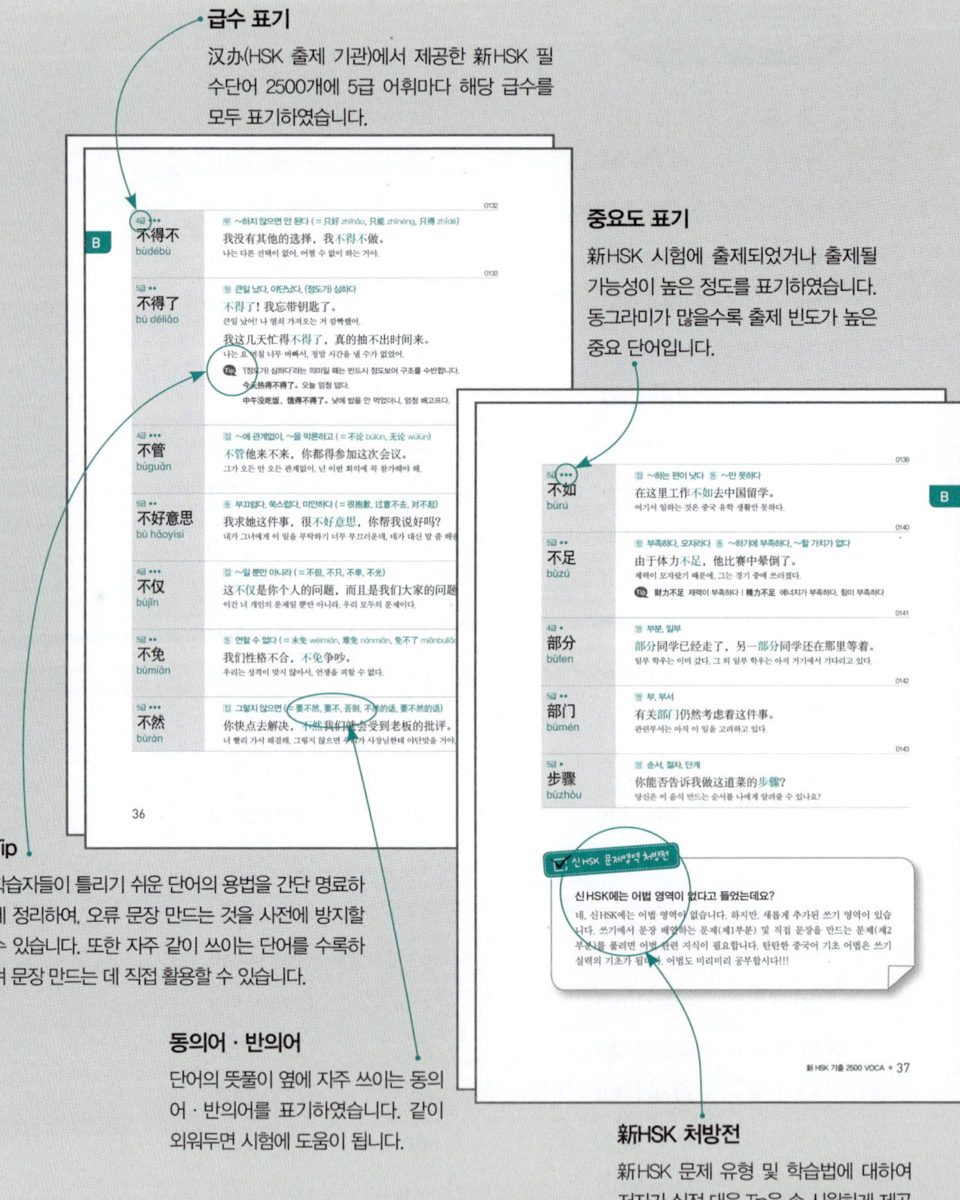

Tip

학습자들이 틀리기 쉬운 단어의 용법을 간단 명료하게 정리하여, 오류 문장 만드는 것을 사전에 방지할 수 있습니다. 또한 자주 같이 쓰이는 단어를 수록하여 문장 만드는 데 직접 활용할 수 있습니다.

동의어 · 반의어

단어의 뜻풀이 옆에 자주 쓰이는 동의어 · 반의어를 표기하였습니다. 같이 외워두면 시험에 도움이 됩니다.

新HSK 처방전

新HSK 문제 유형 및 학습법에 대하여 저자가 실전 대응 Tip을 속 시원하게 제공합니다.

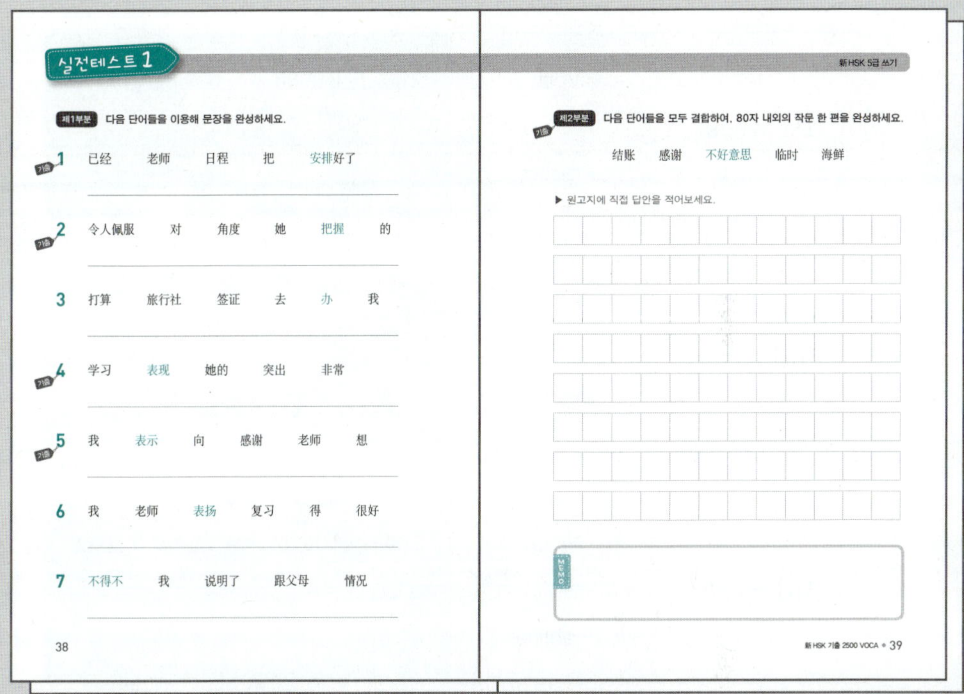

실전 테스트 1~15

단순한 단어 확인 차원을 넘어서 단어의 암기 여부를 新HSK 쓰기 시험 문제 형식을 통해 체크할 수 있습니다. 단어 확인학습과 新HSK 쓰기 시험의 적응도를 높이는 일석이조의 효과를 거둘 수 있습니다.

- **쓰기 제1부분** 순서 배열 문제
- **쓰기 제2부분** 단어 및 그림 보고 단문 쓰기 문제
  ▶ 쓰기 제2부분은 〈제시된 5개의 단어를 넣어서 80자 작문하기〉 문제와 〈주어진 그림을 보고 80자 작문하기〉 문제를 번갈아가며 훈련할 수 있게 구성되어 있습니다.

- **쓰기 비법 및 모범답안 별도 수록**

新HSK VOCA

		1	2
1st week	Voca	A0001–B0080	B0081–B0143
	Practice		실전 테스트 1

		7	8
2nd week	Voca	E0459–F0510	F0511–F0557
	Practice		실전 테스트 4

		13	14
3rd week	Voca	J0901–J0970	J0971–J1032
	Practice		실전 테스트 7

		19	20
4th week	Voca	Q1451–R1544	S1545–S1600
	Practice	실전 테스트 10	

		25	26
5th week	Voca	X1933–X2000	X2001–X2088
	Practice		실전 테스트 13

3	4	5	6
C0144-C0250	C0251-C0300	D0301-D0400	D0401-D0458
	실전 테스트 2		실전 테스트 3

9	10	11	12
G0558-G0660	G0661-G0715	H0716-H0823	J0824-J0900
	실전 테스트 5	실전 테스트 6	

15	16	17	18
K1033-L1150	L1151-L1212	M1213-N1339	O1340-Q1450
	실전 테스트 8	실전 테스트 9	

21	22	23	24
S1601-S1700	S1701-S1750	T1751-T1851	W1852-W1932
	실전 테스트 11		실전 테스트 12

27	28	29	30
Y2089-Y2200	Y2221-Y2268	Z2269-Z2400	Z2401-Z2500
	실전 테스트 14		실전 테스트 15

– 개인별 30일 or 60일 플랜 가능!!
– 4급 학습자는 1급에서 4급 단어만 골라서 학습해보세요.

	학습 목표량	학습 달성량	각오
1			
2			
3			
4			
5			
6			
7			
8			
9			
10			
11			
12			
13			
14			
15			
16			
17			
18			
19			
20			
21			
22			
23			
24			
25			
26			
27			
28			

29			
30			
31			
32			
33			
34			
35			
36			
37			
38			
39			
40			
41			
42			
43			
44			
45			
46			
47			
48			
49			
50			
51			
52			
53			
54			
55			
56			
57			
58			
59			
60			

他的汉语水平让我很佩服。长城给我留下了深刻的印象。中秋节是一个传统的节日。韩国商品在中国很受欢迎。

HSK VOCA HSK VOCA

新
HSK
기출 2500
VOCA
A ~ Z

0001

3급 •

阿姨
āyí

명 이모, 아주머니 (어린아이가 친척이 아닌 어머니 또래의 여자를 부르는 말)

你叫她阿姨吧。 넌 그녀를 이모라고 부르렴.

Tip 姨妈·姨母 이모 | 叔叔 아저씨, 삼촌, 숙부

0002

3급 ••

啊
a

감 애! (놀람, 감탄을 나타냄)

这家商场的东西多么便宜啊！ 이 가게의 물건이 얼마나 싼데!

Tip 문장의 끝에 쓰여 놀람, 감탄의 의미를 나타냅니다.

很…啊 | 非常…啊 | 多么…啊 | 真…啊

0003

5급 •

唉
āi

감 응!, 애! (대답, 탄식, 연민을 나타냄)

唉，我来了。 응, 나 왔어. (대답)

唉，考砸了! (=考糟了) 아, 시험 망쳤어! (탄식)

唉，真可怜! 아, 정말 가여워! (연민)

0004

3급 •

矮
ǎi

형 (키가) 작다, (높이가) 낮다

他的个子很矮。 그는 키가 작다.

Tip *矮 뒤에 小를 붙여서 矮小로 확장시킬 수 있습니다.

矮小 낮고 작다, 왜소하다 → 身材矮小 몸집이 작다

*矮의 반대말인 高도 大를 붙여 확장시킬 수 있습니다.

高大 높고 크다 → 那栋高大的楼房 그 높고 큰 건물

0005

1급 ••

爱
ài

동 사랑하다 조동 ~하기를 좋아하다

我爱上了一个姑娘。 나는 한 소녀를 사랑하게 되었다.

他爱看足球。 그는 축구 보는 것을 좋아한다.

0006

3급 ••

爱好
àihào

명 취미 동 좋아하다, 애호하다

我的爱好是看科幻小说。 나의 취미는 공상과학소설을 보는 것이다.

Tip 科幻小说 (= 科学幻想小说) 공상과학소설, SF소설

A

5급 ••
爱护
àihù

동 아끼고 보호하다, 보살피다

那些父母特别爱护自己的孩子。
그 부모들은 특별히 자신의 아이를 아낀다.

Tip 爱护의 목적어는 아끼고 보살펴야 하는 대상입니다.

爱护孩子 아이를 보살피다 | **爱护国家财产** 국가재산을 보호하다

爱护公共财物 공공재산을 보호하다 | **爱护动物** 동물을 보호하다

4급 •
爱情
àiqíng

명 (남녀 간의) 사랑, 애정

我喜欢看爱情小说。 나는 연애소설 보는 것을 좋아한다.

Tip 爱情은 남녀 간의 사랑을 지칭하고, 가족 간의 사랑은 亲情이라고 합니다.

爱情片 (= 爱情电影) 멜로 영화

5급 •
爱惜
àixī

동 아끼다, 소중하게 여기다

这个钱包是我爸爸给我的，所以我特别爱惜它。
이 지갑은 아빠가 나에게 준 것이다, 그래서 나는 특별히 이것을 아낀다.

Tip 爱惜는 보통 뒤에 일반 사물이 목적어로 쓰입니다.

爱惜人才 인재를 아끼다 | **爱惜身体** 신체를 아끼다

爱惜粮食 양식을 아끼다 | **爱惜书籍** 서적을 아끼다

5급 •
爱心
àixīn

명 사랑(하는 마음)

妈妈对孩子充满爱心。 엄마는 아이를 사랑하는 마음이 넘친다.

3급 ••
安静
ānjìng

형 조용하다, 고요하다, 편안하다

吃完药后，他安静地躺在床上。
약을 먹은 후, 그는 편안하게 침대 위에 누워 있다.

Tip '조용하다'와 같이 소극적인 의미의 형용사 뒤에는 방향보어 下来가 옵니다.

安静下来 조용해지다 ↔ **吵起来** 시끄러워지다

(吵와 같은 적극적인 의미의 형용사 뒤에는 방향보어

起来가 옵니다.)

4급 •••

安排
ānpái

동 안배하다, 배치하다

老师已经把日程安排好了。
선생님은 이미 일정을 다 짜놓았다.

Tip 安排 뒤에는 다음과 같은 목적어가 올 수 있습니다.
安排人员 인원을 배치하다 | **安排工作** 일을 안배하다 | **安排学习** 공부를 안배하다
安排任务 임무를 안배하다 | **安排时间** 시간을 안배하다

4급 ••

安全
ānquán

형 안전하다

过马路的时候，一定要注意安全。
길을 건널 때는, 꼭 안전에 주의해야 한다.

5급 ••

安慰
ānwèi

동 위로하다

这次失败，他受到了很大的打击，你去安慰他吧。
이번 실패로, 그는 아주 큰 충격을 받았어요, 당신이 가서 그를 위로해주세요.

5급 ••

安装
ānzhuāng

동 설치하다

你能不能帮我安装软件?
너는 내가 프로그램 설치하는 걸 도와줄 수 있니?

5급 •

岸
àn

명 언덕, 기슭

我的船10分钟以后就到岸了。 우리 배는 10분 후에 곧 도착합니다.

Tip **到岸** 배가 항구에 도착하다 ↔ **起航** 배나 비행기가 출항하다

4급 •

暗
àn

형 어둡다, 캄캄하다 (↔ 亮 liàng 밝다, 환하다)

天突然暗下来了。 하늘이 갑자기 어두워졌다.

Tip '어두워지다'는 소극적인 의미의 형용사로 방향보어 下来가 뒤에 붙습니다.
반대로 '亮(환하다)'은 적극적인 의미의 형용사로 방향보어 起来가 뒤에 붙습니다.

按时
ànshí
4급 ●●●

国 규정된 시간 안에, 제시간에

大夫嘱咐他按时吃药。

의사는 그에게 정해진 시간에 약을 먹으라고 당부했다.

Tip 及时, 准时에 대해서도 알아봅시다.

* 及时 즉시, 제때에, 시간을 놓치지 않고

生了病应该及时去医院。 병이 나면 즉시 병원에 가야 합니다.

* 准时 정확한 시간에, 정해진 시간에 꼭 알맞게

我5点准时到达，你在电影院门口等我。

나는 5시 정각에 도착하니, 영화관 입구에서 기다려.

按照
ànzhào
4급 ●●

전 ~에 따라, ~에 비추어

按照我说的做吧，你肯定不会后悔的。

내 말대로 해봐, 너는 분명 후회하지 않을 거야.

Tip 按照의 根据를 비교해봅시다.

* 按照 ~에 비추어 (+ 해야 되는 내용)

按照老师的指出，这些内容你全改了。

선생님의 지적에 따르면, 당신은 이 내용들을 전부 고쳐야 해요.

* 根据 ~에 근거하여 (+ 판단이나 결론 도출의 근거)

根据新闻报道，那个国家不安全，我们最好别去了。

뉴스 보도에 따르면, 그 나라는 안전하지 않대, 우리 가지 않는 게 좋겠어.

☑ 신 HSK 점수 산출 처방전

신HSK는 과목별 과락이 있나요?

신HSK는 과목별 과락이 없습니다. 즉, 듣기 · 독해 · 쓰기 세 과목 중 한 과목의 성적이 지나치게 낮더라도 총점이 180점만 되면 합격입니다. 그렇다고 좋아하는 과목만 계속 공부해서 그 과목만 고득점 받으면 안 되겠죠? 세 과목 모두 골고루 공부합시다!

B

0020

1급 •
八
bā

㈜ 8, 여덟

他今天八点就到教室了。 그는 오늘 8시에 교실에 도착했어.

0021

3급 •••
把
bǎ

㈜ ~을, ~를

她已经把电脑修理好了。 그녀는 이미 컴퓨터를 수리했어.

0022

5급 •••
把握
bǎwò

㈜ 자신감, 성공 가능성   ㈜ (꽉 움켜) 쥐다, 잡다, 파악하다

明天的考试你有把握吗? 너 내일 시험 자신 있니?

她对角度的把握令人佩服。
그녀의 관점에 대한 파악은 사람을 감탄시킨다.

Tip 把握의 목적어로 추상명사가 많이 쓰입니다.

把握内容 내용을 파악하다 | 把握基础 기초를 잡다

0023

1급 •
爸爸
bàba

㈜ 아빠

你爸爸是做什么工作的? 너희 아버지는 무슨 일을 하시니?

0024

2급 ••
吧
ba

㈜ 문장 끝에 쓰며, 추측·명령·제의 등의 어기를 나타냄

你会说英语吧? 당신 영어 할 줄 알지요? (추측)

你去买衣服吧。 당신은 옷 사러 가세요. (명령, 제의)

0025

2급 •••
白
bái

㈜ 헛되이, 공짜로   ㈜ 희다, 명백하다

今天书店关门，我白跑了一趟。
오늘 서점이 문을 닫아서, 나는 헛걸음 했어.

一会儿白脸，一会儿红脸。 때로는 하얀 얼굴, 때로는 붉은 얼굴.

Tip 白를 중첩한 白白地는 '헛되이'라는 의미입니다.

你白白地耽误了我的一晚上的时间。

당신은 헛되이 내 저녁 시간 전부를 빼앗았어.

2급 •	

百
bǎi

⬚수 백, 100 ⬚형 많은

我千方**百**计去解决这件事。
난 온갖 방법을 다 써서 이 사건을 해결할 거야.

Tip 千方**百**计 온갖 방법을 다 쓰다

5급 •••	

摆
bǎi

⬚동 놓다, 배열하다, 배치하다, 흔들다, 젓다

把这些东西**摆**在桌子上吧。
이 물건들을 테이블 위에 진열하세요.

上车后，他向我不住地**摆**手。
차에 탄 후, 그는 나를 향해 계속 손을 흔들었다.

3급 •••	

搬
ban

⬚동 운반하다, 옮기다, 이사 가다

我已经**搬**完了你的电脑。 나는 이미 네 컴퓨터를 다 옮겼어.

Tip 搬 뒤에 자주 오는 보어들은 다음과 같습니다.

搬好了 · 搬完了 이사를 끝내다 | **搬进来** 이사 들어오다

搬出去 이사 나가다 | **搬走** 이사 가다

3급 ••	

班
bān

⬚명 반, 조, 근무(시간)

我们**班**是由几个韩国人组成的。
우리 반은 몇 명의 한국인으로 구성되어 있다.

Tip 班이 들어가는 필수단어는 다음과 같습니다.

上班 출근하다 | **下班** 퇴근하다 | **加班** 잔업하다, 야근하다 | **值班** 당직을 서다

5급 •	

班主任
bānzhǔrèn

⬚명 학급 담임

他是我们班的**班主任**。 그는 우리 반의 담임 선생님이다.

3급 •	

半
bàn

⬚수 절반, 2분의 1 ⬚형 중간의, 반쯤의

把这个苹果切成一**半**给他吧。
이 사과를 반으로 잘라서 그에게 주어라.

3급 •••	

办法
bànfǎ

⬚명 방법 (= 方法 fāngfǎ)

你别担心，总会有**办法**的。 걱정하지 마, 반드시 방법이 있을 거야.

Tip 办法는 '문제를 해결하고 일을 처리하는 구체적인 수단·조치'를 의미합니다.

B

3급 ••
办公室
bàngōngshì

명 사무실

他在**办公室**办公，你去找他吧。
그는 사무실에서 일해, 네가 가서 그를 찾아봐.

5급 •••
办理
bànlǐ

동 처리하다, 취급하다, 해결하다, (수속을) 밟다

我正在**办理**签证手续呢，还没办好，还要等一个星期呢。
나는 지금 비자 수속을 하고 있어, 아직 처리되지 않아서, 일주일은 더 기다려야 해.

> **Tip** 办理는 업무적인 처리를 나타내는데, 办만 사용하기도 합니다.
> 뒤에 다음과 같은 목적어가 올 수 있습니다.
> **办理手续** 수속을 처리하다 | **办理居留证** 거류증 수속을 밟다
> **办理护照** 여권 수속을 밟다 | **办理签证** 비자 수속을 밟다

3급 •••
帮忙
bāngmáng

동 (일손을) 돕다, (일을) 거들어주다

我实在是**帮**不上**忙**，你去找小李请他帮忙好吗？
난 정말 도와줄 수 없어, 너 샤오리를 찾아가 그에게 도와달라고 청해보는 건 어때?

> **Tip** * 帮忙은 이합사이므로 작문할 때 주의해야 합니다.
> **我帮你的忙。** 내가 너를 도와줄게.
> **你帮我一个忙，好吗？** 저 좀 도와주시겠어요?
> * **帮倒忙** 도우려다 오히려 폐만 끼치다

2급 •••
帮助
bāngzhù

동 돕다, 원조하다 명 도움, 원조

我在中国的时候，他**帮助**了我很多。
내가 중국에 있을 때, 그는 나를 많이 도와주었다.

> **Tip** 「帮助 + 人 + 동사 (+ 목적어)」의 구조로 사용할 수 있습니다.
> **我帮助他学汉语。** 나는 그가 중국어 배우는 것을 도와준다.

5급 •
棒
bàng

형 (수준이) 높다, (성적이) 뛰어나다, 훌륭하다 명 방망이, 막대기

她在处理公事方面一向很**棒**。
그녀는 일을 처리하는 방면에서 항상 매우 뛰어나다.

5급 •
傍晚
bàngwǎn

명 저녁 무렵, 황혼

我们每天**傍晚**一起去逛夜市。
우리는 매일 저녁 무렵 같이 야시장에 놀러 간다.

包
bāo
3급 ••

동 (종이나 천 따위로) 싸다, 싸매다, 일을 도맡다, 책임지다

你能不能包饺子？ 넌 만두를 빚을 줄 아니?

这件事包在我身上好吗？ 이 일은 나한테 맡기는 게 어때?

包裹
bāoguǒ
5급 ••

명 소포 동 싸다, 포장하다

你托给我的包裹我已经寄出去了。
네가 나에게 부탁한 소포는 내가 이미 부쳤어.

Tip 寄包裹 소포를 부치다 | 打开包裹 소포를 뜯다
包裹起来 싸다, 포장하다 (방향보어 起来는 분산된 것들을 집중시키는 의미를 지님)

包含
bāohán
5급 ••

동 포함하다, 내포하다

这篇文章里包含着很深的道理，你懂吗？
이 글은 매우 깊은 이치를 담고 있는데, 당신 이해합니까?

Tip 包含은 '내부적으로 포함한다'는 의미로 다음과 같은 목적어를 가집니다.
包含道理 이치를 포함하다 | 包含意思 의미를 내포하다
包含思想 사상을 내포하다 | 包含矛盾 모순을 내포하다

包括
bāokuò
4급 ••

동 포괄하다, 포함하다

这个房租里有没有包括水电费？
이 방세에 수도세와 전기세가 포함되어 있습니까?

包子
bāozi
5급 •

명 소가 든 만두

中国的包子在世界上很有名。
중국의 만두는 세계에서 매우 유명하다.

Tip 馒头 소가 없는 만두 | 饺子 교자 만두

薄
báo
5급 ••

형 얇다 (↔ 厚 hòu 두껍다)

这个皮很薄，你绝对不要弄破。
이 껍질은 매우 얇아, 너 절대 터뜨리면 안 돼.

饱
bǎo
3급 ••

형 배부르다 (↔ 饿 è 배고프다)

我吃饱了，别再给我了。
저 배불러요 , 저에게 더 주지 마세요.

5급 ••
宝贝
bǎobèi

몡 보배, 보물, 귀여운 아이

她是我的宝贝女儿，我爱她胜过我的生命。
그녀는 나의 귀여운 딸이다, 나는 내 생명보다 그녀를 사랑한다.

5급 ••
宝贵
bǎoguì

혱 귀중하다, 소중하다

这些东西对我来说是很宝贵的。
이 물건은 나에게 매우 귀중한 것이다.

5급 •••
保持
bǎochí

동 유지하다

保持幸福的秘诀是什么呢? 행복 유지의 비결이 뭐니?

Tip 保持 뒤에는 다음과 같은 목적어가 자주 옵니다.

保持冷静 냉정을 유지하다 | 保持安静 정숙을 유지하다

保持平衡 평형을 유지하다 | 保持好成绩 좋은 성적을 유지하다

5급 •
保存
bǎocún

동 보존하다, 간직하다

你把东西放在这儿吧，在这里保存很好。
넌 물건을 여기에 놓아라, 여긴 보존이 잘 된다.

4급 •••
保护
bǎohù

동 보호하다

为了保护环境，世界各国都在努力。
환경을 보호하기 위해, 세계 각국 모두 노력하고 있다.

5급 ••
保留
bǎoliú

동 보존하다, 보류하다

这个民族保留着古老的风俗习惯。
이 민족은 오래된 풍속을 보존하고 있다.

Tip 保留 뒤에는 다음과 같은 목적어가 옵니다.

保留传统 전통을 보존하다 | 保留风俗 풍속을 보존하다

保留习惯 습관을 보존하다 | 保留遗迹 유적을 보존하다

保留遗址 유적지를 보존하다 | 保留遗产 유산을 보존하다

5급 ●●●

保险
bǎoxiǎn

몡 보험 혱 안전하다

我为孩子买了保险。 나는 아이를 위해 보험을 들었다.

这么多钱投在股票上，保险吗?
이렇게 많은 돈을 주식에 투자하면, 안전하니?

Tip '보험에 들다'라는 표현에는 买保险 외에 参加保险도 있습니다

4급 ●●

保证
bǎozhèng

동 보증하다, 확신하다

我向你保证从今天开始不说谎。
나는 너에게 오늘부터 거짓말하지 않겠다고 맹세할게.

Tip 说谎 거짓말하다

4급 ●●

抱
bào

동 안다, 포옹하다

她抱住自己的孩子，突然哭了起来。
그녀는 자신의 아이를 안고, 갑자기 울음을 터뜨렸다.

4급 ●●●

抱歉
bàoqiàn

동 미안하다, 죄송하다 (= 不好意思 bùhǎoyìsi, 过意不去 guòyìbúqù)

很抱歉，我认错人了。 정말 죄송해요, 제가 사람을 잘못 봤어요.

Tip 抱歉과 道歉을 자주 혼동하는데요, 抱歉은 '죄송합니다'라는 인사말이고, 道歉은 '사과하다'라는 뜻의 동사입니다.
你去跟他道歉吧。 당신 가서 그에게 사과하세요.

4급 ●●●

报道
bàodào

몡 보도 동 보도하다

据报道，这些内容都是假的。
보도에 따르면, 이 내용들은 모두 거짓이다.

5급 ●●●

报告
bàogào

동 보고하다 몡 보고서, 보고

我把这件事情向上级报告了。 난 이 사건을 상사에게 보고했다.

昨天晚上开夜车写报告了。 어젯밤에 밤을 새워서 보고서를 썼다.

4급 ●●●

报名
bàomíng

동 등록하다, 신청하다

今年报名人数比去年增加了一倍。
올해 시험 응시자 수가 작년보다 배로 증가했다.

报纸
bàozhǐ
2급 •

몡 신문

这是报纸上说的，不是我随便说的。
이건 신문에 난 거지, 내 마음대로 말한 게 아니야.

悲观
bēiguān
5급 ••

혱 비관적이다 (↔ 乐观 lèguān 낙관적이다)

她对身边发生的事情一向很悲观。
그녀는 주변에서 발생하는 일에 대해 줄곧 매우 비관적이다.

杯子
bēizi
1급 •

몡 잔, 컵

孩子不小心把杯子打碎了。 아이가 조심하지 않아 컵을 깨뜨렸다.

北方
běifāng
3급 ••

몡 북방

北方的气候很干燥。 북방의 기후는 매우 건조하다.

北京
Běijīng
1급 •

몡 베이징

北京是中国的首都，是个政治中心。
베이징은 중국의 수도로, 정치의 중심이다.

倍
bèi
4급 ••

양 배, 곱절

今年的粮食产量比去年增加了好几倍。
올해의 식량 생산량은 작년보다 몇 배 증가했다.

背
bèi
bēi
5급 •••

[bèi] 동 외우다, 암기하다 몡 등 [bēi] 동 업다, (등에) 짊어지다

这篇课文的内容我已经背好了。
이 본문의 내용을 나는 이미 다 외웠다.

现在的孩子都背着很重的书包。
요즘 아이들은 모두 아주 무거운 가방을 메고 있다.

背景
bèijǐng
5급 •

몡 배경

这部电视剧的背景是哪儿啊? 이 드라마의 배경은 어디야?

| 3급 ••• **被** bèi | 전 ~에 의해 ~을 당하다 (피동문) |

我被她的话所感动了。 그녀의 말에 나는 감동했다.

Tip 대상(A) + 被 + 동작의 주체(B) + 동사(C) A가 B에 의해 C당하다

5급 • **被子** bèizi

명 이불

你快点把你的被子叠起来。 너 빨리 네 이불을 개어라.

1급 • **本** běn

양 권 [책을 세는 단위]

这本古书是去年买的。 이 고서는 작년에 산 것이다.

5급 • **本科** běnkē

명 (대학교) 학부, 본과

她是本科毕业的，正在准备考研究生。
그녀는 본과를 졸업하고, 지금은 대학원 시험을 준비 중이다.

Tip 考研究生 (= 考研) 대학원 시험을 보다

4급 ••• **本来** běnlái

부 본래

我本来是想去中国的，突然改变想法了，后来去了日本。
나는 원래 중국에 가고 싶었는데, 갑자기 생각이 바뀌어, 후에 일본으로 갔다.

5급 ••• **本领** běnlǐng

명 능력 (= 本事, 能力, 能耐, 才能, 两下子)

他在谈判方面有本领。 그는 협상 방면에 능력이 있다.

5급 • **本质** běnzhì

명 본질

他的本质很好，不会骗人的。
그의 본성은 매우 좋아, 사람을 속이지 않을 거야.

4급 •• **笨** bèn

형 어리석다 (↔ 聪明 cōngming 똑똑하다, 총명하다)

他的脑子很笨，你直接告诉他答案就好了。
그의 머리는 매우 나빠, 네가 직접 그에게 답을 알려주는 것이 좋겠다.

B

鼻子
bízi
3급 •

명 코

他的**鼻子**高高的，是不是整容了?
그의 코가 매우 높다, 성형한 거지?

比
bǐ
2급 ••

전 ~보다, ~에 비해

我**比**他有本领。 나는 그에 비해 재능이 있다.

比较
bǐjiào
3급 •••

동 비교하다 부 비교적

你把这两个概念**比较**一下，好吗?
너는 이 두 개의 개념을 비교 좀 해봐, 알겠지?

韩国的天气**比较**好。 한국의 날씨는 비교적 좋다.

比例
bǐlì
5급 ••

명 비율

来中国留学的学生当中，韩国人占的**比例**很高。
중국에 유학 온 학생 중, 한국인이 차지하는 비율은 매우 높다.

Tip **占比例** 비율을 차지하다 | **比例失调** 비율이 균형을 잃다

比如
bǐrú
5급 •••

접 예를 들면

她很喜欢打球，**比如**网球，每周打两次。
그녀는 구기 운동을 매우 좋아한다, 예를 들어 테니스는, 매주 두 번 친다.

比赛
bǐsài
3급 •••

명 시합, 경기 동 시합하다, 경기하다

今天的那场**比赛**非常精彩。 오늘 그 경기는 매우 훌륭했다.

彼此
bǐcǐ
5급 •••

부 서로, 피차 (= 互相 hùxiāng)

他们**彼此**相爱。 그들은 서로 사랑해.

笔记本
bǐjìběn
4급 •

명 노트, 수첩, 노트북 컴퓨터의 약칭

我的**笔记本**是日本产的。 나의 노트북은 일본 제품이야.

0083

5급 ••

毕竟
bìjìng

뷔 필경, 어쨌든 간에

她毕竟是个孩子，她懂什么呀?

그녀는 어쨌든 간에 아이야, 뭘 알겠어?

0084

4급 •••

毕业
bìyè

동 졸업하다

她是从北京大学毕业的。(=她毕业于北京大学。)

그녀는 베이징대학을 졸업했다.

Tip 毕业는 이합사지만 전치사 于가 붙으면 목적어를 취할 수 있습니다.

0085

5급 •••

避免
bìmiǎn

동 피하다

我想避免跟她接触。 나는 그녀와 만나는 것을 피하고 싶다.

0086

5급 ••

必然
bìrán

형 필연적이다 (↔ 偶然 ǒurán 우연하다) 명 필연

这是必然的结果。 이건 필연적인 결과이다.

0087

3급 ••

必须
bìxū

뷔 반드시 ~해야 한다

现在正换季，你必须得小心感冒。

지금은 딱 환절기야, 너는 반드시 감기를 조심해야 해.

0088

5급 •

必需
bìxū

동 꼭 필요로 하다

这些都是生活必需品。 이것들은 모두 생활 필수품이야.

0089

5급 ••

必要
bìyào

명 필요 형 필요하다

你没有必要找借口。 넌 핑계 댈 필요 없어.

Tip 找借口 핑계를 대다

0090

5급 •••

编辑
biānjí

명 편집인 동 편집하다

她在人民出版社当编辑。

그녀는 인민출판사의 편집자이다.

鞭炮 biānpào
5급 •

[명] 폭죽 (＝爆竹 bàozhú)

中国人喜欢放**鞭炮**。 중국인은 폭죽 터뜨리기를 좋아한다.

Tip 放鞭炮 폭죽을 터뜨리다

便 biàn
5급 •••

[형] 편리하다, 편하다 [부] 곧, 즉시, 바로

我的笔记本电脑**便**于携带。 내 노트북은 가지고 다니기 편리하다.

我回到家了，**便**下雨了。 내가 집에 도착하자마자, 곧바로 비가 왔다.

Tip 「便于 + 동사」 ～에 편리하다, ～에 편하다

遍 biàn
4급 ••

[양] 번, 회 [동] 두루 퍼지다

我已经跟你说一百**遍**了，你还是不懂啊?
나는 이미 너에게 수차례 말했는데, 넌 아직도 이해 못하니?

抽屉里都找**遍**了，但没找到。
서랍 안을 모두 샅샅이 찾았는데, 못 찾았어.

Tip 遍이 동사 뒤에 보어로 쓰이면 '두루두루 ～하다'라는 의미가 됩니다.
我吃遍了中国的美食。 나는 중국의 맛있는 음식을 두루 다 먹어봤다.
我跑遍了中国的旅游胜地。 나는 중국의 관광지를 두루 다 가보았다.

变化 biànhuà
3급 •••

[명] 변화 [동] 변화하다, 달라지다

两国的关系发生了很大的**变化**。
두 나라의 관계에 매우 큰 변화가 생겼다.

Tip 变化가 명사로 쓰일 때는 다음과 같은 동사를 사용합니다.
发生变化 변화가 발생하다 | 有了变化 변화가 생기다

辩论 biànlùn
5급 ••

[동] 변론하다, 논쟁하다 [명] 변론, 논쟁

再**辩论**下去，你们俩会伤感情的。
더 논쟁하다가는, 너희 둘의 감정이 상할 거야.

Tip 동사 뒤에 쓰인 下去는 '～해 나가다'로 현재에서 미래로 향하는 의미입니다.
学下去 배워가다 | 坚持下去 계속해 나가다 | 吵下去 말다툼해 나가다

标点 biāodiǎn
5급 •

[명] 구두점 [동] 구두점을 찍다

写作文的时候，**标点**符号是很重要的。
작문할 때, 문장부호는 매우 중요한 것이다.

Tip 标点符号 문장부호

5급 ••	
标志 biāozhì	몡 표지, 지표, 상징 동 명시하다, 상징하다 这是什么机构的**标志**呢? 이건 어떤 기관의 상징이야?

4급 •••	
标准 biāozhǔn	몡 표준, 기준 你找工作时有什么**标准**? 너는 직업을 구할 때 어떤 기준이 있어?

4급 •••	
表达 biǎodá	동 (생각·감정을) 표현하다 **表达**感情是很重要的。 감정을 표현하는 것은 매우 중요한 것이다.

4급 ••	
表格 biǎogé	몡 표, 양식, 서식 在这个**表格**上写上你的个人信息。 이 표에 당신의 개인정보를 적으세요.

5급 •	
表面 biǎomiàn	몡 표면, 외관 我看，这个问题**表面**上已经解决了，但实际上，还没解决。 내가 보기에, 이 문제는 표면적으로는 이미 해결되었지만, 실질적으로는, 아직 해결되지 않았다. **Tip** 表面上 표면적으로 ↔ 实际上 실질적으로

5급 ••	
表明 biǎomíng	동 표명하다, 분명하게 나타내다 美国政府对核武器问题**表明**了态度。 미국 정부는 핵무기 문제에 대해 태도를 분명하게 밝혔다. **Tip** 表明 뒤에는 立场 (입장), 态度 (태도)와 같은 목적어가 자주 사용됩니다.

5급 •	
表情 biǎoqíng	몡 표정 他的那副古怪的**表情**是什么意思? 그의 그 괴상한 표정은 무슨 의미야?

3급 •••	
表示 biǎoshì	동 나타내다, 의미하다 我想对她**表示**感谢，但不知怎么感谢才好。 나는 그녀에게 감사를 표시하고 싶은데, 어떻게 감사해야 좋을지 모르겠어.

5급 •••

表现
biǎoxiàn

동 드러내다, 표현하다　명 태도, 품행, 언행

他在公司里表现得很不好，上上下下都不喜欢他。
그는 회사에서 좋지 않게 행동하여, 윗사람 아랫사람 모두 그를 좋아하지 않는다.

他的学习表现非常突出。
그의 학습 태도는 매우 뛰어나다.

3급 •••

表演
biǎoyǎn

동 시연하다, 공연하다　명 상연, 공연

听说你很会跳舞，在我们面前表演一下，可以吗?
듣자하니 당신이 춤을 잘 춘다고 하던데, 우리 앞에서 한번 보여줄 수 있나요?

4급 •••

表扬
biǎoyáng

동 칭찬하다 (= 称赞 chēngzàn ↔ 批评 pīpíng 비판하다)

老师总是表扬他很认真，所以有些学生很嫉妒。
선생님은 항상 그가 열심히 한다고 칭찬하신다, 그래서 몇몇 학생들이 질투한다.

2급 ••

别
bié

형 별개의, 다른　동 이별하다

你冷静点儿，肯定会有别的办法。
너 좀 침착해, 분명 다른 방법이 있을 거야.

老师，我来向你告别。선생님, 저 인사 드리러 왔어요.

Tip 别가 단음절 명사와 결합할 때는 일반적으로 的를 넣지 않습니다.
别家 다른 집 | 别处 다른 곳 | 别人 다른 사람

3급 ••

别人
biérén
biéren

[biérén] 명 다른 사람　[biéren] 명 남, 타인

别人都知道，怎么只有你不知道呢?
다른 사람은 모두 아는데, 어째서 너만 아직 모르는 거야?

别人都同意他的意见，就你一个人反对，你再考虑一下。
다른 사람은 다 그의 의견에 동의하는데, 너 혼자만 반대해, 다시 생각 좀 해봐.

3급 ••

宾馆
bīnguǎn

명 호텔

时间太晚了，我们找个宾馆住一天吧。
시간이 너무 늦었어, 우리 호텔을 찾아서 하루 묵자.

3급 ••

冰箱
bīngxiāng

명 냉장고

冰箱里什么都没有，我去商场买点儿东西吧。
냉장고 안에 아무것도 없어, 나 상점 가서 물건 좀 사올게.

丙
bǐng
5급 •

명 병 [천간(天干) 의 세 번째]

甲乙丙丁，按照这个顺序，背单词吧。
갑을병정, 이 순서에 따라, 단어를 외워라.

饼干
bǐnggān
4급 •

명 과자

你吃不吃这个饼干，不吃就给别人了。
넌 이 과자를 먹을 거니 안 먹을 거니, 안 먹을 거면 다른 사람 준다.

病毒
bìngdú
5급 •••

명 바이러스

我家的电脑中了病毒，我的报告资料全都没了。
우리 집 컴퓨터가 바이러스에 걸려서, 나의 보고서 자료가 다 날아갔어.

并且
bìngqiě
4급 ••

접 또한, 그리고, 게다가

我喜欢中国菜，并且他也喜欢中国菜。所以我们常常一起去中国餐厅。 나는 중국 요리를 좋아해, 게다가 그도 역시 중국 요리를 좋아해서, 우리는 자주 같이 중국 식당에 가.

玻璃
bōli
5급 •

명 유리

这个玻璃杯是谁打碎的？我最宝贵的，平时舍不得用呢。 이 유리잔은 누가 깬 거야? 내가 제일 아끼는 거라, 평소에 쓰기도 아까워 했는데.

博士
bóshì
4급 •

명 박사

他在读博士，他的生活除了研究，就是研究。
그는 박사과정을 공부 중이야, 그의 생활은 연구밖에 없어.

Tip 「除了 A 就是 A」 A를 빼고도 A밖에 없다, A만 한다

博物馆
bówùguǎn
5급 ••

명 박물관

这是一家很有名的中国博物馆，你一定得去看看。
이곳은 매우 유명한 중국 박물관이야, 넌 꼭 가서 봐야 해.

5급 •

脖子
bózi

명 목

你的**脖子**怎么了？受伤了吗？
너 목이 어떻게 된 거야? 다쳤니?

Tip **脖子**는 신체 구조상 목 외부를 의미합니다. 반면 **嗓子**는 목 내부를 의미하므로 감기에 걸려 목이 아플 때는 **嗓子疼**이라고 해야 합니다.

5급 •••

不必
búbì

부 ~할 필요 없다 (= 不用 búyòng, 用不着 yòngbuzháo) •

我已经告诉他了，你**不必**再给他打电话。
내가 이미 그에게 알려주었으니, 당신은 그에게 다시 전화할 필요가 없어.

4급 •••

不但
búdàn

접 ~일 뿐만 아니라 (= 不仅, 不光, 不单, 不只)

他**不但**聪明，而且学习很努力。
그는 총명할 뿐 아니라, 공부도 매우 열심히 한다.

5급 •••

不断
búduàn

부 끊임없이, 부단히

不管他遇到什么困难，都不放弃，**不断**努力。
그는 어떤 어려움에 부딪히든 간에, 포기하지 않고, 끊임없이 노력한다.

4급 •••

不过
búguò

접 그런데, 하지만 부 ~에 불과하다, ~에 지나지 않다

老师出的题目我都做完了，**不过**肯定会有些错误。
나는 선생님께서 낸 문제를 다 풀었다, 그런데 분명히 실수한 것이 몇 개 있는 것 같다.

我**不过**是平凡的学生。 나는 단지 평범한 학생에 불과하다.

5급 •••

不见得
bú jiàndé

반드시 ~라고는 할 수 없다 (= 不一定 bù yídìng, 未必 wèibì)

虽然他很优秀，但也**不见得**能做这道题。
비록 그가 매우 우수하다고 해서, 이 문제를 반드시 풀 수 있는 것은 아니다.

1급 ••

不客气
bú kèqi

동 무례하다, 버릇없다, 사양하지 않다, 천만에요

你别说这种**不客气**的话。 너 이와 같은 버릇없는 말 하지 마.

不客气，这是我应该做的事情。
천만에요, 이건 제가 마땅히 해야 하는 일입니다.

5급 ••
不耐烦
bú nàifán

[형] 귀찮다, 견딜 수 없다

我也等得不耐烦了，你赶快打给他吧。

나도 더 이상 기다리지 못하겠다, 너 빨리 그에게 전화해봐.

5급 •••
不要紧
bú yàojǐn

[형] 괜찮다, 문제없다

你的病不要紧，吃几天药就好了。

네 병은 괜찮아, 며칠 약 먹으면 나을 거야.

5급 ••
补充
bǔchōng

[동] 보충하다, 보완하다

你解释得不太完整，我来补充一下。

너의 설명은 그다지 완벽하지 않아, 내가 보충해볼게.

1급 •
布
bù

[명] 천, 베, 포

这些布很漂亮，是哪里产的?

이 천 정말 예쁘다, 어디서 생산된 거야?

1급 ••
不
bù

[부] ~ 아니다 (부정)

他常常不来上课。

그는 자주 수업에 오지 않는다.

Tip 不는 부정부사로, 시제와 상관없이 동사와 형용사 앞에서 부정의 의미를 나타냅니다.

① 주관적 의지 부정

我不吃饭了。 나 밥 안 먹을래요.

② 사물의 성질, 상태 부정

你的裙子不漂亮。 당신의 치마는 예쁘지 않아요.

③ 반복성 · 습관성 동사 · 비동작성 동사 부정

他常常不吃饭。 그는 자주 밥을 먹지 않는다.

老师一向不抽烟。 선생님은 계속 담배를 피우지 않으셨다.

我不喜欢锻炼身体。 나는 신체 단련을 좋아하지 않는다.

5급 ••
不安
bù'ān

[형] 불안하다

明天有最后的一次面试，我感到很不安。

내일 최종 면접이 있어서, 나는 많이 불안해.

4급 ●●●
不得不
bùdébù

图 ~하지 않으면 안 된다 (= 只好 zhǐhǎo, 只能 zhǐnéng, 只得 zhǐdé)

我没有其他的选择，我不得不做。

나는 다른 선택이 없어, 어쩔 수 없이 하는 거야.

5급 ●●
不得了
bù déliǎo

혱 큰일 났다, 야단났다, (정도가) 심하다

不得了！我忘带钥匙了。

큰일 났어! 나 열쇠 가져오는 거 깜빡했어.

我这几天忙得不得了，真的抽不出时间来。

나는 요 며칠 너무 바빠서, 정말 시간을 낼 수가 없었어.

Tip '(정도가) 심하다'라는 의미일 때는 반드시 정도보어 구조를 수반합니다.

今天热得不得了。 오늘 엄청 덥다.

中午没吃饭，饿得不得了。 낮에 밥을 안 먹었더니, 엄청 배고프다.

4급 ●●●
不管
bùguǎn

젭 ~에 관계없이, ~을 막론하고 (= 不论 búlùn, 无论 wúlùn)

不管他来不来，你都得参加这次会议。

그가 오든 안 오든 관계없이, 넌 이번 회의에 꼭 참가해야 해.

5급 ●●
不好意思
bù hǎoyìsi

부끄럽다, 쑥스럽다, 미안하다 (= 很抱歉, 过意不去, 对不起)

我求她这件事，很不好意思，你帮我说好吗？

내가 그녀에게 이 일을 부탁하기 너무 부끄러운데, 네가 대신 말 좀 해줄래?

4급 ●●●
不仅
bùjǐn

젭 ~일 뿐만 아니라 (= 不但, 不只, 不单, 不光)

这不仅是你个人的问题，而且是我们大家的问题。

이건 너 개인의 문제일 뿐만 아니라, 우리 모두의 문제이다.

5급 ●●
不免
bùmiǎn

图 면할 수 없다 (= 未免 wèimiǎn, 难免 nánmiǎn, 免不了 miǎnbuliǎo)

我们性格不合，不免争吵。

우리는 성격이 맞지 않아서, 언쟁을 피할 수 없다.

5급 ●●●
不然
bùrán

젭 그렇지 않으면 (= 要不然, 要不, 否则, 不然的话, 要不然的话)

你快点去解决，不然我们就会受到老板的批评。

너 빨리 가서 해결해, 그렇지 않으면 우리가 사장님한테 야단맞을 거야.

不如
bùrú
5급 •••

[접] ~하는 편이 낫다 [동] ~만 못하다

在这里工作不如去中国留学。
여기서 일하는 것은 중국 유학 생활만 못하다.

不足
bùzú
5급 ••

[형] 부족하다, 모자라다 [동] ~하기에 부족하다, ~할 가치가 없다

由于体力不足，他比赛中晕倒了。
체력이 모자랐기 때문에, 그는 경기 중에 쓰러졌다.

> **Tip** 财力不足 재력이 부족하다 | 精力不足 에너지가 부족하다, 힘이 부족하다

部分
bùfen
4급 •

[명] 부분, 일부

部分同学已经走了，另一部分同学还在那里等着。
일부 학우는 이미 갔다, 그 외 일부 학우는 아직 거기에서 기다리고 있다.

部门
bùmén
5급 ••

[명] 부, 부서

有关部门仍然考虑着这件事。
관련부서는 아직 이 일을 고려하고 있다.

步骤
bùzhòu
5급 •

[명] 순서, 절차, 단계

你能否告诉我做这道菜的步骤?
당신은 이 음식 만드는 순서를 나에게 알려줄 수 있나요?

✔ 신 HSK 문제영역 처방전

신 HSK에는 어법 영역이 없다고 들었는데요?

네, 신 HSK에는 어법 영역이 없습니다. 하지만, 새롭게 추가된 쓰기 영역이 있습니다. 쓰기에서 문장 배열하는 문제(제1부분) 및 직접 문장을 만드는 문제(제2부분)를 풀려면 어법 관련 지식이 필요합니다. 탄탄한 중국어 기초 어법은 쓰기 실력의 기초가 됩니다. 어법도 미리미리 공부합시다!!!

제1부분 다음 단어들을 이용해 문장을 완성하세요.

1 已经　　老师　　日程　　把　　安排好了

____

2 令人佩服　　对　　角度　　她　　把握　　的

____

3 打算　　旅行社　　签证　　去　　办　　我

____

4 学习　　表现　　她的　　突出　　非常

____

5 我　　表示　　向　　感谢　　老师　　想

____

6 我　　老师　　表扬　　复习　　得　　很好

____

7 不得不　　我　　说明了　　跟父母　　情况

____

제2부분 다음 단어들을 모두 결합하여, 80자 내외의 작문 한 편을 완성하세요.

结账　　感谢　　不好意思　　临时　　海鲜

▶ 원고지에 직접 답안을 적어보세요.

MEMO

0144

4급 •••

擦
cā

동 닦다, 바르다, 칠하다

你帮我在背上**擦**这个软膏，好吗?
너 내 등에 이 연고 바르는 거 좀 도와줘, 응?

0145

4급 •••

猜
cāi

동 추측하다, 알아맞히다

你**猜猜**看，这个照片上我是在哪儿?
너 알아맞혀 봐, 이 사진에서 나 어디에 있어?

0146

3급 •••

才
cái

부 ～에야 비로소, 겨우

你怎么今天**才**去呢? 너 어째서 오늘에서야 가는 거니?

Tip 「시간 · 수량 · 나이 + **才**」와 「**才** + 시간 · 수량 · 나이」의 두 가지 순서 모두 가능합니다.

* 시간 · 수량 · 나이 + **才** : ～에야 비로소

① 시간이 늦다 **你怎么才来?** 너 어째서 이제서야 오니?

② 시간이 길다

我等了半天他才来。 내가 한참을 기다리고 나서야 그가 왔다.

③ 나이가 많다

他三十多岁才结婚。 그는 30살이 돼서야 결혼했다.

④ 수량이 많다

我找了他好几次才找到。 나는 그를 몇 번이나 찾고서야 비로소 찾았다.

* **才** + 시간 · 수량 · 나이 : 겨우

这孩子才十几岁，就独立生活了。 이 아이는 겨우 열 몇 살에, 혼자서 생활했다.

他才看了一遍，就记住了。 그는 겨우 한 번 보고, 바로 기억했다.

0147

5급 ••

财产
cáichǎn

명 재산, 자산

这些是我的**财产**，我想怎么用就怎么用，谁也管不了。
이것들은 나의 재산이다, 내가 쓰고 싶은 대로 쓸 거다, 누구도 관여할 수 없다.

0148

4급 •

材料
cáiliào

명 재료, 자료, 인재

这些**材料**是谁打的? 이 자료는 누가 타자 친 거야?

5급 ••
踩
căi

동 밟다, 짓밟다

你踩到我了，还不跟我道歉?
너는 내 발을 밟고도, 사과 안 하니?

5급 •••
采访
căifăng

동 취재하다, 인터뷰하다

今天我去采访一位企业家和一位作家。
오늘 나는 기업가 한 분과 작가 한 분을 인터뷰한다.

Tip 接受采访 인터뷰에 응하다, 인터뷰를 받아들이다

5급 •••
采取
căiqǔ

동 채택하다, 취하다

我们部门得立即采取措施。 우리 부서는 즉시 조치를 취해야 한다.

Tip 采取와 자주 쓰이는 단어 조합입니다.

采取措施 조치를 취하다 | 采取方法 방법을 채택하다

采取政策 정책을 취하다 | 采取行动 행동을 취하다

5급 •
彩虹
căihóng

명 무지개

雨后的彩虹很好看。 비 온 뒤의 무지개는 매우 예쁘다.

1급 •
菜
cài

명 요리, 채소, 반찬

这家的饭菜很好吃，下次一起去吧。
이 집의 음식은 매우 맛있어, 다음에 같이 가자.

3급 ••
菜单
càidān

명 식단, 메뉴 (= 菜谱 càipǔ 메뉴판)

我看菜单也看不懂，你来点菜吧。
난 메뉴판을 봐도 모르겠어, 네가 주문해줘.

4급 •••
参观
cānguān

동 참관하다, 견학하다

学校组织明天去参观人民中央博物馆。
학교가 조직해서 내일 인민 중앙박물관에 견학 간다.

Tip 参观은 직접 그 장소에 가서 보는 것으로 아래와 같은 장소가 목적어로 옵니다.

参观博物馆 박물관을 견학하다 | 参观美术馆 미술관을 견학하다

参观工厂 공장을 견학하다 | 参观学校 학교를 견학하다

3급 ••
参加
cānjiā

동 참가하다

明天的研讨会你一定得参加。
내일의 연구 토론회에 넌 반드시 참가해야 한다.

Tip 参加는 직접 참여하는 것으로 아래와 같은 단어가 목적어로 쓰입니다.
参加比赛 시합에 참가하다 | 参加会议 회의에 참가하다
参加晚会 저녁 모임에 참가하다 | 参加聚会 모임에 참가하다

5급 •••
参考
cānkǎo

동 참고하다

你可以参考我的书。 너는 나의 책을 참고해도 돼.

5급 •••
参与
cānyù

동 참여하다

请你们多参与我们的捐款活动。
너희 아무쪼록 우리의 기부활동에 많이 참여해줘.

5급 ••
餐厅
cāntīng

명 식당

我们公司楼下的餐厅很好吃，请你去那儿吃饭。
우리 회사 건물 아래의 식당은 매우 맛있어요, 거기 가서 식사하시지요.

5급 ••
残疾
cánjí

동 불구가 되다 명 불구자, 장애인

他残疾了，是因为小时候的车祸。
그는 불구가 되었다, 어렸을 적의 교통사고 때문이다.

他虽然是残疾人，但十足的干劲儿真令人佩服。
그는 비록 장애인이지만, 일에 대한 의욕은 사람들을 감탄케 한다.

5급 •••
惭愧
cánkuì

형 부끄럽다, 송구스럽다

今年我做了很多亏心事，我感到很惭愧。
올해 나는 떳떳하지 못한 일을 많이 해서, 너무 부끄러움을 느낀다.

5급 •
操场
cāochǎng

명 운동장 (= 运动场 yùndòngchǎng)

我们每天去操场跑一个小时步。
우리는 매일 운동장에 가서 한 시간씩 뛴다.

5급 •••

操心
cāoxīn

동 마음을 쓰다, 애태우다

父母总是为孩子操心。
부모님은 항상 아이를 위해 마음을 쓴다.

Tip 操心 뒤에는 목적어가 올 수 없으며, '~ 때문에 마음 쓰다'라는 의미로는 「为…操心」을 사용합니다.

3급 ••

草
cǎo

명 풀 형 조잡하다, 거칠다

这根草是很稀罕的，我要把它拍下来。
이 풀은 매우 귀한 것이라, 나는 이걸 찍어놓으려고 한다.

他汉字写得很草。 그는 한자를 매우 흘려서 쓴다.

5급 •

册
cè

양 권, 책 [책 시리즈물을 세는 단위] 명 책자, 책

他这次出的小说从一册到十册我都已经看过了。
그가 이번에 낸 소설을 1권부터 10권까지 난 이미 모두 다 봤다.

5급 •

厕所
cèsuǒ

명 화장실 (= 卫生间 wèishēngjiān, 洗手间 xǐshǒujiān)

请问一下，厕所在哪儿? 말 좀 묻겠습니다, 화장실 어디에 있어요?

5급 •

测验
cèyàn

명 시험, 테스트 동 시험하다, 테스트하다

明天有数学测验，难度特别大，你们好好儿准备。
내일 수학 시험이 있는데, 난이도가 매우 높아, 너희 준비 잘해.

3급 •

层
céng

양 층, 겹 명 층, 계층, 계급

你可以到三层去找部长。 너는 3층에 가면 부장을 찾을 수 있다.

我们是工薪阶层，一年存不了多少钱。
우리 샐러리맨 계층은, 일 년에 얼마 모으지 못한다.

5급 •••

曾经
céngjīng

부 일찍이, 이전에, 이미, 벌써

我曾经去过中国，对长城的印象特别深刻。
나는 일찍이 중국에 가봤는데, 만리장성에 대한 인상이 특히 깊다.

5급 ••
插
chā

동 끼우다, 꽂다, 삽입하다, 개입하다, 끼어들다

他的插花水平已经到家了。
그의 꽃꽂이 실력은 이미 최고에 이르렀다.

这是我们两个人的事，你别插嘴。
이건 우리 두사람 일이니까, 당신은 끼어들지 마세요.

Tip 到家 경지에 오르다 | 插嘴 말에 끼어들다

5급 •••
差别
chābié

명 차이, 차별, 구별

这两个概念有什么差别? 이 두 개의 개념은 무슨 차이가 있니?

5급 ••
叉子
chāzi

명 포크

你要用叉子和刀子吗? 너 포크와 나이프 사용할래?

1급 •
茶
chá

명 차

茶是一种代表性的中国文化。
차는 일종의 대표적인 중국 문화이다.

Tip 茶道 다도 | 茶具 다기세트 | 茶几 찻상

3급 ••
差
chà | chā

[chà] 형 나쁘다, 좋지 않다, 뒤떨어지다 [chā] 형 다르다, 차이가 나다

他的汉语成绩很差，虽然很努力，但成绩总是上不去。
그의 중국어 성적은 매우 나쁘다, 매우 노력하지만 성적은 계속 오르지 않는다.

Tip 差가 1성으로 쓰일 때는 단독으로 쓰이지 않고 다른 단어와 결합해 사용하는 경우
가 많습니다.
这两个城市的气候差异比较大。 이 두 도시의 기후 차이는 비교적 크다.

4급 ••
差不多
chàbuduō

부 대강, 대체로, 거의 형 거의 비슷하다, 대충 되다

报告已经差不多写好了。 보고서는 이미 거의 다 썼다.

准备得差不多了。 준비가 대충 되었다.

5급 •••
拆
chāi

동 떼어내다, 헐다, 해체하다

帮我把这个玩具拆下来，好吗?
이 장난감 분해하는 것 좀 도와줄 수 있어요?

产品 chǎnpǐn
5급 ••

명 상품

这里的产品都很受欢迎，都是抢手货。
이곳의 상품은 모두 인기가 있다, 모두 다 인기상품이다.

产生 chǎnshēng
5급 •••

동 나타나다, 생겨나다

我看书的时候，产生了一个问题，我可以问一下儿吗?
책을 보다가, 질문이 하나 생겼는데, 좀 물어봐도 될까요?

Tip 产生은 다음과 같은 추상명사가 목적어로 옵니다.
产生误会 오해가 생기다 | **产生问题** 문제가 생기다
产生怀疑 의심이 생기다 | **产生影响** 영향이 나타나다

尝 cháng
4급 •

동 맛보다

他们已经尝到了人生的酸甜苦辣。
그들은 이미 인생의 신맛, 단맛, 쓴맛, 매운맛 다 보았다.

长 cháng
2급 •

형 길다 명 장점, 특기

我的头发长长了，该去理发店剪头了。
머리가 길어서, 미용실 가서 잘라야겠다.

除了唱歌，你还有什么特长?
노래 부르는 것 외에, 너 또 어떤 특기가 있니?

Tip 첫 번째 예문에 쓰인 **长长**은 '길게 자라다'라는 뜻으로, zhǎng cháng이라고 읽어야 합니다. **长**(zhǎng)의 동사 뜻과 쓰임은 2299번을 참고하세요!

长城 Chángchéng
4급 •••

고유 만리장성

长城给我留下了深刻的印象。
만리장성은 나에게 깊은 인상을 남겼다.

长江 Cháng Jiāng
4급 •

고유 장강, 양쯔강

长江三峡是很有名的旅游景点之一，你值得去看。
장강삼협은 매우 유명한 관광지 중 하나여서, 당신이 가서 볼 만해요.

长途
chángtú
5급 •

[형] 장거리의, 먼 거리의 [명] 장거리

你到了那儿，可以坐长途汽车。
너 거기 도착하면, 시외버스를 탈 수 있어.

Tip 长途电话 시외전화 | 长途旅行 장거리 여행

常识
chángshí
5급 •

[명] 상식

这些都是生活常识，难道你不知道吗?
이건 모두 생활 상식이야, 설마 너 모르는 거 아니지?

场
chǎng
4급 •

[양] 번, 회, 차례 (문예 · 오락 · 체육 · 기상현상에 대한 양사) [명] 장소

昨天的那场雨下得太大了。 어제 비가 너무 많이 내렸다.

这里是公共场所，你不能随便抽烟。
여긴 공공장소야, 네 마음대로 담배 필 수 없어.

唱(歌)
chàng(gē)
2급 •

[동] 노래를 하다

她中国歌曲唱得很好听，声音真迷人。
그녀는 중국 노래를 잘 부르는데, 목소리가 정말 매력적이다.

抄
chāo
5급 •••

[동] 베끼다

这是重要的内容，你赶快把这些抄下来。
이건 중요한 내용이니, 너 이것들을 빨리 베껴놔.

超过
chāoguò
4급 •••

[동] 초과하다, 넘어서다

做这种事已经超过了我的能力。
이 일을 하는 것은 이미 나의 능력을 넘어선 것이다.

超市
chāoshì
3급 ••

[명] 슈퍼마켓

我家附近有很多超市，东西物美价廉。
나의 집 주변에는 슈퍼마켓이 매우 많은데, 물건도 좋고 값도 싸다.

朝
cháo
5급 ••

[전] ~를 향하여

那边朝我挥手的是谁? 我看不清楚。
저기 날 향해 손을 흔드는 사람이 누구야? 나는 잘 안 보여.

朝代
cháodài
5급 •

명 왕조의 연대, 조대

我不知道这是哪个朝代的作品。
나는 이것이 어느 왕조 시대의 작품인지 모른다.

炒
chǎo
5급 ••

동 볶다

中国人喜欢炒菜，但我怎么也吃不惯。
중국인은 볶음요리를 좋아한다, 그러나 나는 아무리 먹어도 습관이 안 된다.

吵
chǎo
4급 ••

형 시끄럽다 (↔ 安静 ānjìng 조용하다)

外边很吵，你去让他们安静点儿，好吗?
밖은 매우 시끄럽다, 네가 그들에게 가서 좀 조용히 하라고 해줄래?

吵架
chǎojià
5급 •••

동 말다툼하다

他们俩总是吵架，你别管了。
그들 둘은 항상 싸우니까, 넌 상관하지 마.

Tip 吵架는 말다툼을 뜻하고, 打架는 몸싸움을 뜻합니다.

车库
chēkù
5급 •

명 차고

这家饭店的车库已经满了。 이 식당의 차고는 이미 다 찼다.

车厢
chēxiāng
5급 •

명 객실, 차실, 트렁크

车厢里可以放东西吗? 객실 안에 물건을 놓아두어도 되나요?

彻底
chèdǐ
5급 •••

부 철저하게

这个问题要彻底解决。 이 문제는 철저하게 해결해야 한다.

沉默
chénmò
5급 ••

동 침묵하다 형 과묵하다

他打破沉默，只说了一句话。 그는 침묵을 깨고, 단지 한마디만 했다.

Tip 打破沉默 침묵을 깨다 | 保持沉默 침묵을 유지하다

5급 ••
趁
chèn

전 ～를 틈타서

趁着午休时间，我去银行一趟。
점심 후의 휴식을 이용해서, 나는 은행에 한 번 갔다.

3급 •
衬衫
chènshān

명 셔츠

他的衬衫白白的，看起来很干净。
그의 셔츠는 아주 하얘서, 매우 깨끗해 보인다.

5급 ••
称
chēng

동 무게를 달다, 부르다, 칭하다

请把这个称一下。 이거 무게 한번 달아주세요.

我们把他称为国家的领导。 우리는 그를 국가의 지도자라고 부른다.

5급 ••
称呼
chēnghu

동 부르다, 호칭하다

怎么称呼别人也是一门学问。
다른 사람을 어떻게 호칭하느냐 하는 것도 하나의 학문이다.

5급 ••
称赞
chēngzàn

동 칭찬하다 (= 夸奖, 赞扬, 表扬), 칭찬하다 (↔ 批评 혼내다, 비평하다)

每个人都喜欢被称赞。 모든 사람이 다 칭찬받는 것을 좋아한다.

5급 •••
乘
chéng

동 타다, 오르다

乘车时要注意安全。 차를 탈 때 안전에 주의해야 한다.

4급 ••
乘坐
chéngzuò

동 (자동차 · 비행기 등을) 타다

出门旅游时乘坐哪种交通方式很重要。
외국으로 여행갈 때, 어떤 교통수단을 타는지는 매우 중요하다.

5급 •••
承担
chéngdān

동 맡다, 담당하다

父母承担着教育下一代的责任。
부모는 다음 세대를 교육하는 임무를 맡고 있다.

Tip 承担责任 책임을 맡다 ｜ 承担任务 임무를 맡다

承认 chéngrèn — 5급 •••

동 인정하다 (↔ 否认 fǒurèn 부인하다)

他终于承认了事情是他做的。
그는 마침내 일을 그가 한 것이라고 인정했다.

承受 chéngshòu — 5급 ••

동 받아들이다, 감당하다, 이겨내다, 견뎌내다

现代人无一例外承受着压力。
현대인은 모두 예외 없이 스트레스를 받아들이고 있다.

Tip 承受考验 시련을 이겨내다 | 承受压力 스트레스를 견뎌내다

程度 chéngdù — 5급 •••

명 정도

他的病已经到了十分严重的程度。
그의 병은 이미 매우 심각한 정두에 이르렀다.

程序 chéngxù — 5급 ••

명 순서, 단계, 절차, 프로그램

很多地方都是按程序办事。 많은 곳에서 절차에 따라 일을 처리한다.

Tip 一道程序 하나의 프로그램

成分 chéngfèn — 5급 ••

명 성분

这种药含有多种成分。 이 약은 다양한 종류의 성분을 함유하고 있다.

成功 chénggōng — 4급 •••

명 성공 동 성공하다 (↔ 失败 shībài 실패하다)

失败是成功之母。 실패는 성공의 어머니이다.

成果 chéngguǒ — 5급 •••

명 성과

我国在医疗方面取得了显著的成果。
우리나라는 의료 방면에서 두드러지는 성과를 얻었다.

Tip 成果에 대한 동사로 다음과 같은 것들을 사용합니다.
取得 · 获得 + 成果 성과를 얻다

3급 ••
成绩
chéngjì

명 성적

想要取得好成绩，努力十分重要。
좋은 성적을 얻길 원하면, 노력이 매우 중요하다.

Tip 成绩에 대한 동사로 다음과 같은 것들을 사용합니다.
取得·获得·得到·拿到 + 成绩 성적을 얻다

5급 ••
成就
chéngjiù

명 성취, 업적　동 이루다

他在世界上取得了很大的成就。
그는 세계에서 매우 큰 업적을 이루었다.

Tip 成就에 대한 동사로 다음과 같은 것들을 사용합니다.
取得·获得 + 成就 성취를 얻다, 성취를 이루다

5급 •••
成立
chénglì

동 성립하다, 창립하다

中华人民共和国成立于1949年10月1日。
중화인민공화국은 1949년 10월 1일에 성립되었다.

Tip 成立는 아래와 같은 단어와 결합하여 '세우다·설립하다·창립하다'라는 의미를 가집니다.
成立公司 회사를 창립하다 | 成立企业 기업을 창립하다
成立机关 기관을 설립하다 | 成立组织 조직을 만들다

4급 •••
成熟
chéngshú

형 성숙하다

再见他时，发现他成熟了很多。
그를 다시 만났을 때, 그가 매우 성숙해진 걸 발견했다.

4급 •••
成为
chéngwéi

동 ～이 되다

他通过努力成为了一名优秀的老师。
그는 노력을 통해서 한 명의 뛰어난 선생님이 되었다.

5급 ••
成语
chéngyǔ

명 성어

学习四字成语是一件很有意思的事儿。
사자성어를 공부하는 것은 매우 재미있는 일이다.

5급 ••
成长
chéngzhǎng

동 성장하다, 자라다

人总是要经历一些事情才能成长起来。
사람은 항상 몇 가지 일들을 겪고 나서야 성장하기 시작한다.

5급 ••
诚恳
chéngkěn

형 (태도가) 간절하다, 성실하다, 진실하다

他的态度总是很诚恳。 그의 태도는 항상 매우 진실하다.

4급 ••
诚实
chéngshí

형 (언행이) 성실하다, 진실하다

看一个人的人品就是要看这个人是否诚实。
한 사람의 인품을 본다는 것은 이 사람이 성실한지 아닌지를 보는 것이다.

3급 ••
城市
chéngshì

명 도시

北京、上海是中国最大的两座城市。
베이징, 상하이는 중국의 가장 큰 두 개의 도시이다.

1급 •
吃
chī

동 먹다

吃是人生的一大享受。 먹는 것은 인생의 큰 즐거움이다.

4급 •••
吃惊
chījīng

동 놀라다 (= 惊讶 jīngyà)

听了他的话，我大吃一惊。 그의 말을 듣고, 나는 매우 놀랐다.

5급 ••
吃亏
chīkuī

동 손해보다

有时，吃亏也是福。 때로는, 손해보는 것도 복이다.

Tip 吃亏는 이합사이므로 '큰 손해를 보다'라고 표현하려면 **吃大亏**라고 해야 합니다.

3급 •••
迟到
chídào

동 지각하다, 늦게 도착하다

迟到是 种很不好的行为。
지각하는 것은 일종의 매우 좋지 않은 행동이다.

Tip 迟到는 뒤에 목적어를 취할 수 없는 동사이므로, 다음과 같이 사용합니다.
上班迟到 출근에 늦다 | **上课迟到** 등교에 늦다
约会迟到 약속에 늦다 | **开会迟到** 회의에 늦다

5급 ••
持续
chíxù

동 지속하다

这场大雨持续了3天3夜。 이 비는 3일 밤낮으로 계속되었다.

5급 ••
池子
chízi

명 저수지, 못

池子里到处都是游来游去的鱼。
저수지 안 곳곳은 모두 이리저리 헤엄치는 물고기들이다.

Tip 「동사＋来＋동사＋去」 이리저리 ~하다

跑来跑去 이리저리 뛰어다니다 | 走来走去 이리저리 돌아다니다

5급 ••
尺子
chǐzi

명 자 (길이를 재는 도구)

我得去商店买一把尺子。 나는 상점에 가서 자 하나를 사야 한다.

5급 ••
翅膀
chìbǎng

명 날개

蝴蝶有一双美丽的翅膀。 나비는 한 쌍의 아름다운 날개가 있다.

Tip 展开翅膀 날개를 펴다 | 展开想象的翅膀 상상의 나래를 펴다

5급 •
冲
chōng

동 돌진하다, (물로) 씻어내다

孩子一边叫一边冲向了妈妈。
아이는 소리치며 엄마를 향해 달려갔다.

5급 ••
充电器
chōngdiànqì

명 충전기

韩国的手机充电器所有的手机都可以使用。
한국의 휴대전화 충전기는 어떤 휴대전화도 모두 사용할 수 있다.

5급 ••
充分
chōngfèn

형 충분하다

这次考试我准备得很充分。 나는 이번 시험 준비를 충분히 했다.

Tip 充分은 일반적으로 양적인 개념이 아닌 추상적인 개념과 함께 사용합니다.

准备充分 준비가 충분하다 | 理由充分 이유가 충분하다

5급 ••
充满
chōngmǎn

동 넘치다, 충만하다

这个世界到处都充满真情。 이 세계 도처에는 정이 넘친다.

Tip 充满 뒤에 목적어로 추상명사가 옵니다.

充满热情 열정이 넘치다 | 充满自信 자신이 넘치다

5급 ••
重复
chóngfù

동 중복되다, 중복하다, 반복하다

老师重复了几遍，我也没记住。
선생님은 몇 번이나 반복했지만, 나는 기억하지 못했다.

4급 ••
重新
chóngxīn

부 다시, 새로이

房间重新装修了一遍，漂亮多了。
방은 새로 한 번 인테리어를 한 후, 많이 예뻐졌다.

5급 •
宠物
chǒngwù

명 애완동물

如今，养宠物的家庭越来越多。
요즘, 애완동물을 기르는 가정이 점점 많아진다.

5급 ••
抽屉
chōuti

명 서랍

抽屉里放着我所有的证件。 서랍 안에 나의 모든 증명서가 들어 있다.

5급 •••
抽象
chōuxiàng

형 추상적이다 (↔ 具体 jùtǐ 구체적이다)

名词可以分成具体名词和抽象名词。
명사는 구체명사와 추상명사로 나눌 수 있다.

4급 ••
抽烟
chōuyān

동 담배를 피다 (= 吸烟 xīyān)

抽烟、喝酒都有害健康。
담배 피는 것, 술 마시는 것 모두 건강에 해롭다.

Tip 禁止吸烟 · 清勿吸烟 흡연 금지

5급 •
丑
chǒu

형 못생기다, 추하다, 흉하다 (↔ 美丽 měilì, 漂亮 piàoliang 아름답다)

一个人美还是丑，看的不是外表，而是内心。
사람의 아름답고 추한가는, 외모를 보는 것이 아니라, 마음을 보는 것이다.

5급 •
臭
chòu

형 (냄새가) 고약하다

不知从哪儿出来的臭味儿。 어디서 나는 썩은 냄새인지 모르겠다.

2급 • **出** chū	동 나오다 酒后开车很容易出事故。 음주 운전은 사고 나기가 쉽다.

5급 •• **出版** chūbǎn	동 출판하다 我们学院自己也出版教材。 우리 학원은 자체적으로도 교재를 출판한다.

4급 •• **出差** chūchāi	동 출장 가다 爸爸去上海出差了。 아버지는 상하이로 출장을 가셨다.

4급 •• **出发** chūfā	동 출발하다 还有十分钟，飞机就要出发了。 10분 남았어, 비행기가 곧 출발해.

5급 • **出口** chūkǒu	명 출구 동 말을 꺼내다, 수출하다 (↔ 进口 jìnkǒu 수입하다) 前面左转有一个出口。 앞쪽에서 왼쪽으로 돌면 출입구 하나가 있다. 这件事很难说出口。 이 일은 말을 꺼내기가 매우 힘들다. 这些产品是出口到美国的。 이 생산품들은 미국에 수출하는 것이다.

5급 •• **出色** chūsè	형 출중하다, 뛰어나다 他是一个出色的助手。 그는 뛰어난 조수이다.

4급 ••• **出生** chūshēng	동 태어나다 他虽然是美国人，但是却出生于韩国。 그는 비록 미국인이지만, 한국에서 태어났다.

5급 •• **出席** chūxí	동 출석하다, 회의에 참가하다 12个国家的领导人出席了这次国际会议。 12개 나라의 지도자가 이번 국제회의에 참가했다.

3급 ••
出现
chūxiàn

동 출현하다, 나타나다

最近出现了一种新型手机。 최근 신형 휴대전화가 나왔다.

C

1급 •
出租车
chūzūchē

명 택시

坐出租车也叫"打的"。 택시 타는 것을 '택시 잡다'라고도 한다.

5급 •
初级
chūjí

형 초급의

汉语课程分初级、中级、高级三种。
중국어 교육 과정은 초급 · 중급 · 고급 세 종류로 나뉜다.

5급 •
除
chú

동 제거하다, 없애다 전 ~을 제외하고

除草除虫 제초제충 (잡초를 제거하고, 벌레를 제거함)

除他以外，大家都来了。 그를 제외하고, 모두 왔다.

Tip 除…以外… ~ 이외에, ~를 제외하고

5급 •••
除非
chúfēi

접 오로지 ~해야만

除非你去，否则我不去。 네가 가야지, 그렇지 않으면 나도 안 가.

3급 •••
除了
chúle

전 ~을 제외하고

除了作文以外，其它部分都是90分。
작문을 제외하고, 다른 부분 모두 90점이다.

我除了汉语以外，我还学习英语。
나는 중국어를 공부하는 것 외에, 영어도 공부한다.

Tip 除了…以外，都… ~을 제외하고, 모두 ~하다

除了…以外，也·还… ~을 제외하고, ~도

5급 ••
除夕
chúxī

명 섣달 그믐날 밤

除夕之夜，中国人的习惯是全家人在一起看电视，包饺子。 섣달 그믐날 밤, 중국인의 관습은 온 가족이 같이 TV를 보고, 만두를 빚는 것이다.

3급 ••
厨房
chúfáng

몡 주방

在中国，你可以看到很多在厨房里忙活的男人。
중국에서, 넌 주방에서 분주하게 일하는 남자를 많이 볼 수 있을 거야.

Tip 下厨房 주방에 들어가다, 요리하다

5급 •••
处理
chǔlǐ

통 처리하다

他处理事情的能力比较强。
그는 일을 처리하는 능력이 비교적 좋다.

2급 •
穿
chuān

통 입다, 신다

快把衣服穿上。 빨리 옷을 입어라.

Tip 穿 뒤에는 다음과 같은 보어가 사용됩니다.
穿上(去) (옷을) 입다 | 脱下(来) 벗다

2급 •
船
chuán

몡 배

海面上停着一艘很大的船。 바다 위에 한 척의 큰 배가 서 있다.

Tip 一只小船, 一艘大船 작은 배 한 척, 큰 배 한 척

5급 ••
传播
chuánbō

통 전파하다, 널리 퍼뜨리다

奥林匹克向人们传播了一种更快更高更强的体育精神。
올림픽은 사람들에게 '더 빨리, 더 높이, 더 강하게'라는 체육 정신을 전파했다.

5급 ••
传递
chuándì

통 전달하다, 전하다

一年一届的中韩歌友会传递着中韩之间的友谊。
1년에 한 번 있는 한중 가요제는 한국과 중국 사이의 우애를 전달한다.

5급 •••
传染
chuánrǎn

통 전염되다

这种病很容易传染。 이 병은 매우 쉽게 전염된다.

5급 ••
传说
chuánshuō

몡 전설

我很喜欢听中国古代的传说故事。
나는 중국 고대의 전설 이야기 듣는 것을 매우 좋아한다.

传统
chuántǒng
5급 ●●●

명 전통

中秋节是一个传统的节日。 중추절은 하나의 전통 명절이다.

传真
chuánzhēn
4급 ●●

명 팩스

几乎每个公司都有传真机。 거의 모든 회사에 팩스가 있다.

Tip 发传真 팩스를 보내다 | 收到传真 팩스를 받다

窗户
chuānghu
4급 ●

명 창문

把窗户打开换换空气吧。 창문을 열어 환기를 시키자.

Tip 一扇窗户 한 개의 문 | 一扇门 문 하나

窗帘
chuānglián
5급 ●

명 창문 커튼

我一眼就看中了那种蓝色的窗帘。
나는 저 파란색 창문 커튼에 한눈에 반했다.

闯
chuǎng
5급 ●●

동 (맹렬하게) 뛰어들다

店里突然闯进来了一群人。
상점 안에 갑자기 한 무리의 사람들이 뛰어들어왔다.

Tip 闯红灯 신호를 위반하다 | 闯祸 사고를 일으키다

创造
chuàngzào
5급 ●●

동 창조하다

现在各大企业都需要有创造力和想象力的人才。
지금 각 대기업은 모두 창조력과 상상력이 있는 인재가 필요하다.

吹
chuī
5급 ●

동 (바람이) 불다, 입으로 힘껏 불다, 악기 따위를 불다, 허풍을 떨다

迎面吹来的海风，令人非常舒服。
얼굴 앞으로 불어오는 바닷바람은, 사람을 매우 편안하게 한다.

他喜欢在很多人面前吹牛。
그는 많은 사람 앞에서 허풍 치기를 좋아한다.

春 chūn 3급 •

명 봄

一年之计在于春。 일 년의 계획은 봄에 있다.

Tip 春夏秋冬 봄, 여름, 가을, 겨울

磁带 cídài 5급 •

명 카세트 테이프

MP3的出现取代了磁带。
MP3의 출현은 카세트 테이프의 자리를 대신했다.

Tip 一盘磁带 카세트 테이프 한 개

词典 cídiǎn 4급 ••

명 사전

现在几乎所有人手里有一台电子词典。
지금 거의 모든 사람의 수중에 전자사전이 있다.

词语 cíyǔ 3급 ••

명 어휘, 단어

汉语难就难在词语太丰富。
중국어가 어려운 건 단어가 지나치게 풍부하다는 데 있다.

辞职 cízhí 5급 •••

동 사직하다

只干了一个星期，他就辞职了。
겨우 일주일 일하고, 그는 바로 사직했다.

Tip 辞职는 '직장을 관두다'라는 의미로 이미 목적어를 가지고 있는 동사입니다.
辞职公司 (✕)   辞职工作 (✕)
辞掉工作 (○)   辞了工作 (○)

此外 cǐwài 5급 •

접 이밖에, 이외에

此外，运动对健康也起着很重要的作用。
이외에, 운동은 건강에 매우 중요한 역할을 한다.

次 cì 2급 •

양 번, 회, 차례
형 (제품의 품질이) 뒤떨어지다, (사람의 됨됨이 · 태도 · 성품이) 나쁘다

这家咖啡厅我来过两次。 이 커피숍에 나는 두 번 와봤어.

那家的服务态度不好，东西也次。
그곳의 서비스는 좋지 않아, 물건 역시 뒤떨어져.

5급 ••
次要
cìyào

형 부차적이다, 부수적이다

学习不是学生的次要任务，而是首要任务。
공부는 학생의 부수적인 임무가 아니라, 가장 중요한 임무이다.

5급 ••
刺激
cìjī

동 자극하다 명 자극

他已经受了很大的打击了，不要再刺激他了。
그는 이미 매우 큰 충격을 받았어, 그를 더 자극하지 마.

5급 ••
匆忙
cōngmáng

형 급하다, 분주하다

他匆匆忙忙地跑了出去。 그는 아주 급하게 뛰어나갔다.

3급 ••
聪明
cōngming

형 총명하다, 똑똑하다 (↔ 笨 bèn 멍청하다, 어리석다)

光聪明是没有用的，努力同样重要。
총명하기만 한 것은 쓸모없다, 노력이 마찬가지로 중요하다.

2급 •
从
cóng

전 ~로부터

从你家到公司大概需要多长时间?
당신 집에서 회사까지 대략 얼마나 걸립니까?

5급 •••
从此
cóngcǐ

접 그로부터, 이로부터

从此以后，他再也没回去过。
그날 이후로, 그는 다시는 돌아가지 않았다.

5급 •••
从而
cóng'ér

접 그리하여

老师改变了教学方法，从而，提高了学生们的学习效率。
선생님은 교수법을 바꾸어서, 학생들의 학습 효율을 높였다.

4급 •••
从来
cónglái

부 지금껏, 여태껏

我从来没这么想过。 나는 지금껏 이렇게 생각해본 적이 없다.

Tip 「从来没有 + 동사 + 过」 지금껏 ~한 적이 없다

从前
cóngqián
5급 ••

명 예전, 이전

从前，有一座山，山上住着一对老夫妻。
예전에, 산 하나가 있었는데, 산에 한 노부부가 살았다.

从事
cóngshì
5급 •••

동 종사하다

我爸爸从事服装行业。 우리 아빠는 의류 업종에 종사하신다.

Tip 从事는 다음과 같은 단어를 목적어로 취합니다.
从事行业 업종에 종사하다 | 从事工作 일에 종사하다
从事职业 직업에 종사하다 | 从事事业 사업에 종사하다

粗心
cūxīn
4급 •••

형 덜렁대다 (= 马虎, 大意, 粗心大意, 丢三落四)

他那个人特别粗心大意。 그는 매우 덜렁댄다.

醋
cù
5급 •

명 식초

炒菜时加一点醋可以软化血管。
요리를 볶을 때, 식초를 조금 넣으면 혈관을 부드럽게 할 수 있다.

Tip 吃醋는 '식초를 먹다'라는 의미 외에 '질투하다'라는 의미도 있습니다.

促进
cùjìn
5급 •••

동 촉진하다

少量饮酒可以促进血液循环。
소량의 음주는 혈액 순환을 촉진할 수 있다.

促使
cùshǐ
5급 ••

동 ～하도록 재촉하다

这件事促使我加倍努力。
이 일은 나로 하여금 두 배로 노력하게 하였다.

Tip 「促使 + 사람 + 동사」 사람으로 하여금 ～하도록 재촉하다

催
cuī
5급 •

동 재촉하다, 다그치다

妈妈催我早点儿睡觉。 엄마는 나에게 조금 일찍 자도록 다그치셨다.

5급 ••	동 보존하다, 저금하다

存
cún

一定要养成存钱的习惯。 반드시 저축하는 습관을 길러야 한다.

Tip 存钱 저축하다 ↔ 取钱·提钱 인출하다

5급 ••

存在
cúnzài

명 존재 동 존재하다

人家都不知道那个孩子的存在。
사람들은 모두 그 아이의 존재를 모른다.

2급 ••

错
cuò

명 틀림, 착오, 실패, 잘못 형 틀리다, 맞지 않다

我到底做错什么了？你干吗跟我生气？
내가 도대체 무엇을 잘못했니? 너는 왜 나에게 화를 내?

Tip 干吗 (gànmá)는 '왜 어째서' 라는 뜻입니다. 여기서 吗의 성조에 주의해야 합니다!

5급 •••

错误
cuòwù

명 실수, 잘못

这都是我的错误，你就别管了。
이건 모두 나의 잘못이야, 넌 상관하지 마.

Tip 犯错误 실수하다 | 改错误 실수를 고치다

5급 ••

措施
cuòshī

명 조치, 대책

想要解决这件事，应该采取一个合理的措施。
이 문제를 해결하고 싶다면, 하나의 합리적인 조치를 취해야 한다.

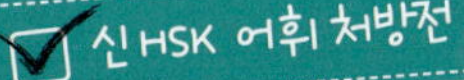

신HSK 어휘 처방전 1

신HSK는 어법보다 단어가 더 강조되는 시험입니다. 평소에 새로 배우는 단어마다 정확한 용법과 실례를 잘 알아두어야 합니다. 오늘 익힌 단어가 어떤 경우에 어떤 문맥에 어떻게 사용되는지 정확히 파악하고, 품사와 용법도 정확히 익혀두어야 더 높은 점수를 받을 수 있습니다.

제1부분 다음 단어들을 이용해 문장을 완성하세요.

1
기출

立即　　　得　　　我们部门　　　措施　　　采取

2
기출

给我　　　留下了　　　印象　　　长城　　　深刻的

3
기출

我爸爸　　　服装　　　行业　　　从事

4
기출

常常能　　　最近　　　见到　　　他

5
기출

中秋节　　　一个　　　节日　　　传统的　　　是

6

日本　　　出差　　　去　　　常常　　　我丈夫

7

理由　　　不太　　　他　　　辞职的　　　充分

제2부분 다음 그림을 보고, 80자 내외의 작문 한 편을 완성하세요.

▶ 원고지에 직접 답안을 적어보세요.

D

0301

5급 •••
答应
dāying

동 허락하다, 승낙하다, 대답하다 (↔ 拒绝 jùjué · 推辞 tuīcí 거절하다)

我答应了他的请求。 나는 그의 요청을 승낙했다.

0302

4급 •••
答案
dá'àn

명 답안

有几个学生正在作弊，抄答案。
몇몇 학생이 커닝하며 답안을 베끼고 있다.

0303

5급 •••
达到
dádào

동 도달하다, 다다르다

参加这次大会的人数达到了史上最高。
이번 대회에 참가한 사람 수는 역사상 최고에 다다랐다.

> **Tip** 达到는 다음과 같은 목적어가 뒤에 옵니다.
>
> **达到程度** 정도에 도달하다 | **达到水平** 수준에 도달하다
>
> **达到目标** 목표에 도달하다 | **达到目的** 목적에 도달하다

0304

4급 ••
打扮
dǎban

동 꾸미다, 치장하다

她总是打扮得很漂亮。 그녀는 항상 예쁘게 치장한다.

0305

1급 •
打电话
dǎ diànhuà

동 전화하다

我常常给家里打电话。 나는 자주 집에 전화한다.

> **Tip** 给…打电话 ～에게 전화를 걸다
>
> 跟…打电话 · 通电话 ～와 전화를 하다 (통화를 하다)

0306

5급 ••
打工
dǎgōng

동 아르바이트하다

在韩国大学生打工的现象很普遍。
한국에서 대학생들이 아르바이트하는 현상은 매우 보편적이다.

> **Tip** 打工은 목적어가 이미 붙어 있는 이합사입니다.
>
> 打什么工? 무슨 아르바이트를 하세요?

5급 ••
打交道
dǎ jiāodao

동 사귀다, 왕래하다

医生每天都要和病人**打交道**。

의사는 매일 환자와 왕래해야 한다.

Tip 和…打交道 (= 和…交往) ~와 왕래하다, 교류하다

2급 •
打篮球
dǎ lánqiú

동 농구를 하다

他**打篮球**打得很好。 그는 농구를 잘한다.

5급 •
打喷嚏
dǎ pēntì

동 재채기를 하다

他好像是感冒了，总**打喷嚏**。

그는 감기에 걸린 것 같아요, 계속 재채기를 하네요.

4급 •••
打扰
dǎrǎo

동 폐를 끼치다, 귀찮게 하다 (= 妨碍 fáng'ài 방해하다)

他正在学习，别去**打扰**他。

그는 지금 공부를 하고 있어요, 그를 귀찮게 하지 마세요.

3급 ••
打扫
dǎsǎo

동 쓸다, 청소하다

他每个星期六都在家**打扫**房间。

그는 매주 토요일에 집에서 방을 청소한다.

3급 •••
打算
dǎsuàn

동 계획하다 명 계획

他**打算**明年去中国留学。 그는 내년에 중국으로 유학 갈 생각이다.

6급 ••
打听
dǎting

동 알아보다

他常常向我**打听**她的情况。 그는 항상 나에게 그녀의 상황을 묻는다.

Tip 向…打听 ~에게 알아보다, 물어보다

4급 •
打印
dǎyìn

동 출력하다, 프린트하다

这台**打印**机不太好使，老出问题。

이 프린터는 사용하기가 불편해, 자주 문제가 생겨.

Tip 打印机 프린터 | 打印资料 자료를 출력하다

5급 •••
打招呼
dǎ zhāohu

동 인사하다, 안부를 묻다, 통지하다

韩国人见面时常常很自然地打招呼。
한국인은 만났을 때 자주 아주 자연스럽게 인사한다.

Tip 和·跟…打招呼 ~에게 안부를 묻다, 통지하다

4급 •••
打折
dǎzhé

동 할인하다

一到节假日，各大百货商店都有打折活动。
명절과 휴일이 되면, 각 대형상점은 할인행사를 한다.

Tip 打八折는 '가격의 80%에 준다'는 의미로, '20% 할인하다'라는 의미입니다.
打五折 50% 할인하다 | 打七折 30% 할인하다

4급 ••
打针
dǎzhēn

동 주사를 맞다

我最怕打针吃药了。 나는 주사 맞고 약 먹는 것이 가장 무섭다.

1급 •
大
dà

형 크다

孩子一天一天长大了。 아이는 하루하루 성장한다.

5급 •••
大方
dàfang

형 대범하다, 씀씀이가 시원하다 (↔ 小气 xiǎoqi 소심하다, 인색하다)

他是一个很大方的人。 그는 매우 대범한 사람이다.

4급 ••
大概
dàgài

부 대략, 아마도

我们班大概有一半以上的人去过中国留学。
우리 반은 대략 절반 이상의 사람들이 중국 유학을 다녀왔다.

2급 ••
大家
dàjiā

명 모두

大家都知道了这件事，只有我不知道。
모두가 이 일을 아는데, 단지 나만 모르는구나.

4급 •
大使馆
dàshǐguǎn

명 대사관

大使馆在明洞附近。 대사관은 명동 근처에 있다.

5급 ••
大象
dàxiàng

명 코끼리

大象是陆地上最大的动物。 코끼리는 육지에서 가장 큰 동물이다.

Tip 一头大象 코끼리 한 마리

5급 ••
大型
dàxíng

형 대형의

海底有很多大型的鱼，比如鲨鱼。

해저에는 매우 많은 대형 물고기가 있는데, 예를 들면 상어가 있다.

Tip 大型 대형 | 中型 중형 | 小型 소형

4급 •••
大约
dàyuē

부 대략, 대강, 얼추

他去过的国家大约有20多个。

그가 가본 나라는 대략 20개가 넘는다.

5급 ••
呆
dāi

동 머무르다, 빈둥거리다   형 무표정하다, 멍하다

一到周末，我就呆在家里休息。 주말이 되면, 나는 집에서 쉰다.

Tip 呆在… · 在…呆着 ~에 머무르다

3급 ••
带
dài

동 지니다, 휴대하다

我每天都带着他送我的钱包。

나는 매일 그가 선물해준 지갑을 가지고 다닌다.

4급 ••
戴
dài

동 착용하다, 부착하다

我很喜欢戴首饰，最喜欢戴戒指。

나는 액세서리 하는 것을 좋아하는데, 반지를 가장 좋아한다.

Tip 戴 뒤에 오는 목적어는 신체에 착용 및 부착이 가능한 것이어야 합니다.

戴眼镜 안경을 착용하다 | 戴帽子 모자를 착용하다

戴耳环 귀고리를 하다 | 戴口罩 마스크를 착용하다

4급 ••
代表
dàibiǎo

명 대표, 대표자   동 대표하다

他是我们班的代表。 그는 우리 반의 대표이다.

4급 ••
代替
dàitì

동 대신하다, 대체하다

那位老师生病了，所以我来代替他上课。
그 선생님께서 병이 나서, 내가 대신 수업을 한다.

4급 •
大夫
dàifu

명 의사 (= 医生 yīshēng)

大夫在中国是一个很受欢迎的职业。
의사는 중국에서 매우 인기 있는 직업이다.

5급 ••
贷款
dàikuǎn

동 대출받다

中国很多人都贷款买房。
중국의 많은 사람은 대출을 받아서 집을 산다.

Tip 向·跟…贷款 ～에서 대출받다

5급 •••
待遇
dàiyù

명 급여, 대우

在中国，教师的待遇比较高。
중국에서, 교사의 급여는 비교적 높다.

Tip 待遇优厚 급여가 좋다

5급 ••
单纯
dānchún

형 단순하다

孩子的想法都比较单纯。 아이들의 생각은 비교적 단순하다.

5급 ••
单调
dāndiào

형 단조롭다

最近的生活很单调，除了学习还是学习。
요즘 생활은 매우 단조롭다, 공부하고 또 공부만 한다.

5급 •
单独
dāndú

부 단독으로, 혼자서

他单独一个人生活。 그는 단독으로 혼자 생활한다.

5급 •
单位
dānwèi

명 단위, 단체, 기관

他的工作单位是省政府。 그의 직장은 성정부이다.

5급 •

单元
dānyuán

명 (공동주택 · 빌딩의) 현관

我家住在105号楼3单元。 우리 집은 105호동 세 번째 현관이다.

D

5급 •••

担任
dānrèn

동 맡다, 담당하다

他在班级里担任班长。 그는 반에서 반장을 맡았다.

Tip 担任의 목적어로 직업 · 직책 · 직무와 관련된 단어들이 옵니다.

担任…职务 ~ 직무를 맡다

他在公司担任会计。 그는 회사에서 회계를 담당하고 있다.

这次公司组织大家旅行，由你来担任导游吧!

이번 회사 여행은 네가 가이드를 맡아봐!

3급 ••

担心
dānxīn

형 걱정하다, 근심하다 (= 担忧 dānyōu)

别担心，事情一定会很好地解决的。

걱정 마세요, 일이 분명히 잘 해결될 것입니다.

5급 •••

耽误
dānwu

동 지체하다, 그르치다

学生玩电脑游戏会耽误学习。

학생이 컴퓨터 게임을 하면 공부를 소홀히 하게 된다.

Tip 耽误의 목적어로 다음과 같은 단어들이 옵니다.

耽误时间 시간을 지체하다 | 耽误工作 일을 그르치다

耽误学习 공부를 소홀히 하다 | 耽误休息 쉬지 못하게 하다

5급 •

胆小鬼
dǎnxiǎoguǐ

명 소심쟁이, 겁쟁이, 담이 작은 사람

没想到他高高的个子，居然是个胆小鬼。

그가 큰 키에 의외로 겁쟁이일 줄은 생각지도 못했다.

5급 ••

淡
dàn

형 싱겁다, (농도가) 옅다 (↔ 咸 xián 짜다 · 浓 nóng (농도가) 짙다)

这道菜咸淡正好，很合我的口味。

이 요리는 간이 딱 맞아, 내 입맛에 딱이야.

3급 ••

蛋糕
dàngāo

명 케이크

过生日的时候几乎每个人都吃生日蛋糕。

생일 때 거의 모든 사람이 생일 케이크를 먹는다.

2급 •••

但是
dànshì

집 그러나 (= 可是 kěshì, 不过 búguò, 却 què, 倒 dào)

很多人都很喜欢喝咖啡，但是我不喜欢。
많은 사람이 커피 마시는 것을 좋아하는데, 나는 싫어한다.

4급 •••

当
dāng

동 ~가 되다, ~를 맡다

他妻子怀孕了，他就要当爸爸了。
그의 부인이 임신해서, 그는 곧 아빠가 된다.

当春天来的时候，大家都觉得有希望，是一个新的开
始。 봄이 왔을 때, 모두는 희망이 있고, 하나의 새로운 시작이라고 생각한다.

Tip 当…的时候 ~할 때

5급 •

当代
dāngdài

명 당대, 그 시대

比起当代小说，我更喜欢看古代小说。
당대 소설과 비교해서, 나는 고대 소설을 더 좋아한다.

Tip 比起… · 跟…比起来 · 跟…相比 ~와 비교하다

4급 ••

当地
dāngdì

명 현지

我们上个月去了云南，感受到了当地的风俗文化。
우리는 지난달에 윈난에 가서, 현지의 풍속과 문화를 체험했다.

3급 •••

当然
dāngrán

부 당연히   형 당연하다

他当然不知道，他只是个孩子。
그는 당연히 모르지, 그는 단지 어린애야.

4급 ••

当时
dāngshí

명 당시에

当时，我还小，所以我记得不是很清楚了。
당시에, 나는 아직 어려서, 정확하게 기억하지 못한다.

5급 ••

挡
dǎng

동 막다, 저지하다, 가리다

我被他挡住了，什么都看不见。
나는 그에 의해 가려져서, 어떤 것도 볼 수 없었다.

4급 ••
刀
dāo

몡 칼

韩国人和中国人用的刀不太一样。

한국인과 중국인이 사용하는 칼은 그다지 같지 않다.

Tip 一把刀 칼 한 자루

5급 •
岛
dǎo

몡 섬

济州岛是韩国第一大岛，每年都要迎接很多游客。

제주도는 한국에서 가장 큰 섬으로, 매년 많은 여행객을 맞이한다.

Tip 一座岛 섬 하나

5급 ••
倒霉
dǎoméi

혱 운이 없다 (↔ 幸运 xìngyùn 운이 좋다) 동 재수 없는 일을 당하다

不要总说自己倒霉，越说越倒霉。

자신이 항상 운이 없다고 말하지 마라, 말할수록 더 운이 없어진다.

Tip 倒霉透了 정말 재수없다

5급 •••
导演
dǎoyǎn

몡 감독

张艺谋是中国有名的导演。 장이모우는 중국의 유명한 감독이다.

4급 ••
导游
dǎoyóu

몡 여행 가이드

他的梦想是当一名导游，周游世界。

그의 꿈은 여행 가이드가 되어, 세계를 돌아다니는 것이다.

5급 •••
导致
dǎozhì

동 초래하다, 야기시키다

他的失误直接导致了事情的失败。

그의 실수는 직접적으로 일의 실패를 초래했다.

Tip 导致 뒤에는 좋지 않은 결과가 목적어로 쓰입니다.

导致战争 전쟁을 초래하다 | **导致损失** 손실을 초래하다

导致失业 실업을 초래하다 | **导致失败** 실패를 초래하다

倒
dǎo l dào
5급 •

[dǎo] 동 넘어지다, 옮기다, 바꾸다
[dào] 동 따르다, 붓다, 뒤집히다 부 오히려, 도리어

从家到公司要**倒**三次车。 집에서 회사까지 세 번 환승한다.

她的房间虽然小，布置得**倒**挺漂亮。
그녀의 방은 비록 작지만, 오히려 아주 예쁘게 꾸며져 있다.

Tip 倒车·换车 환승하다

到
dào
2급 ••

동 도달하다, 도착하다, 이르다

一**到**家我就给妈妈打了个电话。
집에 도착하자마자 나는 엄마에게 전화를 했다.

到处
dàochù
4급 ••

부 도처에, 여기저기에

一到节假日，就**到处**都是人。 공휴일이 되면, 도처에 다 사람이다.

到达
dàodá
5급 •••

동 도착하다, 도달하다, 이르다

到达目的地后，我们都很兴奋。
목적지에 도착한 후, 우리 모두는 매우 기뻤다.

Tip 到达 뒤에는 목적어로 목적지가 되는 장소적 개념이 나옵니다.
到达北京 베이징에 도착하다 | **到达目的地** 목적지에 도착하다

到底
dàodǐ
4급 ••

부 도대체, 결국, 아무래도, 역시 (= 究竟 jiūjìng)

你**到底**来还是不来? 너 도대체 오는 거니 안 오는 거니?

他**到底**还是走了。 그는 결국 역시 떠났다.

道德
dàodé
5급 •

명 도덕, 윤리

传统的**道德**观念不能丢弃。 전통적인 도덕관념은 버릴 수 없다.

道理
dàolǐ
5급 •

명 도리, 일리

他说话很有**道理**。 그의 말은 매우 일리가 있다.

4급 •••
道歉
dàoqiàn

동 사과하다

道歉的时候 一定要态度谦虚。
사과를 할 때 반드시 태도가 겸손해야 한다.

Tip 向…道歉 ~에게 사과하다

3급 •••
地
de

조 ~하게 (부사어 구조를 만드는 조사로, 뒤에 술어가 되는 동사가 나옴)

他每天早早儿地就起来。 그는 매일 아주 일찍 일어난다.

Tip 地는 부사어를 만들어주는 구조조사로, 「동사 · 형용사 · 관용어 · 고사성어 + 地 + 동사(술어)」의 형태로 사용합니다.

1급 •••
的
de

조 ~의, ~의 것, ~한 사람 (관형어 구조를 만드는 조사로 뒤에 명사가 나옴)

桌子上摆着乱七八糟的东西。
책상 위에 엉망으로 물건이 놓여 있다.

Tip 的는 관형어를 만들어주는 구조조사로, 뒤에 명사가 나옵니다.
「명사 · 동사 · 형용사 · 구 + 的 + 명사」의 형태로 사용합니다.

2급 •••
得
de

조 동사 뒤에 쓰여 정도나 가능을 나타냄 (보어 구조를 만듦)

他汉语说得真的很好。 그는 중국어를 정말 잘한다.

Tip 得는 동사 뒤에 쓰여 정도보어와 가능보어를 이끌어줍니다.
「동사 · 형용사 + 得 + 보어」의 형태로 사용합니다.

4급 ••
得意
déyì

형 득의하다, 만족스러워하다

我说他汉语说得好，他很得意地笑了。
내가 그에게 중국어를 잘한다고 하자, 그는 매우 만족스러워하며 웃었다.

4급 ••
得
děi

조동 ~해야 한다

我得走了。 나는 가야 합니다.

Tip 동사 앞에서 조동사로 쓰이는 경우 '~해야 한다'라는 의미를 나타내고,
[děi]라고 읽습니다.

3급 •
灯
dēng

명 등, 램프

每天回家时，只要看到家里的灯光，我的心里就很温暖。
매일 집에 갈 때, 집의 불빛이 보이기만 하면, 나의 마음이 곧 매우 따뜻해진다.

Tip 一台(盏)灯 등 하나 | 灯光 불빛

5급 ••
登机牌
dēngjīpái

몡 비행기표, 탑승권

上机前应该先出示登机牌。
비행기에 오르기 전에 먼저 반드시 탑승권을 제시해야 한다.

5급 ••
登记
dēngjì

동 등록하다, 기재하다 (체크인하다)

去宾馆入住时首先应该登记。
호텔에 가서 묵을 때, 가장 먼저 체크인해야 한다.

2급 ••
等
děng

동 기다리다

你等一下，我马上回来。 기다려, 난 곧 돌아와.

4급 ••
等
děng

조 등, 따위 (= 什么的 shénme de)

花市上有玫瑰、百合等等。 꽃시장에는 장미와 백합 등이 있다.

5급 •••
等待
děngdài

동 기다리다

在等待他回来的日子，我想了很多。
그가 돌아오는 날을 기다리는데, 나는 아주 많이 보고 싶다.

> **Tip** 等待消息 소식을 기다리다 | 等待答复 답변을 기다리다
> 等待时机 시기를 기다리다 | 等待面试结果 면접 결과를 기다리다

5급 ••
等候
děnghòu

동 기다리다

我们都站在门口等候着他。 우리는 입구에 서서 그를 기다리고 있다.

5급 ••
等于
děngyú

동 (수량이) ～와 같다, ～와 다름없다, ～에 해당하다

一加一等于二的道理谁都懂。
'일 더하기 일은 이'라는 이치는 누구나 다 안다.

3급 ••
低
dī

형 (등급, 정도가) 낮다 (↔ 高 gāo 높다)

哥哥的成绩比弟弟的低。 오빠의 성적이 남동생보다 낮다.

0380

5급 •

滴
dī

양 방울

再苦再累，他都没有流过一滴眼泪。
더 힘들고 피곤해도, 그는 눈물 한 방울 흘려본 적이 없다.

Tip 一滴水 물 한 방울

0381

5급 •••

的确
díquè

부 확실히, 실로 (= 确实 quèshí)

他的确是一个很好的学生。 그는 확실히 매우 괜찮은 학생이다.

0382

5급 ••

敌人
dírén

명 적

最大的敌人其实是我们自己。 가장 큰 적은 사실 우리 자신이다.

0383

4급 •

底
dǐ

명 아래, 밑

杯子底下好像有什么东西。 컵 밑에 뭔가가 있는 것 같다.

0384

5급 •

递
dì

동 넘겨주다, 전해주다

请把那本书递给我。 그 책을 저에게 좀 건네주세요.

0385

5급 ••

地道
dìdào
dìdao

[dìdào] 명 터널, 지하도 [dìdao] 형 순수하다, 진짜의, 정통의

这儿没有人行横道，你得从前面的地道过马路。
여기는 횡단보도가 없어서, 당신은 앞에 있는 지하도로 길을 건너야 해요.

我朋友的上海话说得非常地道。
내 친구는 상하이 말을 아주 원어민같이 구사한다.

0386

3급 ••

地方
dìfang
dìfāng

[dìfang] 명 부분, 장소, 곳 [dìfāng] 명 지방, 현지

有不懂的地方吗? 이해 안 가는 부분이 있나요?

他住在地方城市。 그는 지방 도시에 산다.

0387

5급 •

地理
dìlǐ

명 지리

他的地理知识很丰富。 그의 지리 지식은 매우 풍부하다.

5급 •

地球
dìqiú

명 지구

人类只有一个**地球**，请爱护我们共同的家园。

인류는 단 하나의 지구를 가지고 있으니, 우리 공동의 낙원을 아끼고 보호합시다.

5급 •

地区
dìqū

명 지역

这个**地区**的人口大约是300万。 이 지역의 인구는 대략 300만이다.

5급 •

地毯
dìtǎn

명 양탄자, 카펫

地毯里有很多灰尘对身体有害。

카펫 안에는 많은 먼지가 있어, 몸에 해롭다.

Tip 一块地毯 카펫 하나

3급 •

地铁
dìtiě

명 지하철

我每天都坐**地铁**上班，又快又方便。

나는 매일 지하철을 타고 출근하는데, 빠르기도 하고 편리하기도 하다.

Tip 地铁站 지하철역 | 地铁线路 지하철 노선

3급 •

地图
dìtú

명 지도

学校的每个教室的墙上都有一张中国**地图**。

학교의 매 교실마다 벽에 중국지도 한 장이 있다.

Tip 一张地图 지도 한 장

5급 •

地位
dìwèi

명 지위, 위치

在很多家庭，孩子的**地位**是最高的。

많은 가정에서, 아이의 지위가 가장 높다.

5급 ••

地震
dìzhèn

명 지진

汶川大**地震**惊了全世界。 汶川 대지진은 전 세계를 놀래켰다.

Tip 一场地震 한 차례 지진

4급 ••

地址
dìzhǐ

명 주소

请写一下详细**地址**。 상세한 주소를 좀 적어주세요.

2급 •

弟弟
dìdi

명 남동생

他很疼爱他的弟弟。 그는 그의 남동생을 무척 사랑한다.

2급 •

第一
dì-yī

형 가장 중요하다, 제일이다 수 제1, 첫 번째

我们小时候常喊的口号是 "友谊第一，比赛第二"。

우리가 어렸을 때 자주 외치던 구호는 '우정 제일, 시합은 두 번째'이다.

1급 •••

点
diǎn

동 주문하다, 지정하다

出去吃饭的时候，我很不喜欢点菜。

나가서 밥 먹을 때, 나는 주문하는 것이 너무 싫다.

Tip 点菜(음식을 주문하다)는 이합사로, 뒤에 음식이 나올 때는 菜가 빠져야 합니다.

点海鲜 해산물을 주문하다 | 点小笼包 샤오롱바오를 주문하다

5급 •••

点头
diǎntóu

동 고개를 끄덕이다

弟弟朝我点了点头。 남동생은 나를 향해 고개를 끄덕였다.

Tip 뒤에 头가 나오는 「동사 + 목적어」 구조를 알아두어야 합니다.

回头 고개를 돌리다 (= 扭头) | 低头 고개를 숙이다

抬头 고개를 들다 | 摇头 고개를 가로젓다

5급 •

点心
diǎnxin

명 간식

点心的热量都比较高。 간식의 열량은 비교적 높다.

Tip 一块点心 간식 한 조각

5급 •

电池
diànchí

명 전지, 건전지

电池电量不足。 전지의 전류량이 부족하다.

Tip 一块电池 건전지 하나

1급 •

电脑
diànnǎo

명 컴퓨터

现在的笔记本电脑被设计得越来越小巧。

현재의 노트북 컴퓨터는 점점 정교하게 설계된다.

Tip 一台电脑 컴퓨터 한 대 | 台式电脑 데스크탑 컴퓨터

笔记本电脑·手提电脑 노트북 컴퓨터

1급 ●
电视
diànshì

명 텔레비전

和以前不同的是，看**电视**的人越来越少了。
이전과 다른 점은, 텔레비전을 보는 사람이 점점 적어진다는 것이다.

Tip 一台**电视** 텔레비전 한 대

5급 ●
电台
diàntái

명 라디오 방송국

电台的广播很受司机的欢迎。
라디오 방송국의 방송은 운전기사의 환영을 받는다.

3급 ●
电梯
diàntī

명 엘리베이터

上下楼时乘坐**电梯**很节省时间。
건물을 오르내릴 때 엘리베이터를 타면 시간이 매우 절약된다.

1급 ●
电影
diànyǐng

명 영화

看**电影**可以开阔视野，增长见识。
영화를 보면 시야를 넓힐 수 있고, 견문을 넓힐 수 있다.

Tip 一部**电影** 영화 한 편

3급 ●●●
电子邮件
diànzǐ yóujiàn

명 이메일

有了**电子邮件**以后，写信的人越来越少了。
전자우편이 생기고 난 이후에, 편지를 쓰는 사람이 점점 줄었다.

Tip 이메일이나 문자 메시지를 보낼 때는 동사 发를 사용합니다.
发电子邮件 전자우편을 보내다 | **发短信** 문자 메시지를 보내다

5급 ●●●
钓
diào

동 낚다, 낚시질하다

喜欢**钓**鱼的人都比较有耐性。
낚시를 좋아하는 사람은 다 비교적 참을성이 있다.

Tip **钓鱼** 낚시를 하다 (≠**打鱼**)
钓鱼는 낚싯대를 사용하는 것이고, **打鱼**는 그물망을 사용하는 것입니다

4급 ●●
掉
diào

동 떨어지다, 벗겨지다

苹果从树上**掉**了下来。 사과가 나무 위에서 떨어졌다.

4급 •••

调查
diàochá

동 조사하다

调查显示，很多交通事故都发生在酒后。
조사에서 밝히길, 많은 교통사고는 모두 음주 후에 일어난다고 한다.

5급 •

丁
dīng

명 성년 남자, 장정, 정 [천간(天干) 의 네 번째]

她一向是丁是丁，卯是卯。 그는 줄곧 빈틈없이 일을 한다.

5급 •

顶
dǐng

명 (인체, 사물) 꼭대기, 끝 양 개, 채, 장 [꼭대기가 있는 물건]

他住在山顶上，每天都能看到美丽的风景。
그는 산 정상에 사는데, 매일 아름다운 풍경을 볼 수 있다.

Tip 一顶帽子 모자 하나 | 山顶 산 정상 | 头顶 머리 끝, 머리 꼭대기

4급 ••

丢
diū

동 잃어버리다

他把钱包弄丢了。 그는 지갑을 잃어버렸다.

4급 •

冬
dōng

명 겨울

冬天的哈尔滨，格外地美。 겨울의 하얼빈은, 특별히 아름답다.

3급 •

东
dōng

명 동쪽

东方人和西方人在各个方面都存在着差异。
동양인과 서양인은 각 방면에서 모두 차이가 존재한다.

Tip 东南西北 동서남북 (중국에서는 '동남서북'이라고 합니다.)

1급 •

东西
dōngxi

명 물건, 것 (구체적인 것, 추상적인 것 모두 가능)

百货商店里的东西都比较贵。
백화점의 물건은 모두 비교적 비싸다.

通过这次旅行，我学到了很多东西。
이번 여행을 통해서, 나는 많은 것을 배웠다.

懂
dǒng
2급 •••

[동] 알다, 이해하다 (＝明白 míngbai)

听了半天，我才听懂他说什么。

한참을 듣고 나서야, 나는 비로소 그가 무엇을 말하는지 이해했다.

冻
dòng
5급 ••

[동] 차다, 얼다, 춥다

冬天，河里的水都冻住了。 겨울에, 강 안의 물은 모두 얼어붙었다.

Tip 冻手 손이 얼다 | 冻脚 발이 얼다 | 冻耳朵 귀가 얼다 | 冻脸 얼굴이 얼다

洞
dòng
5급 ••

[명] 동굴, 구멍

洞里黑乎乎的一片。 동굴 안이 아주 어둡다.

Tip 洞口 동굴 입구 | 无底洞 밑 빠진 구멍, 밑 빠진 독

动画片
dònghuàpiàn
5급 ••

[명] 만화영화

孩子们都很喜欢看动画片。

아이들은 모두 만화영화 보는 걸 좋아한다.

Tip 一部动画片 한 편의 만화영화

动物
dòngwù
3급 ••

[명] 동물

动物永远都是人类的好朋友。

동물은 영원한 인류의 좋은 친구이다.

动作
dòngzuò
4급 •••

[명] 동작

明星的每一个动作都受到大家的关注。

스타의 동작 하나하나는 모두의 관심과 주목을 받는다.

Tip 动作片 액션영화

都
dōu
1급 •••

[부] 모두, 다

所有的人都感到很开心。 모든 사람이 다 즐거움을 느낀다.

逗
dòu
5급 ••

[형] 재미있다, 우습다 (＝有意思, 有取) [동] 골리다, 놀려주다

那个人很逗。 그 사람은 매우 재밌다.

大人都很喜欢逗小孩儿。 어른들은 다 어린아이 놀리는 것을 좋아한다.

5급 • **豆腐** dòufu	몡 두부 **豆腐**对身体有很多好处。 두부는 몸에 이로운 점이 매우 많다. **Tip** 一块豆腐 두부 한 모

D

1급 •• **读** dú	동 읽다, 낭독하다 我很喜欢**读**外国小说。 나는 외국소설 읽는 것을 매우 좋아한다.

5급 ••• **独立** dúlì	동 독립하다 中国是一个**独立**自主的国家。 중국은 하나의 자주독립 국가이다.

5급 ••• **独特** dútè	형 독특하다 中国的云南有一种**独特**的魅力。 중국의 윈난은 독특한 매력이 있다.

4급 ••• **堵车** dǔchē	동 차가 막히다 (= 赛车 sàichē) 赶上**堵车**，大家心理都很着急。 차가 막히는 때를 만나, 모두가 마음이 매우 조급하다.

5급 ••• **度过** dùguò	동 (시간을) 보내다, 지내다 希望大家都开开心心地**度过**每一天。 모두가 즐겁게 하루하루를 보내기를 희망한다.

4급 • **肚子** dùzi	몡 배 工作了一天都没吃东西，**肚子**很饿。 일하느라 하루 종일 음식을 먹지 못해, 배가 매우 고프다.

3급 •• **短** duǎn	형 짧다 (↔ 长 cháng 길다), 부족하다 每个人都有长处和**短**处。 각각의 사람들은 장점과 단점을 가지고 있다.

5급 ••
短信
duǎnxìn

몡 문자 메시지

短信的出现改变了很多人的生活。
문자 메시지의 출현은 많은 사람의 생활을 바꾸어놓았다.

Tip 다음과 같은 동사와 사용합니다.
发短信 문자를 보내다 | 收短信 문자를 받다
回短信 문자를 회신하다, 문자에 답하다

3급 •••
段
duàn

먱 단락, 구간 (장소ㆍ시간의 구분)

这篇文章太长，我们今天只学习了两段。
이 글은 너무 길어서, 우리는 오늘 두 단락만 공부했다.

4급 •••
断
duàn

됭 단절되다, 끊(어지)다

风筝断了线，从天上掉了下来。
연의 줄이 끊겨서, 하늘에서 아래로 떨어졌다.

Tip 断了联系 연락이 끊기다

3급 •••
锻炼
duànliàn

됭 단련하다

常常锻炼可以强身健体。 자주 운동하면 신체가 건강해질 수 있다.

5급 ••
堆
duī

먱 무더기 (비유) 먱 무더기의, 더미의 됭 쌓다

最近很忙，现在还有一堆的事儿要处理呢。
최근에 매우 바쁘다, 지금도 산더미 같은 일을 처리해야 한다.

2급 ••
对
duì

젼 ~에게, ~를 향하여, ~에 대해 먱 짝, 쌍

我们终于对这件事有了了解。
우리는 마침내 이 일에 대해 알게 되었다.

4급 ••
对
duì

혱 맞다, 옳다 (↔ 错 cuò 틀리다)

他的话说得很对。 그의 말이 맞다.

5급 ••
对比
duìbǐ

동 대비하다, 대조하다

两个对比之后，一下子就分出好坏来了。
두 개를 대조한 후, 단번에 좋고 나쁜 점을 구별해냈다.

1급 ••
对不起
duìbuqǐ

동 미안합니다

说对不起的时候，诚意更重要。
미안하다고 말할 때, 진심이 더 중요하다.

5급 •••
对待
duìdài

동 상대하다, 대응하다, 대하다

你怎样对待别人，别人就怎样对待你。
네가 다른 사람을 어떻게 상대하느냐에 따라, 다른 사람 역시 똑같이 너를 상대한다.

5급 •
对方
duìfāng

명 상대편, 상대

我们要站在对方的立场上来考虑问题，这样才会互相理解。 우리는 상대방의 입장에 서서 문제를 고려해야 한다. 이래야 비로소 서로를 이해하게 될 것이다.

4급 ••
对话
duìhuà

동 대화하다 명 대화

他们一个是韩国人，一个是日本人，却用汉语对话。
그들은 한 명은 한국인, 한 명은 일본인인데, 오히려 중국어로 대화한다.

4급 ••
对面
duìmiàn

명 맞은편

对面的楼就是我住的地方。 맞은편의 건물이 바로 내가 사는 곳이다.

5급 •••
对手
duìshǒu

명 상대, 라이벌, 적수

对手的实力明显更高。 상대의 실력은 현저히 더 높다.

5급 ••
对象
duìxiàng

명 대상, 배우자

这次招聘的对象主要是应届毕业生。
이번 모집 대상은 대부분 이번 기 졸업생이다.

他最近搞对象。 그는 요즘 배우자를 찾고 있다.

5급 •••
对于
duìyú

[전] ~에 대해서

对于他的说法，我不太赞成。
그의 말에 대해서, 나는 그다지 찬성하지 않는다.

5급 •
吨
dūn

[양] 톤 (ton)

那条鲸鱼有几吨重。 그 고래는 몇 톤이나 나간다.

5급 •
蹲
dūn

[동] 쪼그리고 앉다

那个孩子蹲在地上哭，看起来很可怜。
그 아이는 바닥에 쪼그리고 앉아서 운다, 매우 불쌍해 보인다.

> **Tip** 앉는 동작은 동작 자체가 아래로 향하므로 방향보어 下来가 붙습니다.
>
> **蹲下来 · 坐下来** 쪼그리고 앉다

4급 •••
顿
dùn

[양] 끼, 번, 차례 [식사나 질책 등을 세는 양사]

他工作很忙，常常是一天只能吃两顿饭。
그의 일은 매우 바쁘다, 항상 하루에 두 끼밖에 먹지 못한다.

今天迟到了，我被老师批评了一顿。
오늘 지각해서, 나는 선생님께 한 차례 혼이 났다.

1급 •
多
duō

[부] 얼마나 (정도를 나타냄) [형] 많다

今天多冷啊! 怎么穿这么少呢?
오늘 얼마나 추운데! 왜 이렇게 조금 입었어?

5급 ••
多亏
duōkuī

[동] 은혜를 입다, ~ 덕택이다 (= 多得) [부] 다행히도 (= 好在, 幸亏)

多亏了他的帮助，我才这么快办好这件事。
그의 도움 덕택에, 나는 비로소 이렇게 빨리 이 일을 처리했다.

3급 ••
多么
duōme

[부] 얼마나

她是多么可爱的孩子啊! 그녀는 얼마나 귀여운 아이인가!

> **Tip** 「多么…啊」의 구조로 자주 사용됩니다.

1급 ••

多少
duōshao
duōshǎo

[duōshao] 대 얼마, 몇 [duōshǎo] 부 조금, 약간

多少人饭都吃不上呢，我们应该珍惜我们现有的生活。
얼마나 많은 사람이 밥을 먹지 못하는데, 우리는 마땅히 우리의 지금 생활을 소중히 여겨야 한다.

病情比过去多少好一点。 병세가 전보다 조금 좋아졌다.

5급 ••

多余
duōyú

형 여분의

我把多余的东西都分给了身边的人。
나는 여분의 물건을 모두 내 옆에 있는 사람에게 나누어주었다.

4급 •

朵
duǒ

양 송이, 조각 [꽃, 구름 등을 세는 양사]

花园里盛开着朵朵鲜化。 화단에 신선한 꽃이 송이마다 만발했다.

5급 •••

躲藏
duǒcáng

동 숨다

我一进家门，孩子就马上躲藏了起来，看起来是又犯错误了。 내가 문을 들어서자마자, 아이는 바로 숨었다, 보아하니 또 잘못을 한 것 같다.

✓ 신HSK 어휘 처방전 2

쓰기에도 도움이 되고, 중국어 실력도 팍팍 올려주는 학습법은 단어를 별개로 외우지 않고 세트로 외우는 것입니다. 같이 자주 출현하는 단어들을 「동사 + 목적어」·「주어 + 술어」·「전치사구 + 술어」 등이 구조로 직접 활용할 수 있도록 임기해야 합니다. 단어를 세트로 학습하여야 중국어 실력이 크게 향상됩니다!!!

제1부분 다음 단어들을 이용해 문장을 완성하세요.

1 打听　　你　　去　　一下　　向老师　　考试内容

____

2 态度谦虚　　道歉的时候　　要　　一定

____

3 事情的失败　　导致了　　直接　　他的失误

____

4 对　　我　　这个问题　　非常　　感　　兴趣

____

5 朝我　　头　　点了点　　弟弟

____

6 很　　厉害　　今天　　得　　堵车　　堵

____

7 取材　　这个电视剧　　于　　一个民间传说

____

제2부분 다음 단어들을 모두 결합하여, 80자 내외의 작문 한 편을 완성하세요.
기출

天气　　　下雪　　　堵车　　　浪费　　　厉害

▶ 원고지에 직접 답안을 적어보세요.

MEMO

E

0459

3급 •

饿
è

혱 배고프다 (↔ 饱 bǎo 배부르다)

一天没吃饭，真的快要饿死了。
하루 종일 밥을 안 먹어서, 정말 배고파 죽겠다.

0460

5급 •••

恶劣
èliè

혱 아주 나쁘다

天气这样恶劣，大家仍然坚持着。
날씨가 이렇게 나쁜데, 모두 여전히 고수하고 있다.

0461

4급 •

而
ér

혭 그러나 (역접), 그래서 (인과), 그리고 (병렬)

大家都喜欢足球，而我却喜欢排球。
사람들 모두 축구를 좋아한다, 그러나 나는 배구를 좋아한다.

0462

3급 ••

而且
érqiě

혭 게다가 (= 并且 bìngqiě)

他学习英语，而且学得还不错。
그는 영어를 공부한다, 게다가 그럭저럭 잘 배운다.

0463

4급 ••

儿童
értóng

명 아동, 어린이

现在儿童用品的价格都非常高。
지금 아동용품의 가격은 모두 매우 비싸다.

0464

1급 •

儿子
érzi

명 아들

儿子好还是女儿好？谁都说不清楚。
아들이 좋을까 딸이 좋을까? 누구도 분명히 말하지 못한다.

0465

3급 •

耳朵
ěrduo

명 귀

他很不好意思，连耳朵都红了。
그는 매우 부끄러워하며, 귀까지 빨개졌다.

Tip 一只耳朵 한쪽 귀 | 一双耳朵 한 쌍의 귀

1급

二
èr

㈜ 2. 둘

汉语中，“二百”和“两百”两种说法都可以。
중국어 중에서, 二百와 两百 두 개의 표현법이 모두 가능하다.

E

✓ 신HSK 듣기 처방전 1~3

1.

신HSK 듣기는 전반적으로 의미 파악에 관련된 문제가 많아지고 관용어의 비중은 상대적으로 줄어들었습니다. 평소 반어문을 포함한 구어체 구문을 입에 붙도록 많이 읽고 외워두워야 듣기 문제에 쉽게 접근할 수 있습니다!!!

2.

중국 드라마를 보면서 듣기 연습을 하는 것도 좋은 학습 방법입니다. 드라마는 화면이 있기 때문에 상황을 통해 대사 내용을 유추할 수 있는 장점이 있습니다. 드라마에 나오는 간단한 회화체를 자주 들으면서 익히면, 듣기 실력 향상에 많은 도움이 됩니다. 드라마가 길다면 10분 안팎의 시트콤부터 도전해봅시다!!!

3.

5급 초보자들에게 듣기 학습 최고의 방법은 받아쓰기입니다. 듣기가 잘 안 되시는 분들은 신HSK 5급 제1영역부터 받아쓰기 연습을 해봅시다. 한 회만 해봐도 실력이 부쩍 늘 것입니다!!!

0467

4급 ••
发
fā

동 보내다, 발송하다, 생기다, 발생하다

今天是发工资的日子。 오늘은 월급 나오는 날이다.

Tip 发 뒤에는 다음과 같은 목적어가 올 수 있습니다.

发大水 홍수가 발생하다 | 发火 화재가 발생하다

0468

5급 ••
发表
fābiǎo

동 발표하다

他在大家面前发表了自己的看法。

그는 사람들 앞에서 자신의 의견을 발표했다.

0469

5급 ••
发愁
fāchóu

동 걱정하다, 근심하다

最近所有的东西都涨价，很发愁。

최근 모든 물건의 가격이 올라서, 매우 걱정스럽다.

Tip 涨价 가격이 오르다 ↔ 降价 가격이 내리다

0470

5급 •••
发达
fādá

형 발달하다, 번성하다 동 발전시키다

希望中国能早日进入发达国家的行列。

중국이 하루속히 선진국의 대열에 들어가길 바란다.

Tip 发达国家 선진국 | 发展中国家 개발도상국

0471

5급 •••
发抖
fādǒu

동 떨다

他紧张得直发抖。 그는 긴장하여 계속 떤다.

0472

5급 •••
发挥
fāhuī

동 발휘하다

他只要正常发挥，应该就能取得比较好的成绩。

그가 정상적으로 발휘한다면, 분명 비교적 좋은 성적을 얻을 것이다.

Tip 发挥 뒤에는 能力·实力 등이 목적어로 쓰입니다.

发挥能力 능력을 발휘하다 | 发挥实力 실력을 발휘하다

发挥才能 재능을 발휘하다 | 发挥特长 특기를 발휘하다

发明
fāmíng
5급 •••

명 발명 동 발명하다

很多发明都改变了人们的生活。
매우 많은 발명이 사람들의 생활을 바꾸어놓았다.

发票
fāpiào
5급 •

명 (정식) 영수증, 수취증, 인수증 (= 收据 shōujù)

消费之后别忘了要发票。
소비 후 영수증 요구하는 것을 잊지 마라.

发烧
fāshāo
3급 •••

동 열이 나다

他发了3天高烧，都快说不出话来了。
그는 3일 동안 고열이 나서, 말을 할 수 없을 정도였다.

发生
fāshēng
4급 ••

동 발생하다

昨天发生了一起重大交通事故，很多人受伤了。
어제 대형 교통사고가 발생해서, 매우 많은 사람이 다쳤다.

发现
fāxiàn
3급 •••

동 발견하다

经过接触，我发现她很多优点。
교제를 통해서, 나는 그녀가 장점이 매우 많다는 것을 발견했다.

发言
fāyán
5급 ••

명 발언 동 발언하다

他不了解这件事的情况，所以没有发言权。
그는 이 일의 상황을 이해하지 못해서, 발언권이 없다.

发展
fāzhǎn
4급 ••

동 발전하다, 발전시키다

随着经济的发展，人与人之间的竞争也越来越激烈。
경제의 발전에 따라, 사람과 사람 사이의 경쟁도 역시 점점 치열해진다.

罚款
fákuǎn
5급 •••

명 벌금 동 벌금을 내다

韩国各种各样的罚款很多。 한국에는 각양각색의 벌금이 매우 많다.

他被罚款了。 그는 벌금을 부과받았다.

4급 •

法律
fǎlǜ

명 법률

作为一个公民，应该遵守法律。
한 명의 국민으로서, 마땅히 법을 준수해야 한다.

5급 •

法院
fǎyuàn

명 법원

他们两个最后闹上了法院。 그들 둘은 결국 법원까지 가게 되었다.

5급 •

翻
fān

동 열다, 펴다, 넘다

请大家把书翻到145页。 모두 책 145페이지를 펴세요.

Tip 翻 뒤에 붙을 수 있는 보어로는 다음과 같은 것들이 있습니다.
翻开 (책 등을) 펴다, 펼치다 | 翻过 (산 등을) 넘다, 건너가다
翻过来 (산, 벽 등을) 넘어오다 | 翻过去 (산, 벽 등을) 넘어가다

4급 ••

翻译
fānyì

동 번역하다, 통역하다 명 번역사, 통역사

请把这句话翻译成汉语。 이 문장을 중국어로 번역해주세요.

Tip '번역하다'에 어울리는 방향보어는 다음과 같습니다.
翻译过来 번역하다 | 翻译出来 번역해내다

4급 ••

烦恼
fánnǎo

명 고민, 번뇌 동 고민하다

人活着就都会有烦恼。 사람은 살면서 모두 고민이 있다.

5급 ••

繁荣
fánróng

형 번영하다, 번창하다 동 번영시키다

祝愿我们的国家越来越繁荣！
우리나라가 점점 번영하길 축원한다!

5급 ••

凡是
fánshì

부 무릇, 모든

凡是认识他的人都说他是个好人。
그를 아는 모든 사람은 다 그가 좋은 사람이라고 한다.

4급 ••

反对
fǎnduì

동 반대하다

反对别人的观点时，要注意自己说话的语气。
다른 사람의 관점을 반대할 때, 자신의 말투를 주의해야 한다.

5급 ••
反而
fǎn'ér

[부] 도리어, 반대로

大家都知道这件事，反而我不知道。
모두 이 일을 아는데, 도리어 나는 모른다.

5급 ••
反复
fǎnfù

[부] 반복하여　[동] 반복하다

老师反复强调了学习态度的重要性。
선생님은 학습태도의 중요성을 반복 강조했다.

5급 ••
反应
fǎnyìng

[명] 반응　[동] 반응하다

那个孩子反应很快。 그 아이는 반응이 매우 빠르다.

Tip '반응하다'에 어울리는 방향보어는 다음과 같습니다.
反应过来 반응을 보이다 | 反应不过来 반응을 보이지 않다

4급 ••
反映
fǎnyìng

[동] 반영하다, 보고하다　[명] 반영, 보고

这部小说反映了当时旧社会的黑暗。
이 소설은 당시 옛 사회의 어두운 면을 반영하였다.

5급 ••
反正
fǎnzhèng

[부] 어쨌든

他去不去我不知道，反正我不去。
그가 가는지 안 가는지 난 모르고, 어쨌든 나는 안 간다.

1급 •
饭馆
fànguǎn

[명] 음식점 (= 饭店 fàndiàn, 餐厅 cāntīng, 餐馆 cānguǎn)

在大学附近，有很多便宜的小饭馆。
대학 주변에, 값싼 작은 음식점이 매우 많다.

4급 •••
范围
fànwéi

[명] 범위

这次考试的范围很大，不知道从哪儿下手。
이번 시험 범위는 매우 넓어서, 어디서부터 손대야 할지 모르겠다.

5급 •
方
fāng

[형] 사각형의　[명] 방향

除了一个国家以外，其他国家的国旗都是方的。
한 국가를 제외하고, 다른 국가의 국기는 모두 사각형이다.

Tip 方形 사각형 | 长方形 직사각형 | 正方形 정사각형

5급 ●●●

方案
fāng'àn

명 방안

那个建筑方案得到了批准。 그 설계 방안은 비준을 얻었다.

3급 ●●

方便
fāngbiàn

형 편리하다, 적합하다 동 편리하게 하다

方便的时候，请给我打个电话。

편할 때, 나에게 전화해줘.

4급 ●●●

方法
fāngfǎ

명 방법 (= 办法 bànfǎ)

每个人都有自己的学习方法。

모든 사람은 자신의 공부 방법이 있다.

Tip 方法는 '어떤 일을 해결하기 위한 완전하면서도 체계적인 수단 · 조치'를 의미합니다. 수식하는 다른 단어들이 앞에 붙을 수 있습니다.

思考方法 사고 방법 | **教学方法** 교육 방법 | **分析方法** 분석 방법

4급 ●

方面
fāngmiàn

명 방면, 분야

他各个方面都很优秀。 그는 각 방면에 모두 매우 우수하다.

5급 ●●

方式
fāngshì

명 방식

每个国家都有自己的生活方式。

각 나라는 모두 자신의 생활 방식이 있다.

Tip **说话方式** 말하는 방식 | **思维方式** 사유 방식, 생각하는 방식

4급 ●●

方向
fāngxiàng

명 방향

每个人都应该找到自己的生活方向。

각 사람은 모두 자신의 생활 방향을 찾아야 한다.

Tip **明确方向** 방향을 명확히 하다

5급 ●●●

妨碍
fáng'ài

동 방해하다, 지장을 주다

打电话的时候声音应该小一点，以免妨碍别人。

전화를 할 때 목소리는 당연히 좀 작아야 한다. 다른 사람을 방해하지 않도록.

Tip 「以免 + 원하지 않는 상황」 ~하지 않도록

5급 ••

房东
fángdōng

몡 집주인

我的房东是一个很善良的阿姨。
나의 집주인은 매우 착한 아주머니이다.

2급 •

房间
fángjiān

몡 방

我的房间虽然很小，但是住起来很舒服。
나의 방은 비록 매우 작지만, 살기에 매우 편안하다.

5급 •••

仿佛
fǎngfú

면 ~을 방불케 하다, 마치 ~인 것 같다 (= 好像 hǎoxiàng, 好比 hǎobǐ)

看了那部电影，大家仿佛都回到了从前。
그 영화를 보고, 사람들은 모두 과거로 돌아간 것 같았다.

4급 •

访问
fǎngwèn

동 방문하다, 둘러보다

最近韩国总统访问了多个国家。
최근 한국 대통령은 많은 국가를 방문했다.

Tip 访问 뒤에는 '사람·회사·지역·국가' 등이 목적어로 쓰입니다.

3급 •

放
fàng

동 놓다, 두다, 놓아주다

把东西放下吧，多重啊！ 물건 내려놔, 꽤 무겁잖아!

4급 •••

放弃
fàngqì

동 포기하다, 버리다

无论遇到多少困难，我都不会放弃。
얼마만큼의 어려움을 만나든, 나는 포기할 수 없다.

Tip 放弃 뒤에는 명사 목적어가 쓰입니다.

放弃计划 계획을 포기하다 | 放弃主张 주장을 포기하다
放弃意见 의견을 포기하다 | 放弃调查 조사를 포기하다

4급 ••

放暑假
fàng shǔjià

동 여름방학을 하다

放暑假的时候，我们全家人常常一起去海边玩儿。
여름방학 때, 우리 가족은 항상 같이 해변에 놀러 간다.

Tip 放寒假 겨울방학을 하다

5급 ••
放松
fàngsōng

동 긴장을 풀다, 느슨하게 하다

学习累了的时候，就休息休息，放松一下。
공부가 힘들어질 때, 그저 쉬면서, 긴장 좀 풀어라.

3급 •••
放心
fàngxīn

동 안심하다, 마음 놓다

孩子太小，一个人去国外家长很不放心。
아이가 매우 어려서, 혼자 외국에 가면 보호자는 안심하지 못한다.

5급 •••
非
fēi

부 반드시, 꼭 동 아니다

这件事非他亲自去不可。
이 일은 반드시 그가 친히 가지 않으면 안 된다.

Tip 非 … 不可(＝一定要) ~하지 않으면 안 된다, 반드시 ~해야 한다

2급 ••
非常
fēicháng

부 매우, 대단히

外面雨下得非常大，恐怕不能去爬山了。
밖에 비가 매우 많이 와, 아마도 산에 가지 못하겠어.

1급 ••
飞机
fēijī

명 비행기

坐飞机时有很多注意事项。 비행기 탈 때 주의사항이 매우 많다.

Tip 一架飞机 비행기 한 대

5급 ••
肥皂
féizào

명 비누

用肥皂洗东西的时候有点伤手。
비누를 사용해 물건을 씻을 때, 손이 좀 상한다.

Tip 一块肥皂 비누 하나

5급 •
肺
fèi

명 폐

吸烟易引发肺癌。 담배를 피면 폐암이 발생하기 쉽다.

5급 ••
废话
fèihuà

명 쓸데없는 소리 동 허튼소리 하다

那个人废话比较多，大家都不太喜欢他。
그 사람은 쓸데없는 소리를 많이 해서, 모두 그를 그다지 좋아하지 않아.

5급 •••
费用
fèiyong

명 비용, 지출

出国旅游的费用太高，一般家庭承受不起。
외국여행의 비용이 너무 비싸서, 일반 가정에선 감당할 수 없다.

3급 •
分
fēn

동 나누다, 분배하다

你把苹果分成两半，一半分给他吧。
당신은 사과를 반으로 잘라서, 반을 그에게 나누어 주세요.

5급 •••
分别
fēnbié

부 각각, 따로따로　동 나누다, 구별하다

孩子拿着两个苹果，分别咬了一口。
아이는 두 개의 사과를 들고, 각각 한 입씩 베어 물었다.

5급 •
分布
fēnbù

동 분포하다

玉米的种植分布比较广泛。 옥수수 재배는 비교적 넓게 분포해 있다.

5급 •••
分配
fēnpèi

동 분배하다

领导把食物分配给了每个士兵。
상사는 음식물을 각각의 사병에게 분배해주었다.

5급 •••
分析
fēnxī

동 분석하다

遇到问题的时候应该先分析一下，然后找出解决办法。
문제가 닥치면 마땅히 먼저 분석을 좀 해야 하고, 그 후에 해결 방법을 찾아야 한다.

4급 •
分之
fēnzhī

명 ~분의 ~

我们班的百分之三是外国人。 우리 반의 30%는 외국인이다.

1급 •
分钟
fēnzhōng

명 분

十五分钟也叫一刻钟。 '15분'을 '1각'이라고도 부른다.

5급 •••
纷纷
fēnfēn

부 잇달아, 연이어

听了他的事儿，大家纷纷给他出主意。
그의 일을 듣고, 모두 잇달아 그에게 아이디어를 내놓았다.

4급 •
份 fèn

명 인분, 배상

请给我一**份**早餐。 아침 식사 1인분 주세요.

5급 ••
奋斗 fèndòu

동 분투하다

每个人都在为自己美好的明天**奋斗**。
모든 사람은 자신의 아름다운 내일을 위해서 분투한다.

5급 ••
愤怒 fènnù

동 분노하다

愤怒不但让身边的人不愉快，自己也老得快。
분노하는 건 주위 사람을 유쾌하지 않게 할 뿐만 아니라, 자신 역시 빨리 늙게 한다.

4급 •••
丰富 fēngfù

형 풍부하다　동 풍부하게 하다

他的经验**丰富**，我可以从他身上学到很多东西。
그는 경험이 풍부해서, 나는 그에게 아주 많은 것을 배울 수 있다.

5급 ••
风格 fēnggé

명 풍격, 스타일

每个人穿衣都应该有自己的**风格**。
각각의 사람들은 옷을 입는 데 자신의 스타일이 있어야 한다.

4급 ••
风景 fēngjǐng

명 풍경, 경치

济州岛的自然**风景**十分迷人。
제주도의 자연 풍경은 매우 매력적이다.

Tip 欣赏·观赏 + 风景 풍경을 감상하다

5급 ••
风俗 fēngsú

명 풍속, 습관

每个地方的**风俗**文化都不同，我们应该学习并尊重。
모든 지역의 풍속과 문화는 달라서, 우리는 마땅히 배우고 존중해야 한다.

5급 ••
风险 fēngxiǎn

명 위험, 리스크

任何投资都有一定的**风险**。
어떠한 투자라도 어느 정도의 위험은 있다.

5급 ••
疯狂
fēngkuáng

[형] 미치다

很多人为了钱采取了疯狂的做法，结果走上了犯罪的道路。

매우 많은 사람이 돈을 위해 미친 짓이라도 한다, 그 결과 범죄의 길로 들어선다.

5급 •••
讽刺
fěngcì

[명] 풍자 [동] 풍자하다

这位作家的写作风格就是讽刺的味道比较浓。

이 작가의 작품 특징은 풍자의 맛이 비교적 강하다는 것이다.

5급 ••
否定
fǒudìng

[동] 부정하다 (↔ 肯定 kěndìng 긍정하다, 인정하다)

我们都不应该随便否定别人的意见。

우리는 모두 다른 사람의 의견을 마음대로 부정해서는 안 된다.

5급 ••
否认
fǒurèn

[동] 부인하다 (↔ 承认 chéngrèn 인정하다)

他否认自己做过那件事。 그는 자신이 그 일을 했다는 것을 부인한다.

4급 •••
否则
fǒuzé

[접] 그렇지 않으면 (= 要不, 要不然, 不然, 不然的话, 要不然的话)

我很喜欢中国，否则我不会学习汉语。

나는 중국을 매우 좋아한다, 그렇지 않으면 나는 중국어를 공부하지 않았을 것이다.

5급 ••
扶
fú

[동] 부축하다, 일으키다

看见那位老人要摔倒，他马上上去扶了一把。

그 노인이 넘어지는 것을 보고, 그는 바로 가서 부축했다.

5급 •
幅
fú

[양] 폭 [그림, 천을 세는 양사] [명] 폭, 넓이

这幅画是徐悲鸿的作品。 이 한 폭의 그림은 쉬페이훙의 작품이다.

5급 ••
服从
fúcóng

[동] 복종하다

我们都应该服从集体的安排。

우리는 단체의 배치에 복종해야 한다.

服务员
fúwùyuán
2급 ••

명 종업원

饭店**服务员**的工作很辛苦，赚的钱却不多。
호텔 종업원의 일은 매우 힘들다, 하지만 버는 돈은 많지 않다.

服装
fúzhuāng
5급 ••

명 복장, 의류, 의상

在韩国，做**服装**生意比较赚钱。
한국에서, 의류 사업은 비교적 돈을 번다.

符合
fúhé
4급 ••

동 부합하다

符合他的标准的女人不多。 그의 기준에 부합하는 여자는 많지 않다.

辅导
fǔdǎo
5급 ••

동 과외지도하다, 개인지도하다

他一边上大学，一边**辅导**学生赚学费。
그는 대학을 다니면서, 학생 과외를 해서 학비를 번다.

富
fù
4급 •••

명 부자, 부호 형 풍부하다, 여유롭다 (↔ 穷 qióng 가난하다)

中国有一句话叫：**富**不过三代。
중국에 이런 말이 있다. '부는 3대를 못 간다.'

附近
fùjìn
3급 ••

명 부근, 근처

我家**附近**有很多学校。 우리 집 부근에는 학교가 매우 많다.

付款
fùkuǎn
5급 ••

명 돈을 지불하다

现在的**付款**方式和以前有了很大的不同。
현대의 지불 방식은 이전과 크게 다르다.

Tip 款에는 钱의 의미도 있습니다.

妇女
fùnǚ
5급 •

명 부녀자, 여자

相比过去，**妇女**的地位有了很大的提高。
과거와 비교해서, 부녀자의 지위가 매우 높아졌다.

5급 •

父亲
fùqīn

명 아버지

父亲永远都是我们最尊敬的人。
아버지는 영원히 우리가 가장 존경하는 사람이다.

3급 ••

复习
fùxí

동 복습하다 (↔ 预习 yùxí 예습하다)

最好的学习方法就是每天预习和复习。
가장 좋은 학습 방법은 매일 예습과 복습을 하는 것이다.

4급 ••

复印
fùyìn

동 복사하다

老师每个月复印量都很大。 선생님께서 매달 복사하는 양은 매우 많다.

Tip 复印机 복사기 | 复印机份儿 몇 부 복사하다

4급 ••

复杂
fùzá

형 복잡하다 (↔ 简单 jiǎndān 단순하다)

我喜欢简单的人和事儿，不喜欢复杂的。
나는 단순한 사람과 일이 좋지, 복잡한 것은 싫다.

5급 •

复制
fùzhì

동 복제하다

他和爸爸长得特别像，好像复制的一样。
그와 아빠는 매우 닮아서, 꼭 복제해놓은 것 같다.

4급 •••

负责
fùzé

동 책임지다

这个部门负责公司的产品宣传。
이 부서는 회사의 상품 광고를 책임진다.

☑ 신HSK 듣기&독해 처방전

각주구검, 화사첨족, 우공이산, 새옹지마, 수주대토 등 듣기나 독해 지문에 자주 등장하는 기초 사자성어들의 내용을 알고 있으면, 듣기나 독해 문제를 푸는 데 배경지식으로 활용되어 쉽게 문제에 접근할 수 있습니다. 기초적인 사자성어는 필히 공부해둡시다!!!

제1부분 다음 단어들을 이용해 문장을 완성하세요.

1 反复　　重要性　　强调了　　老师　　学习的

____

2 都　　集体的　　服从　　我们　　应该　　安排

____

3 分配　　给了　　每个士兵　　把食物　　领导

____

4 调查　　打算　　我们俩　　分别　　进行

____

5 获得了　　方案　　那个　　建筑　　批准

____

6 放弃　　不会　　怎么样　　我　　不管　　这个机会

____

7 承受不起　　一般　　家庭　　费用　　旅游的

____

제2부분 다음 그림을 보고, 80자 내외의 작문 한 편을 완성하세요.

▶ 원고지에 직접 답안을 적어보세요.

0558

4급 •••
改变
gǎibiàn

图 바꾸다

知识可以改变命运。 지식은 운명을 바꿀 수 있다.

0559

5급 •
改革
gǎigé

图 개혁 图 개혁하다

这一次的改革改变了整个公司。
이번 개혁은 회사 전체를 바꾸어놓았다.

0560

5급 ••
改进
gǎijìn

图 개선하다

这部手机在原有的基础上进行了改进。
이 휴대전화는 원래의 기초에서 개선된 것이다.

Tip 改进의 进은 进步의 의미이므로 이와 관련된 목적어가 뒤에 옵니다.

改进方法 방법을 개선하다 | **改进技术** 기술을 개선하다

0561

5급 •••
改善
gǎishàn

图 개선하다

过去人们常常把出去吃饭作为改善生活的一种方式。
과거 사람들은 자주 외식하는 것을 생활을 개선하는 하나의 방식으로 보았다.

Tip **改善生活** 생활을 개선하다 | **改善条件** 조건을 개선하다
改善环境 환경을 개선하다 | **改善印象** 이미지를 개선하다

0562

5급 ••
改正
gǎizhèng

图 고치다, 바꾸다, 정정하다

有了错误就一定要改正。 잘못이 있으면 꼭 바로 고쳐야 한다.

Tip 改正은 '바르게 고치다'라는 의미이므로, 목적어로 고쳐야 하는 것(실수, 버릇, 잘못) 등이 나옵니다.

改正错误 잘못을 고치다 | **改正缺点** 결점을 고치다
改正毛病 단점을 고치다 | **改正方向** 방향을 고치다

5급 •

盖
gài

명 덮개, 마개, 뚜껑 (~儿) (= 盖子 gàizi)　동 덮다, 씌우다

赶快把锅的盖子<u>盖</u>上吧。 빨리 냄비의 뚜껑을 덮어라.

Tip 盖의 목적어로 房子가 오면 '집을 짓다'라는 의미가 됩니다.
盖房子 집을 짓다 ｜ 盖被子 이불을 덮다

5급 ••

概括
gàikuò

동 요약하다, 개괄하다

缩写就是考察<u>概括</u>的能力。
줄여 쓰기는 바로 요약하는 능력을 시험하는 것이다.

5급 ••

概念
gàiniàn

명 개념

要认识一件事物，首先要了解它的<u>概念</u>。
하나의 사물을 알려면, 먼저 그것의 개념을 이해해야 한다.

4급 ••

干杯
gānbēi

동 건배하다, 잔을 비우다

中国人韩国人喝酒的时候都很喜欢<u>干杯</u>。
중국인과 한국인은 술을 마실 때 모두 건배하는 것을 좋아한다.

5급 •••

干脆
gāncuì

부 차라리, 깨끗이　형 명쾌하다, 시원스럽다

我<u>干脆</u>回家吃饭，不等他了。
난 차라리 집에 가서 밥 먹을게, 그를 기다리지 않을래.

这件事办得很<u>干脆</u>。 이 일은 매우 시원스럽게 처리되었다.

3급 •

干净
gānjìng

형 깨끗하다 (↔ 脏 zāng 지저분하다)

他的家里总是<u>干干净净</u>的。 그의 집 안은 항상 깨끗하다.

4급 •

干燥
gānzào

형 건조하다 (↔ 潮湿 cháoshī 습하다)

冬天皮肤比较<u>干燥</u>。 겨울 피부는 비교적 건조하다.

3급 ••

敢
gǎn

조동 감히 ~하다

我怕黑，夜里不<u>敢</u>出去。
나는 어두운 것이 무서워서, 저녁에 감히 나가지 못한다.

4급 ●●
感动
gǎndòng

동 감동시키다

我被这部电影深深**感动**了。 나는 그 영화에 매우 깊이 감동받았다.

5급 ●●
感激
gǎnjī

동 감사하다, 감격하다

我很**感激**他，却不知道怎样报答他。
나는 그에게 매우 감사한다, 어떻게 그에게 보답해야 할지 모르겠다.

4급 ●●
感觉
gǎnjué

동 느끼다　명 감상, 느낌

他的话让我**感觉**很不舒服。 그의 말은 나를 매우 불편하게 했다.

他的笑脸给人的**感觉**很好。
그의 웃는 얼굴은 사람에게 좋은 느낌이 들게 한다.

3급 ●●
感冒
gǎnmào

동 감기에 걸리다　명 감기

他得了重**感冒**，一直在发高烧。
그는 심한 감기에 걸려서, 계속 고열이 난다.

Tip 感冒药 감기약 | 预防感冒 감기를 예방하다 | 治疗感冒 감기를 치료하다

4급 ●●
感情
gǎnqíng

명 감정

他们兄第之间的**感情**一直很好。
그들 형제 사이의 감정은 항상 매우 좋다.

5급 ●●
感受
gǎnshòu

동 느끼다, 여기다　명 느낌, 체험

我深深地**感受**到他的爱。 나는 깊게 그의 사랑을 느꼈다.

有时候，直接说出自己的**感受**更好。
때로는, 자기의 느낌을 직접 말하는 것이 더 낫다.

5급 ●●
感想
gǎnxiǎng

명 감상, 느낌, 소감

看了这部电影，你有什么**感想**?
이 영화를 보고, 너는 무슨 느낌이 들었니?

4급 ●●●
感谢
gǎnxiè

동 감사하다

我很想对我的老师表示**感谢**。
나는 나의 선생님께 감사를 표하고 싶다.

赶紧
gǎnjǐn · 5급 ●●●

뷔 재빨리, 잽싸게

我得赶紧出去一趟，朋友找我有急事。
나는 빨리 밖에 나가봐야 한다, 친구가 급한 일로 나를 찾아왔다.

赶快
gǎnkuài · 5급 ●●●

뷔 급하게, 빨리

我们得赶快出发，要不来不及了。
우리 빨리 출발해야 해, 안 그러면 늦겠어.

干
gàn · 4급 ●

동 (일을) 하다

他一连干了三天，终于干完了。
그는 3일을 계속해서 일하더니, 결국 다 했다.

干活儿
gàn huór · 5급 ●●

동 일을 하다

农民们每天都在地里干活儿，很辛苦。
농민들은 매일 밭에서 일하느라, 매우 고생한다.

刚才
gāngcái · 3급 ●●●

명 아까, 지금 막, 방금

我刚才见了很久没见的朋友，很开心。
나는 방금 오랫동안 못 만났던 친구를 만나서, 매우 기쁘다.

Tip 刚才는 품사가 명사라서 문장의 맨 앞으로도 나올 수 있습니다.

刚才有人找你。아까 어떤 사람이 너를 찾았어.

有人刚才找你。어떤 사람이 아까 너를 찾았어.

刚刚
gānggāng · 4급 ●●●

뷔 막, 방금 (= 刚 gāng)

他刚刚从中国回来。 그는 방금 중국에서 돌아왔다.

Tip 刚이나 刚刚은 부사라서 반드시 주어 뒤, 동사 앞에 위치해야 합니다.

他刚刚写完报告。 그는 막 보고서를 다 썼다.

钢铁
gāngtiě · 5급 ●●

명 강철, 철강

经过努力，他终于进入了那家钢铁公司。
노력을 통해, 그는 마침내 그 철강회사에 들어갔다.

2급 •

高
gāo

[형] 높다 (↔ 矮 ǎi 작다 · 低 dī 낮다)

城市里有很多高楼大厦。 도시에는 높은 건물이 매우 많다.

5급 ••

高档
gāodàng

[형] 고급의

首尔市中心有很多高档酒店。

서울시 중심에는 고급 호텔이 매우 많다.

Tip 高档 고급 | 中档 중급 | 低档 저급

4급 ••

高级
gāojí

[형] 고급의

汉语高级课程有一定的难度。

중국어 고급 과정은 상당히 난이도가 있다.

5급 ••

高速公路
gāosù gōnglù

[명] 고속도로

在高速公路上开车一定要注意安全。

고속도로 위에서 차를 운전할 때는 안전에 반드시 주의해야 한다.

1급 ••

高兴
gāoxìng

[형] 기쁘다, 즐겁다

不管选择什么样的生活，高兴就好。

어떤 생활을 선택하든지 즐거우면 된다.

5급 •••

搞
gǎo

[동] 하다, 행하다, 처리하다, 종사하다

他搞了一辈子的教育工作。 그는 한평생 교육 일에 종사했다.

Tip 搞 뒤에 다양한 목적어를 써서 직업을 나타낼 수 있습니다.

搞研究 연구를 하다 | 搞电脑 컴퓨터 일을 하다

搞文学 문학 하다 | 搞艺术 예술 하다

5급 •

告别
gàobié

[동] 이별을 말하다 (헤어짐의 인사를 하다)

他跟大家一一告别，然后含泪登上了飞机。

그는 사람들 한 명 한 명과 인사를 나누고 난 후, 눈물을 글썽이며 비행기에 탔다.

告诉
gàosu
2급 ••

동 알려주다

有消息的话，请告诉我。 소식이 있으면, 나에게 알려주세요.

Tip 告诉는 이중 목적어를 취할 수 있는 동사로, 「告诉 + 人(직접 목적어) + 物(간접 목적어)」의 순서로 쓰입니다.

我告诉他这件事了。 나는 그에게 이 일을 알려주었다.

胳膊
gēbo
5급 •

명 팔

他别的地方都没关系，只是胳膊受伤了。
그는 다른 곳은 모두 괜찮은데, 단지 팔만 다쳤다.

Tip 一只胳膊，两只胳膊 한쪽 팔, 양쪽 팔

哥哥
gēge
2급 •

명 오빠

我很希望能有个哥哥。 나는 오빠가 한 명 있었으면 좋겠다.

鸽子
gēzi
5급 •

명 비둘기

白色的鸽子象征着和平。 하얀 비둘기는 평화를 상징한다.

Tip 一只鸽子 비둘기 한 마리

隔壁
gébì
5급 •

명 옆집, 이웃 (= 邻居 línjū)

隔壁住着一对老夫妻。 옆집에 노부부가 살고 있다.

Tip 隔壁는 장소적 개념(옆집)이며, 邻居는 관계적 개념(이웃)입니다.

革命
gémìng
5급 ••

명 혁명

十年文化大革命成了所有人的噩梦。
10년의 문화대혁명은 모든 사람의 악몽이 되었다.

格外
géwài
5급 •••

부 각별히, 특별히

我格外欣赏他的才能。 나는 각별히 그의 재능을 아낀다.

个
gè
1급 •

양 개

舞蹈学院的学生个个都很瘦。
무용대학의 학생들은 하나하나 모두 매우 말랐다.

个别
gèbié
5급 ••

[형] 개별적인, 일부의, 특별한

这次大会只有**个别**人没有出席。
이번 대회에는 단지 일부 몇 명만 불참했다.

个人
gèrén
5급 ••

[명] 개인

这是他**个人**的事儿，让他自己决定吧。
이것은 그 개인의 일이다, 그 자신이 결정하게 해라.

个性
gèxìng
5급 •

[명] 개성

现在的孩子都很有**个性**。 요즘의 아이들은 모두 개성이 있다.

个子
gèzi
4급 •

[명] 키 (= 身高 shēngāo, 个儿 gèr)

他父母的**个子**都不高，但他却不矮。
그의 부모님은 키가 모두 작지만, 그의 키는 오히려 크다.

各
gè
4급 •••

[대] 각자, 각기, 여러

他们**各**有**各**的优点，不能比较。
그들은 각자 장점이 있어서, 비교할 수 없다.

Tip 「**各** A **各** B」의 형태로 자주 사용합니다.

各忙**各**的 각자의 일로 바쁘다 | **各**走**各**路 각자의 길로 가다

各付**各**的 각자의 것을 각자 내다 | **各**做**各**的 각자의 일을 하다

各自
gèzì
5급 ••

[대] 각자, 각기

他们婚后**各自**活动，并不干涉对方。
그들은 결혼 후 각자 활동하고, 결코 상대방을 간섭하지 않는다.

给
gěi
2급 •••

[동] 주다 [전] ～에게

生日的时候，他送**给**我一本书。
생일 때, 그는 나에게 책 한 권을 주었다.

我常常**给**他打电话。 나는 항상 그에게 전화한다.

3급 ●●●

跟
gēn

[전] ~와, ~에게　[동] 따라가다

我跟父母一起生活。 나는 부모님과 함께 생활한다.

他跟我学习汉语。 그는 나와 중국어를 공부한다.

5급 ●

根
gēn

[양] 개, 가닥, 대[가늘고 긴 것을 세는 단위]　[명] 뿌리, 근본, 근원

筷子少了一根，没办法用了。

젓가락 하나가 적어서, 사용할 수 없다.

Tip 一根牙签 이쑤시개 하나 | 一根筷子 젓가락 하나

5급 ●●●

根本
gēnběn

[부] 근본적으로, 전혀　[명] 근본

他根本就不了解我，所以没有资格评价我。

그는 나를 전혀 이해하지 못한다, 그러니 나를 평가할 자격이 없다.

Tip 根本은 부정부사와 자주 어울리는 부사입니다.

根本不 … 전혀 ~하지 않는다 | 根本没 … 전혀 ~하지 않았다

3급 ●●●

根据
gēnjù

[전] ~을 근거로　[명] 근거　[동] 근거하다

根据我的经验，大学生打工不一定是好事。

나의 경험을 근거로 보면, 대학생 아르바이트가 반드시 좋은 것은 아니다.

3급 ●●

更
gèng

[부] 더욱, 더

希望今年比去年更好。 올해는 작년보다 더 좋기를 바란다.

5급 ●●

更加
gèngjiā

[부] 더욱더

她比以前更加漂亮了，我都认不出来了。

그녀는 이전보다 더욱더 예뻐져서, 나는 알아보지 못했다.

5급 ●●

公布
gōngbù

[동] 공포하다, 발표하다

我盼望着公布成绩的那一天。

나는 성적이 나오는 그날을 기대하고 있다.

Tip 公布成绩 성적을 발표하다 | 公布法令 법령을 공포하다

公布条例 조례를 공포하다 | 公布结果 결과를 공포하다

2급 •

公共汽车
gōnggòngqìchē

명 버스

乘坐公共汽车上班是一件比较麻烦的事情。
버스를 타고 출근하는 것은 비교적 귀찮은 일이다.

Tip 一辆公共汽车 버스 한 대

2급 ••

公斤
gōngjīn

명 킬로그램(kg)

头疼，最近我胖了2公斤。 골치 아파, 최근에 나 2kg이나 쪘어.

Tip 斤 500g

5급 ••

公开
gōngkāi

동 공개하다

他们的恋情在办公室已经是公开的秘密了。
그들의 연애는 회사에서 이미 공공연한 비밀이다.

4급 ••

公里
gōnglǐ

명 킬로미터(km)

刚跑了一公里，我就累得不行了。
방금 1km나 뛰었어, 나는 정말 힘들어 죽겠어.

5급 ••

公平
gōngpíng

형 공평하다

这个世界有很多不公平的事儿。
이 세계에는 매우 많은 불공평한 일이 있다.

2급 ••

公司
gōngsī

명 회사

他觉得原来的公司没有发展空间，所以换了一家。
그는 원래 회사가 발전 가능성이 없다고 생각해서, 회사를 옮겼다.

Tip 一家(间)公司 한 회사

5급 •

公寓
gōngyù

명 아파트, 공동주택

在中国的时候，我住在留学生公寓。
중국에 있을 때, 나는 유학생 아파트에 살았다.

5급 •

公元
gōngyuán

명 서기

仿佛是转眼间，公元2010年就到来了。
마치 눈 깜짝할 사이 같은데, 서기 2010년이 되었다.

Tip 기원전은 公元前이라고 합니다.

3급 ●
公园
gōngyuán

명 공원

教堂附近有一座很大的公园。
교회 근처에 매우 큰 공원이 하나 있다.

Tip 一个(座)公园 공원 한 곳

5급 ●
公主
gōngzhǔ

명 공주

王子和公主的爱情故事永远都是他们幸福地生活在一起。
왕자와 공주의 사랑 이야기는 영원히 그들이 행복하게 함께 살았다는 것이다.

5급 ●●
工厂
gōngchǎng

명 공장

那间工厂是去年建的。 그 공장은 작년에 지은 것이다.

Tip 一个(座 · 间 · 家)工厂 공장 한 곳

5급 ●●
工程师
gōngchéngshī

명 엔지니어

成为一名建筑工程师是我的梦想。
건축 엔지니어가 되는 것이 나의 꿈이다.

4급 ●●
工具
gōngjù

명 도구, 수단

每种工作使用的工具都有所不同。
각 종류의 일에 사용되는 도구는 모두 좀 다르다.

Tip 一件工具 도구 하나
'교통수단'은 交通工具라고 합니다.

5급 ●●
工人
gōngrén

명 노동자

工人都是体力劳动者，工作很辛苦。
노동자는 모두 육체노동자여서, 일이 매우 고되다.

5급 ●●
工业
gōngyè

명 공업

哈尔滨工业大学是一所很有名的大学。
하얼빈 공업대학은 매우 유명한 대학이다.

Tip 所는 학교 · 병원 등을 세는 양사입니다.

4급 ••
工资
gōngzī

명 임금, 급여 (= 薪水 xīnshui, 收入 shōurù)

干了3年，才涨了工资。 3년 일하고 나서야, 겨우 월급이 올랐다.

1급 ••
工作
gōngzuò

명 일 동 일하다

找到一份好的工作对任何人来说都是很重要的。
좋은 일자리를 찾는 것은 어떠한 사람에게나 매우 중요하다고 말할 수 있다.

Tip 一份工作 일자리 하나

5급 ••
功夫
gōngfu

명 노력, 시간, 솜씨

学习是一件需要下苦功夫的事情。
공부는 고된 노력을 하는 것이 필요한 일이다.

Tip 功夫는 명사로 다음과 같은 동사들과 함께 사용합니다.
花功夫 노력을 들이다 | 下苦功夫 고된 노력을 하다

5급 •••
功能
gōngnéng

명 기능

这部手机有很多特别的功能。
이 휴대전화는 매우 특별한 기능이 많다.

Tip 功能齐全 기능이 고루 갖춰져 있다

4급 ••
共同
gòngtóng

형 공동의

他们有很多共同语言。 그들은 아주 많은 공동의 언어를 가지고 있다.

5급 •••
贡献
gòngxiàn

명 공헌 동 공헌하다

运动员们为祖国作出了很大的贡献。
운동선수들은 조국을 위해 매우 큰 공헌을 했다.

Tip 为…作出贡献 ～을 위해 공헌하다

5급 •••
沟通
gōutōng

동 의사소통하다

父母和孩子之间应该及时沟通，这样才能很好地避免
出现代沟。 부모와 아이들 사이에는 신속히 의사소통을 해야 한다, 이렇게
해야 세대차이가 나는 것을 비로소 잘 피할 수 있다.

Tip 代沟 세대차이

1급 •
狗
gǒu

명 개

狗是人类最忠诚的朋友。 개는 인류의 가장 충성스러운 친구다.

Tip 一只狗 강아지 한 마리 | 一条狗 개 한 마리

4급 ••
够
gòu

형 충분하다, 넉넉하다, 족하다 부 매우, 제법

他很能吃，一碗饭根本不够。
그는 매우 잘 먹어서, 밥 한 그릇으로는 도무지 부족하다.

5급 ••
构成
gòuchéng

동 구성하다, 이루다

眼镜是由镜片和镜架构成的。 안경은 안경 렌즈와 안경테로 구성된다.

Tip 由…构成 ～로 구성되다

4급 ••
购物
gòuwù

동 물건을 사다 (= 买东西 mǎi dōngxi)

香港是购物的天堂。 홍콩은 쇼핑의 천국이다.

Tip 购物狂 쇼핑광 | 购物中心 쇼핑센터

4급 •••
孤单
gūdān

형 외롭다, 고독하다 (= 寂寞 jìmò)

她一个人孤单地生活着。 그녀는 혼자 외롭게 생활하고 있다.

5급 •
姑姑
gūgu

명 고모

他的姑姑嫁给了日本人。 그의 고모는 일본인에게 시집갔다.

Tip 姑父 고모부

5급 •
姑娘
gūniang

동 아가씨

上次见她的时候，她还是一个小女孩，现在已经长成
大姑娘了。 지난번에 그녀를 만났을 때, 그녀는 아직 어린 소녀였는데, 지금
은 이미 다 커서 아가씨가 되었다.

4급 •••
估计
gūjì

동 예측하다, 추측하다

我估计他今天不会来了。 나는 그가 오늘 오지 않을 거라고 예측했다.

5급 ●●●
古代
gǔdài

몡 고대

很难想象，如果回到古代，我该如何生活。
만약에 고대로 돌아간다면, 나는 어떻게 생활할지 상상하기 어렵다.

5급 ●●
古典
gǔdiǎn

혱 고전적인, 고전의　몡 고전

她有一种古典的美。 그녀는 고전적인 아름다움이 있다.

> **Tip** 古典音乐 고전음악, 클래식 음악 ｜ 民族音乐 민속음악
> 流行音乐 대중음악, 유행가

5급 ●●●
古老
gǔlǎo

혱 오래되다, 낡다, 진부하다

有一个关于月亮的古老传说。 달에 관련된 오래된 전설이 하나 있다.

4급 ●●
鼓励
gǔlì

동 격려하다, 북돋우다

对待学生，老师应该多鼓励，少批评。
학생을 대할 때, 선생님은 마땅히 격려를 많이 하고, 적게 꾸짖어야 한다.

5급 ●●
鼓舞
gǔwǔ

동 고무하다, 격려하다

他的话极大地鼓舞了我们。 그의 말은 한껏 우리를 고무시켰다.

4급 ●●
鼓掌
gǔzhǎng

동 박수 치다, 손뼉 치다

他刚说完，大家就热烈地鼓起掌来。
그가 막 말을 끝내자, 모두 열렬한 박수를 보냈다.

> **Tip** 동목구조로, '박수 치기 시작하다'는 鼓起掌来로 표현합니다.

5급 ●●
股票
gǔpiào

몡 주식

我这些年一直研究股票，赚了不少钱。
나는 요 몇 년간 계속 주식을 연구해서, 적지 않은 돈을 벌었다.

> **Tip** '투자를 하다'라는 표현은 동사 炒를 씁니다.
> 炒股票 주식 투자를 하다 ｜ 炒房地产 부동산 투자를 하다

G

骨头 gǔtou · 5급

[명] 뼈, 유골, 가시

每个人身上有206块**骨头**。 모든 사람의 몸에는 206개의 뼈가 있다.

Tip 一块骨头 뼈 하나

固定 gùdìng ·· 5급

[형] 고정적인

公务员的**固定**工资其实并不多。
공무원의 고정적인 월급은 사실 많지 않다.

固体 gùtǐ ·· 5급

[명] 고체

物体一般分成**固体**和液体两种。
물체는 일반적으로 고체와 액체 두 종류로 나뉜다.

Tip 液体 액체 | 气体 기체

顾客 gùkè ·· 4급

[명] 고객

顾客就是上帝。 고객은 왕이다.

Tip '고객'을 목적어로 해서 '고객을 유치하다, 끌어들이다'라는 의미로 사용되는 동사
는 다음과 같습니다.
招揽顾客 고객을 끌어모으다 | 吸引顾客 고객을 끌다

故事 gùshi · 3급

[명] 이야기

小时候，妈妈常常给我讲**故事**。
어렸을 때, 엄마는 항상 나에게 이야기를 해주었다.

故意 gùyì ··· 4급

[명] 고의 [부] 고의로 (= 有意 yǒuyì)

我不是**故意**的，请原谅我。 내가 고의로 한 것이 아니야, 날 용서해줘.

雇佣 gùyōng ·· 5급

[동] 고용하다

他**雇佣**了很多下岗女工，解决了她们的就业问题。
그는 많은 퇴직한 여성 근로자를 고용해서, 그녀들의 취업문제를 해결했다.

刮风 guā fēng · 3급

[동] 바람이 불다

刮风下雨的天气，在家里呆着是最好的选择。
바람이 불고 비가 내리는 날씨에는, 집 안에 머무는 것이 가장 좋은 선택이다.

挂 guà 4급 ••

동 (고리·못 따위에) 걸다, 전화를 끊다

门上**挂**着请勿入内的牌子。
문에는 '출입금지'라는 푯말이 걸려 있다.

他没什么话先**挂**电话了。 그는 무슨 말도 없이 먼저 전화를 끊었다.

挂号 guàhào 5급 ••

동 접수하다, 등기로 부치다

去医院看病要先**挂号**。
병원에 가서 진찰하려면 먼저 접수를 해야 한다.

我打算寄**挂号**信。 나는 등기우편으로 보낼 생각이다.

乖 guāi 5급 •••

형 (어린이가) 얌전하다, 말을 잘 듣다, 착하다

姐姐的孩子很**乖**，很听话。
언니의 아이는 매우 착하고, 말을 잘 듣는다.

拐弯 guǎiwān 5급 ••

동 굽이 (커브) 돌다, (생각·말 따위를) 바꾸다

人生并不是只有一条直道，该**拐弯**的时候也应该**拐弯**。
인생은 단지 직행 길만 있는 것이 아니다, 돌아가야 할 때는 마땅히 돌아가야 한다.

怪不得 guàibude 5급 •••

부 어쩐지, 과연, 그러기에 (= 难怪 nánguài)

怪不得他汉语这么好，原来他是中国人。
어쩐지 그가 중국어를 이리 잘하더라니, 알고 보니 중국인이었구나.

Tip 「**怪不得**…(결과·상황), **原来**…(원인)」 어쩐지 ~하더라니, 알고 보니 ~하구나

官 guān 5급 •

명 관리, 공무원 형 공동의, 공유의

很多人都想当**官**，但是他们不知道当**官**也有当**官**的难处。
매우 많은 사람은 관직을 맡고 싶어하나, 그들은 관직을 맡는 것도 나름대로의 어려움이 있다는 것을 모른다.

Tip **当官** 관직을 맡다 | **辞官** 관직을 그만두다

关 guān 3급 ••

동 닫다, 끄다, 덮다

有点儿冷，把窗户**关**上吧。 좀 춥네, 창문 좀 닫자.

Tip **关**上 닫다 ↔ **打开** 열다

3급 ●● **关闭** guānbì	동 닫다, 파산하다, 문을 닫다 离开时，请关闭门窗。 나갈 때는, 문과 창을 닫아주세요.

5급 ●● **关怀** guānhuái	동 관심을 갖다, (윗사람이 아랫사람에게) 배려하다 我忘不了他对我的关怀和照顾。 나는 그가 나에게 준 관심과 보살핌을 잊을 수 없다.

5급 ●●● **关键** guānjiàn	명 관건 问题的关键是谁来做这件事。 문제의 관건은 누가 이 일을 했냐는 것이다. **Tip** 关键时刻 결정적인 순간, 아주 중요한 시간 关键问题 관건이 되는 문제

3급 ●●● **关系** guānxi	동 관계하다 명 관계 这件事关系到我的未来。 이 일은 나의 미래와 관계된다. 人与人之间的关系是很复杂多变的。 사람과 사람 사이의 관계는 매우 복잡하고 변화가 많다.

3급 ●● **关心** guānxīn	형 관심을 갖다 명 관심 父母都很关心孩子的学习。 부모는 모두 자식의 공부에 관심을 둔다.

3급 ●●● **关于** guānyú	전 ~에 관하여 关于这个问题，我从来没有想过。 이 문제에 관하여, 나는 지금까지 생각해본 적이 없다.

5급 ●●● **观察** guānchá	동 관찰하다 多听，多观察比多说更好。 많이 듣고, 많이 관찰하는 것이 많이 말하는 것보다 더 낫다.

5급 ●●● **观点** guāndiǎn	명 관점, 견해 我不太赞成他的观点。 나는 그의 관점에 그다지 찬성하지 않는다. **Tip** 同意观点 관점에 동의하다 ǀ 反对观点 관점에 반대하다

5급 •••
观念
guānniàn

명 관념, 생각

老一辈人的传统观念是很难改变的。
전 세대 사람의 전통관념을 바꾸기는 매우 어렵다.

4급 ••
观众
guānzhòng

명 관중

电影院里坐满了观众。 영화관 안은 관중들로 꽉 차 있다.

4급 ••
管理
guǎnlǐ

동 관리하다, 관할하다

他的能力不足以管理整个公司。
그의 능력은 회사 전체를 관리하기에 부족하다.

5급 •
管子
guǎnzi

명 관, 호스, 파이프

水管子破了，所以附近都停水了。
수도관이 터져서, 부근이 모두 단수가 되었다.

Tip 一根管子 호스 하나 | 水管子 수도관

5급 •••
冠军
guànjūn

명 우승, 일등, 챔피언

经过多年的努力，他终于夺得了冠军。
몇 년간의 노력을 거쳐서, 그는 결국 일등을 획득했다.

Tip 冠军 우승(1위) | 亚军 준우승(2위) | 季军 3등(3위)
夺得冠军 우승을 획득하다

5급 •
罐头
guàntou

명 캔, 깡통

罐头吃多了对身体不好。
통조림 음식을 많이 먹는 것은 건강에 좋지 않다.

Tip 一盒罐头 캔 하나

4급 ••
光
guāng

부 단지, 오직 동 드러내다, 벗겨지다 명 빛

他不是光说不做的人。 그는 말만 하고, 행동을 안 하는 사람이 아니다.

那个孩子光着脚在地上跑来跑去。
그 아이는 발을 내놓고 땅에서 이리저리 뛰어다닌다.

Tip 光이 보어로 쓰이면 '깨끗이, 남김없이'라는 의미가 됩니다.
剩下的饭菜我吃光了。 남은 음식은 내가 남김없이 다 먹었다.

5급 ••

光滑
guānghuá

[형] 매끄럽다, 반들반들하다 (↔ 粗糙 cūcāo 투박하다, 거칠다)

小孩子的皮肤是大人比不了的光滑。
어린아이의 피부는 어른과 비교할 수 없을 정도로 매끄럽다.

5급 •••

光临
guānglín

[동] 오다, 왕림하다

欢迎光临。 어서 오세요.

欢迎下次光临。 다음에 또 오세요.

5급 •

光明
guāngmíng

[명] 광명, 빛 (↔ 黑暗 hēi'àn 어둠)

前途一片光明。 앞날이 밝다.

5급 •

光盘
guāngpán

[명] CD, 콤팩트 디스크

现在满大街都是卖盗版光盘的。
지금 온 거리가 다 불법 복제 CD를 파는 사람들이다.

> **Tip** 正版光盘 정품 CD | 盗版光盘 불법 복제 CD | 一张光盘 CD 한 장

5급 ••

光荣
guāngróng

[형] 영광스럽다 (↔ 耻辱 chǐrǔ 치욕스럽다, 수치스럽다)

获得了一等奖我觉得很光荣。
1등 상을 받고 나는 매우 영광스럽다고 느꼈다.

4급 ••

广播
guǎngbō

[명] 방송 [동] 방송하다

广播是司机师傅们的好朋友。 방송은 운전기사들의 좋은 친구다.

5급 ••

广场
guǎngchǎng

[명] 광장

天安门广场是世界上最大的广场。
톈안먼 광장은 세계에서 가장 큰 광장이다.

5급 •••

广大
guǎngdà

[형] 넓다, 광대하다

中国是一个面积广大、人口众多的国家。
중국은 면적이 넓고, 인구도 매우 많은 나라이다.

> **Tip** 广大는 면적, 규모 외에 많은 사람을 형용하는 것도 가능합니다.
> 广大消费者 많은 소비자 | 广大市民 많은 시민

5급 ••
广泛
guǎngfàn

형 광범위하다

这件事引起了大家的广泛关注。
이 일은 모두의 광범위한 관심을 불러일으켰다.

4급 ••
广告
guǎnggào

명 광고

现在的广告设计都很新颖，很吸引人。
현재의 광고 디자인은 모두 매우 참신해서, 사람의 주목을 끈다.

Tip　一则广告 광고 한 편 | 拍广告 광고를 찍다
登广告 광고를 싣다 | 做广告 광고를 하다

4급 •••
逛
guàng

동 돌아다니다, 구경하다

女孩子都很喜欢逛街。
여자 아이들은 모두 쇼핑하는 것을 좋아한다.

Tip　逛商店 상점을 돌아다니다, 쇼핑하다

4급 ••
规定
guīdìng

명 규정　동 규정하다

规定是用来遵守的，而不是用来违反的。
규정은 준수하라고 있는 것이지, 위반하라고 있는 것이 아니다.

Tip　一条规定 규정 하나 | 遵守规定 규정을 준수하다 | 违反规定 규정을 위반하다

5급 ••
规矩
guīju

명 규칙, 법칙

他们公司的规矩很多，职员们觉得很累。
그들 회사에는 규칙이 너무 많아서, 직원들이 매우 피곤하게 느낀다.

5급 ••
规律
guīlǜ

명 규율, 규칙

想要保持健康，保持有规律的生活很重要。
건강을 지키고 싶다면, 규칙적인 생활을 유지하는 것이 매우 중요하다.

Tip　生活很有规律。 생활이 규칙적이다 | 生活没有规律。 생활이 불규칙적이다

5급 •••
规模
guīmó

명 규모

那家公司的规模很大，有上千名员工。
그 회사의 규모는 매우 크다, 천 명 이상의 직원과 노동자가 있다.

5급 •••
规则
guīzé

명 규칙

每种游戏都有特定的规则。
모든 종류의 게임은 다 정해진 규칙이 있다.

2급 •
贵
guì

형 비싸다 (↔ 便宜 piányi 싸다)

那家商店的东西又贵又不好。
그 상점의 물건은 비싸고 좋지도 않다.

5급 •
柜台
guìtái

명 계산대

请你去柜台前拿一下钥匙。
당신은 계산대 앞에 가서 열쇠를 좀 받으세요.

5급 •
滚
gǔn

동 구르다

那只小狗很喜欢在地上打滚儿，样子很可爱。
그 강아지는 땅에서 뒹구는 것을 매우 좋아한다, 모습이 매우 귀엽다.

Tip 打滚儿 뒹굴다

5급 •
锅
guō

명 솥, 냄비

韩国的锅价格不贵，质量又好。
한국 솥의 가격은 비싸지 않고, 품질도 좋다.

Tip 一口锅 솥 하나

5급 ••
国籍
guójí

명 국적

她虽然嫁给了外国人，但是并没有更改国籍。
그녀는 비록 외국인에게 시집갔지만, 국적을 변경하지 않았다.

4급 ••
国际
guójì

명 국제

各国都在努力地加强国际间的合作。
각국 모두 노력하여 국제 협력을 강화한다.

3급 ••
国家
guójiā

명 국가

全世界一共有224个国家。
전 세계에는 모두 224개의 나라가 있다.

5급 ••
国庆节
Guóqìngjié

[고유] 국경일 [10월 1일]

十一国庆节期间全国放七天假。
10월 1일 국경일 기간은 전국적으로 7일을 쉰다.

4급 •••
果然
guǒrán

[부] 과연, 생각한 대로

和我想的一样，他果然没来这儿。
나의 생각처럼, 그는 과연 여기에 오지 않았다.

5급 ••
果实
guǒshí

[명] 과실

秋天是收获果实的季节。 가을은 과실 수확의 계절이다.

3급 ••
果汁
guǒzhī

[명] 과일 주스

外面买的果汁不太纯。 밖에서 산 과일 주스는 그다지 원액이 아니다.

4급 ••
过
guò

[동] 지나다, 건너다

过马路的时候一定要注意安全。
횡단보도를 건널 때, 꼭 안전에 주의해야 한다.

2급 •••
过
guo

[조] ～한 적이 있다

我去过北京，但是还没去过上海。
나는 베이징에 가본 적은 있지만, 상하이에 가본 적은 없다.

Tip 「동사 + 过」는 동작의 경험과 완료를 나타냅니다.

我吃过北京烤鸭。 나는 베이징 오리구이를 먹어봤다. (경험)

晚饭我已经吃过了，别担心。 저녁밥 이미 먹었으니까, 걱정 마. (완료)

4급 •••
过程
guòchéng

[명] 과정

过程重要还是结果重要，每个人的看法都不一样。
과정이 중요한가 결과가 중요한가, 모든 사람의 생각은 다 다르다.

5급 •••

过分
guòfèn

[형] 지나치다

他话说得太过分了，深深地伤了她的心。
그의 말이 너무 지나쳐서, 그녀의 마음에 깊은 상처를 냈다.

Tip 过分은 말이나 행동이 지나칠 때 사용합니다.

5급 ••

过敏
guòmǐn

[형] 과민하다, 알레르기성이다

她的皮肤比较敏感，常常过敏。
그녀의 피부는 비교적 민감해서, 자주 알레르기를 일으킨다.

我对桃子过敏。(= 我有桃子过敏。)
나는 복숭아 알레르기가 있다.

5급 ••

过期
guòqī

[동] 기간이 지나다

买食品的时候要先看看日期，看看是否过期了。
식품을 살 때 먼저 기한이 지났는지, 지나지 않았는지 보아야 한다.

Tip 保质期 유통 기한

3급 ••

过去
guòqù

[명] 과거 [동] 지나가다

过去的事情就让它过去吧，不要放在心上。
지나간 일은 지나가게 놔둬, 마음에 두지 마.

✓ **신HSK 독해 처방전 I**

신HSK 독해는 시간 싸움입니다!!! 특히 독해 2, 독해 3은 일정한 시간을 정해놓고, 정답을 골라내는 연습을 많이 해야 합니다 하루에 너무 많은 양을 풀려고 하지 말고 적은 양이라도 시간을 정해놓고 푸는 연습을 합시다!!!

제1부분 다음 단어들을 이용해 문장을 완성하세요.

1 所　　感动了　　被　　这部电影　　我

---

2 比　　更加　　漂亮了　　她　　以前

---

3 很大的　　运动员们　　作出了　　为祖国　　贡献

---

4 关于　　没有　　想过　　从来　　这个问题　　我

---

5 柜台前　　请您　　去　　拿　　钥匙　　一下

---

6 牌子　　门上　　挂着　　请勿入内　　的

---

7 他　　好好儿　　得　　感谢　　你

제2부분 다음 단어들을 모두 결합하여, 80자 내외의 작문 한 편을 완성하세요.

기출

规律　　　起床　　　健康　　　严重　　　继续

▶ 원고지에 직접 답안을 적어보세요.

MEMO

H

0716

5급 ••
哈
hā

[의성] 하하, 웃는 소리　[감] 아하, 왜!

她的性格特别好，总是哈哈大笑。
그녀의 성격은 정말 좋다, 항상 하하 하고 큰소리로 웃는다.

0717

2급 •••
还
hái

[부] 역시, 아직, 여전히, 또, 더, ~까지도, 그런대로, 그럭저럭

他拿到一等奖，他还是个我教的学生呢。
그가 1등 상을 탔다, 역시 내가 가르친 학생이다.

我还没向他表白呢。
나는 아직도 그에게 고백하지 않았다.

他不光学习汉语、还学习日语、英语。
그는 중국어를 공부할 뿐만 아니라, 일본어와 영어도 공부한다.

0718

3급 •••
还是
háishi

[접] 또는, 아니면　[부] 아직도, 여전히

吃米饭还是吃面条呢? 还是吃面条吧。
밥 먹을래 아니면 면류를 먹을래? 역시 면류를 먹는 게 낫겠다.

Tip 还是는 불확실한 상황에 사용되며, 或者는 확정적인 상황에 사용합니다.
你想去中国还是美国? 당신 중국에 가고 싶어요? 미국에 가고 싶어요?
我去中国或者美国。 나는 중국 아니면 미국에 가.

0719

2급 •
孩子
háizi

[명] 아이

他还只是个孩子，你就原谅他吧。
그는 아직 단지 아이야, 너는 그를 용서해줘.

0720

5급 ••
海关
hǎiguān

[명] 세관

出海关的时候，检查很严格。 세관을 나갈 때, 검사가 매우 엄격하다.

0721

5급 •••
海鲜
hǎixiān

[명] 해산물

海鲜具有丰富的蛋白质，对人的身体很有好处。
해산물은 매우 풍부한 단백질을 가지고 있는데, 사람의 몸에 아주 이롭다.

海洋
hǎiyáng
4급 ••

명 해양, 바다 (↔ 陆地 lùdì 육지)

海洋孕育着各种各样的生物。 바다는 각종 생물을 키우고 있다.

害怕
hàipà
3급 •••

동 두려워하다, 무서워하다 (= 怕 pà)

那位老师很可怕，我很害怕她。
그 선생님은 매우 무서워서, 나는 그녀가 두렵다.

Tip 害怕나 怕는 동사여서 뒤에 목적어가 올 수 있는 반면, 可怕는 형용사이기 때문에
목적어가 올 수 없습니다.

害羞
hàixiū
4급 ••

형 수줍어하다, 부끄러움을 타다

他们兄妹的性格正好相反，哥哥很害羞，妹妹很大方。
그들 남매의 성격은 매우 상반된다, 오빠는 수줍음이 많고, 여동생은 대범하다.

寒假
hánjià
4급 ••

명 겨울방학

教师的工作好就好在一年有暑假寒假两个假期。
교사 직업의 좋은 점은 일 년에 여름방학과 겨울방학, 두 개의 방학이 있다는 것이다.

Tip 暑假 여름방학

喊
hǎn
5급 •••

동 고함치다

太疼了，我忍不住喊了出来。
너무 아파서, 나는 참지 못하고 고함을 쳤다.

Tip 大喊大叫 크게 고함치다

汗
hàn
4급 ••

명 땀

汗水顺着他的脸流了下来。 땀이 그의 얼굴을 타고 흘렀다.

Tip 顺着 ～을 따라서 (= 沿着)
出汗 땀이 나다 | 流汗 땀이 흐르다 | 出了一身汗 온몸에 땀이 났다

汉语
hànyǔ
1급 •

명 중국어

他的汉语水平让人很佩服。
그의 중국어 수준은 사람을 감탄하게 한다.

4급 •
航班
hángbān

⌷ (배 · 비행기의) 운행 노선

下一趟航班要两个小时以后。 다음 비행은 두 시간 후다.

Tip 一趟航班 한 차례 운행 노선

5급 •••
行业
hángyè

⌷ 업종, 직업

教师这个行业需要忍耐力。 선생님이란 이 직업은 인내력이 필요하다.

Tip 从事行业 직업에 종사하다 | 各行各业 각종 직업

5급 •••
豪华
háohuá

⌷ 호화롭다

他的梦想就是买到那辆豪华轿车。

그의 꿈은 바로 저 호화로운 승용차를 사는 것이다.

1급 •
好
hǎo

⌷ 좋다 (↔ 坏 huài 나쁘다)

这部电影是好还是坏，每个人都有自己的评价标准。

이 영화가 좋은지 나쁜지, 모든 사람은 자신의 평가 기준이 있다.

2급 •
好吃
hǎochī

⌷ 맛있다 (= 可口 kěkǒu)

她做菜很拿手，所有人都说好吃。

그녀는 음식 만드는 데 매우 뛰어나서, 모든 사람이 맛있다고 한다.

4급 •••
好处
hǎochu

⌷ 장점, 이점 (↔ 坏处 huàichu 단점)

早睡早起对身体有很多好处。

빨리 자고 빨리 일어나는 것은 몸에 이로운 점이 많다.

4급 •••
好像
hǎoxiàng

⌷ 마치 ~인 것 같다 (= 似乎 sìhū, 好比 hǎobǐ)

她哭得很厉害，好像受了很大委屈似的。

그녀는 매우 심하게 운다, 마치 매우 억울한 일을 당한 것 같다.

Tip 受委屈 억울함을 당하다

2급 •
号
hào

⌷ 번호, 일 (날짜)

今天是2010年3月5号，星期五。

오늘은 2010년 3월 5일, 금요일이다.

号码
hàomǎ · 4급

명 번호

你给他留你的手机**号码**。 그에게 너의 휴대전화 번호를 남겨라.

Tip 留号码 번호를 남기다 | 记号码 (휴대전화에) 번호를 저장하다

好奇
hàoqí ··· 5급

형 호기심을 갖다

我对他的生活很**好奇**。 나는 그의 생활에 호기심을 느낀다.

Tip 好奇에서 好의 성조는 4성(hào)입니다.

喝
hē ·· 1급

동 마시다 (= 饮 yǐn)

一个人一天应**喝**八杯水。 한 사람이 하루에 8잔의 물을 마셔야 한다.

河
hé ·· 3급

명 강, 하천

由于人们环保意识的加强，**河**水变得越来越清澈了。
사람들의 환경보호 의식이 강해져서, 강이 점점 맑게 변했다.

Tip 一条河 강 한 줄기

和
hé ··· 1급

접 ~와, ~과 전 ~와, ~과

我每个星期都**和**朋友见面。 나는 매주 친구와 만난다.

和平
hépíng ·· 5급

명 평화 형 평화롭다

我希望维护世界**和平**。 나는 세계평화가 유지되기를 기원한다.

何必
hébì ·· 5급

부 ~할 필요가 있는가

你**何必**这么认真呢？他只是开玩笑。
당신은 이렇게까지 진지할 필요가 있나요? 그는 그냥 농담한 거예요.

何况
hékuàng ·· 5급

접 하물며, 게다가

天这么晚了。**何况**下着雨，你就别走了。
시간이 이리 많이 늦었어. 게다가 비도 오잖아, 가지 마.

5급 ●●
合法
héfǎ

형 합법적이다

他们登了记，成为了合法夫妻。
그들은 신고를 하고, 합법적인 부부가 되었다.

4급 ●●
合格
hégé

동 합격하다

他们的产品质量都不合格。 그들의 생산품 품질은 모두 불합격되었다.

5급 ●●●
合理
hélǐ

형 합리적이다

他提出的要求很不合理。 그가 제기한 요구는 합리적이지 못하다.

4급 ●●●
合适
héshì

형 적당하다, 적합하다

他穿这件衣服不大也不小，很合适。
그가 입은 이 옷은 크지도 작지도 않다, 매우 적당하다.

Tip 合适는 형용사이므로 뒤에 목적어가 올 수 없습니다.

5급 ●●
合同
hétong

명 계약(서)

他跟那家公司签了三年的合同。
그는 그 회사와 3년간의 계약을 했다.

Tip 签合同 계약을 하다 | 合同到期 계약 기한이 되다
续签合同 재계약하다 | 解除合同 계약을 해지하다

5급 ●●
合影
héyǐng

동 단체사진 찍다 명 단체사진

临走之前，他跟每个人都合了影留了念。
출발하기 전에, 그는 모든 사람들과 단체사진을 찍어서 기념으로 남겼다.

Tip 跟…合影 ～와 단체사진을 찍다
合影留念 단체사진을 찍어서 기념으로 삼다

5급 ●●
合作
hézuò

동 협력하다

他们合作了很多年，所以很了解对方。
그들은 오랜 해 동안 협력하여, 서로를 잘 이해한다.

核心
héxīn
5급 ••

명 핵심

他是我们团队的核心人物。 그는 우리 단체의 핵심 인물이다.

Tip 核心话题 핵심 주제 | 核心问题 핵심 문제

盒子
hézi
4급 •

명 상자

现在的盒子做得越来越漂亮。
요즘 상자는 점점 더 예쁘게 만들어진다.

黑
hēi
2급 •

형 검다, 어둡다

他的皮肤比较黑，但是看起来很健康。
그의 피부는 비교적 검지만, 매우 건강해 보인다.

黑板
hēibǎn
3급 •

명 칠판

在黑板上写字比在本子上写字更好看。
칠판 위에 쓰는 글씨는 공책에 쓰는 글씨보다 더 보기 좋다.

Tip 擦黑板 칠판을 지우다

很
hěn
1급 ••

부 매우

我很喜欢看外国电影。 나는 외국 영화 보는 것을 매우 좋아한다.

恨
hèn
5급 ••

동 증오하다, 적대시하다, 미워하다

对这种没有道德的人，我恨得要命。
이 부도덕한 사람을, 나는 아주 증오한다.

横
héng
5급 •••

형 가로의 (↔ 竖 shù 세로의)

汉字一横一竖，左一笔右一笔，很不好写。
한자는 가로 한 획, 세로 한 획, 왼쪽 한 획, 오른쪽 한 획, 쓰기 매우 어렵다.

红
hóng
2급 •

형 붉다

中国人比较喜欢红色，因为红色代表着喜庆。
중국인은 비교적 빨간색을 좋아한다, 왜냐하면 빨간색은 경사를 나타내기 때문이다.

4급 •

猴子
hóuzi

명 원숭이

动物园里最受欢迎的动物就是猴子了。
동물원 안에서 가장 인기 있는 동물은 원숭이이다.

Tip 一只猴子 원숭이 한 마리

4급 •

厚
hòu

형 두껍다 (↔ 薄 báo 얇다)

礼物不管大小，不论厚薄，我都喜欢。
선물이 크고 작음에 상관없이, 두껍고 얇음에 관계없이, 나는 모두 좋아한다.

5급 ••

后果
hòuguǒ

명 나쁜 결과, 뒷일 (주로 안 좋은 일)

他不服从集体安排，结果造成了严重的后果。
그는 단체의 안배에 따르지 않아서, 결국 매우 심각한 결과를 가져왔다.

4급 ••

后悔
hòuhuǐ

동 후회하다

现在后悔也来不及了。 지금 후회해도 소용없다.

4급 ••

后来
hòulái

명 나중, 그 다음

他先在中国留了2年学，后来又去了日本。
그는 먼저 중국에서 2년 유학하고, 그 후에 또 일본으로 갔다.

1급 •

后面
hòumiàn

명 뒤, 뒷면, 뒤쪽

坐出租车的时候，我比较喜欢坐在后面。
택시를 탈 때, 나는 비교적 뒷자리에 앉는 것을 좋아한다.

4급 •••

忽然
hūrán

부 갑자기, 문득 (= 突然 tūrán)

大家玩得正开心的时候，忽然下起雨来。
모두 놀며 막 즐거워하고 있을 때, 갑자기 비가 내리기 시작했다.

5급 ••

忽视
hūshì

동 무시하다 (↔ 重视 zhòngshì 중시하다)

被忽视的感觉，谁都不喜欢。
무시받는 느낌은, 누구든지 다 싫어한다.

呼吸
hūxī
5급 •••

동 호흡하다

吃饭对我们来说就像呼吸一样重要。
밥 먹는 것은 우리에게 있어 호흡하는 것처럼 중요하다.

壶
hú
5급 ••

명 주전자

现在的水壶都做得很精致，很漂亮。
요즘 주전자는 아주 정교하고, 매우 예쁘게 만들어진다.

Tip 一个壶 주전자 하나

蝴蝶
húdié
5급 ••

명 나비

几乎每个人都认为蝴蝶是美丽的代名词。
거의 모든 사람이 나비는 아름다움의 대명사라고 여긴다.

胡说
húshuō
5급 •••

동 헛소리하다, 허튼소리 하다 (= 胡说八道 húshuōbādào)

别听他胡说，根本不可能。
그가 하는 헛소리는 듣지 마, 애초부터 불가능한 거야.

胡同
hútòng
5급 ••

명 골목

在北京的老胡同里，你可以看到那个年代人们的生活状态。
베이징의 오래된 골목에서, 당신은 그 시대 사람들의 생활상을 볼 수 있다.

Tip 一条胡同 골목 하나

胡须
húxū
5급 •

명 수염

小猫脸上的胡须很可爱。
새끼 고양이의 얼굴에 있는 수염은 매우 귀엽다.

Tip 一根胡须 수염 한 가닥

糊涂
hútu
5급 ••

형 얼떨떨하다, 어리버리하다 (= 糊里糊涂 húlihútú)

他一向很糊涂，总是丢三落四的。
그는 줄곧 어리버리하다, 항상 잘 잊어버린다.

Tip 丢三落四 잘 빠뜨리다, 이것저것 잘 잊어버리다

护士 hùshi 4급 •

몡 간호사

在中国，5月12日是护士节。
중국에서, 5월 12일은 간호사의 날이다.

护照 hùzhào 3급 •••

몡 여권

他的护照丢了，所以又补办了一本。
그는 여권을 잃어버렸다, 그래서 다시 한 부를 재발급했다.

Tip 一本护照 여권 한 부

互相 hùxiāng 4급 •••

閉 서로 (= 彼此 bǐcǐ)

朋友之间就是要互相理解，互相照顾。
친구 사이는 서로 이해하고, 서로 돌봐야 한다.

花 huā 3급 •

동 쓰다, 소비하다

这本书我花了2个小时就看完了。
이 책을 나는 2시간 만에 다 읽었다.

Tip 花 뒤에는 다음과 같은 목적어가 옵니다.
花时间 시간을 쓰다 | 花精力 에너지를 쓰다 | 花力气 힘을 쓰다

花生 huāshēng 5급 •

몡 땅콩

中国人用花生做菜。 중국인은 땅콩으로 음식을 만든다.

花园 huāyuán 3급 •

몡 화원

我家附近有一个很大的花园。 우리 집 근처에 매우 큰 화원이 있다.

Tip 一座(个)花园 화원 하나

滑冰 huábīng 5급 •

동 스케이트를 타다

最近在韩国，最受欢迎的运动就是花样滑冰。
최근 한국에서, 가장 환영받는 운동은 피겨 스케이팅이다.

划船 huáchuán 5급 ••

동 배를 젓다

划船不光需要力气，也需要技术。
배를 젓는 것은 힘만 필요한 것이 아니라, 기술도 필요하다.

5급 ••
华裔
huáyì

명 화교

在国外生活的华人的后代叫做华裔。
외국에서 생활하는 중국인의 후대를 화교라고 부른다.

3급 ••
画
huà

동 그리다

他从小就学习画画儿。 그는 어릴 때부터 그림 그리는 것을 배웠다.

Tip 画画儿 그림 그리다 (앞의 画는 동사로 '그리다'라는 뜻이고, 뒤의 画儿은 명사로 '그림'이라는 뜻입니다.)

5급 •••
话题
huàtí

명 화제

父母孩子之间的话题永远离不开学习。
부모와 아이 사이의 화젯거리는 영원히 공부를 벗어나지 못한다.

5급 ••
化学
huàxué

명 화학

化学不是一门容易的课程。 화학은 쉬운 과목이 아니다.

5급 ••
怀念
huáiniàn

동 그리워하다 (= 想念 xiǎngniàn, 思念 sīniàn, 想 xiǎng)

每个人都很怀念童年的单纯与快乐。
모든 사람은 어린 시절의 단순함과 즐거움을 그리워한다.

4급 •••
怀疑
huáiyí

동 의심하다

被人怀疑的感觉很不好。 의심을 받는 사람의 기분은 정말 좋지 않다.

3급 •
坏
huài

형 나쁘다 (↔ 好 hǎo 좋다)

他不知好坏，气死我了。
그는 좋고 나쁜 것을 모르니, 나는 울화통이 터진다.

2급 •
欢迎
huānyíng

동 환영하다

在中国，韩国商品很受欢迎。
중국에서, 한국 상품은 매우 인기가 많다.

Tip 受欢迎 환영을 받다, 인기가 많다 | 鼓掌欢迎 박수로 환영하다

3급 •••

还
huán

동 돌려주다

中国有句俗话：有借有还，再借不难。
중국 속담에 이런 말이 있다. '빌리고 돌려주면, 다시 빌리는 것이 어렵지 않다.'

3급 •••

环境
huánjìng

명 환경

她打算邀请专家出席此次环境讨论会。
그녀는 전문가가 이번 환경 토론회에 출석하기를 요청할 계획이다.

> **Tip** 环境과 호응하는 단어들입니다.
> **保护环境** 환경을 보호하다 | **环境问题** 환경 문제
> **环境污染** 환경 오염 | **环境保护意识(=环保意识)** 환경보호 의식

5급 ••

缓解
huǎnjiě

동 완화하다

运动可以缓解压力。 운동은 스트레스를 완화시킬 수 있다.

> **Tip** 缓解 뒤에 자주 나오는 목적어를 익혀둡시다.
> **缓解压力** 스트레스를 완화하다 | **缓解疲劳** 피로를 완화하다
> **缓解疼痛** 통증을 완화하다 | **缓解病情** 병세를 완화하다

3급 ••

换
huàn

동 바꾸다

大商场一般都包退包换。
대형 마트는 일반적으로 환불과 교환을 보증한다.

5급 ••

幻想
huànxiǎng

명 환상, 공상 동 꿈꾸다, 공상하다

那都是幻想，都是绝对不可能的。
그건 모두 환상이다, 모두 절대 불가능한 것이다.

5급 ••

慌张
huāngzhāng

형 황급하다, 당황하다, 허둥대다

他慌慌张张地跑了出去，不知发生了什么事情。
그가 매우 황급하게 뛰어 나갔는데, 무슨 일이 생겼는지 모르겠다.

3급 ••

黄
huáng

형 노랗다 명 노란색

白色的衣服时间长了都会发黄。
흰색의 옷은 시간이 지나면 모두 누렇게 변한다.

5급 •	
黄瓜 huángguā	몡 오이

黄瓜是很好的减肥食品。 오이는 매우 좋은 다이어트 식품이다.

Tip 一根黄瓜 오이 한 개

5급 ••	
黄金 huángjīn	몡 황금

俗话说：黄金有价，情谊无价。

속담에서 말하길 '황금은 가치를 매길 수 있으나, 우정은 가치를 매길 수 없다.'

5급 ••	
皇帝 huángdì	몡 황제

中国历史上有名的皇帝为数不少。

중국 역사상 유명한 황제는 그 수가 적지 않다.

5급 ••	
皇后 huánghòu	몡 황후

中国历史上最不一般的皇后算是武则天了。

중국 역사상 가장 일반적이지 않은 황후는 측천무후이다.

5급 ••	
挥 huī	동 흔들다

他向我们挥手告别。 그는 우리를 향해 손을 흔들며 고별의 인사를 했다.

Tip 挥手 · 摆手 손을 흔들다

5급 •	
灰 huī	몡 재, 먼지, 회색, 잿빛

他的人生是灰色的。 그의 인생은 회색빛이다.

5급 ••	
灰尘 huīchén	몡 먼지

他很久没打扫，房间里到处都是灰尘。

그는 아주 오랫동안 청소를 하지 않아서, 방 안이 온통 먼지투성이다.

5급 ••	
灰心 huīxīn	동 낙심하다, 낙담하다 (의기소침하다)

听到这个消息，他又灰心又丧气。

이 소식을 듣고, 그는 실망하고 낙담했다.

恢复
huīfù · 5급 •••

동 회복하다

那次车祸之后，他再也没有恢复过来。
저번 차 사고 후로, 그는 다시 회복하지 못했다.

Tip 恢复健康 건강을 회복하다 | 恢复过来 회복되다 (원하지 않는 상황에서 원하는 상황으로의 변화를 나타내는 방향보어는 **过来**입니다.)

回
huí · 1급 •

동 돌아가다, 돌아오다, 회답하다

他每个月都回家看父母。 그는 매달 집에 가서 부모님을 뵌다.

Tip 回 뒤에 오는 보어와 명사를 살펴봅시다.
回来 돌아오다 | **回去** 돌아가다
回家 집에 돌아가다 | **回国** 귀국하다

回答
huídá · 2급 ••

동 대답하다

在中国，回答问题之前应该先举手。
중국에서는, 문제에 대답하기 전에 먼저 손을 들어야 한다.

回忆
huíyì · 4급 ••

동 기억하다, 추억하다

过去的一切，无论伤心还是喜悦，都成为了回忆。
과거의 모든 것이, 슬픈 것이든 기쁜 것이든, 모두 추억이 되었다.

会
huì · 1급 ••

동 ～일 것이다 (미래 추측)　조동 ～할 줄 안다 (후천적 학습)

你一定会考上大学的。 너는 분명 대학에 합격할 것이다.

Tip 会…的 (확신에 가득 찬 추측)
我去年拿到了驾驶执照，会开车的。
나는 작년에 운전면허증을 따서, 운전할 줄 안다.

会议
huìyì · 3급 •••

명 회의

这次会议必须全员参加。 이번 회의는 꼭 모든 직원이 참석해야 한다.

Tip 자주 사용되는 단어 조합입니다.
参加会议 회의에 참석하다 | **举行会议** 회의를 거행하다
举办会议 회의를 개최하다 | **主持会议** 회의를 주관하다

5급 ••
汇率
huìlǜ

명 환율

最近的汇率低了很多。 최근 환율이 매우 낮아졌다.

Tip 汇率低了 환율이 낮아지다 | 汇率涨了 환율이 올랐다

5급 ••
婚礼
hūnlǐ

명 혼례, 결혼식

上个星期，我参加了最好的朋友的婚礼。
지난주에, 나는 가장 친한 친구의 결혼식에 참석했다.

Tip 一场婚礼 한 차례 혼례 | 参加婚礼 결혼식에 참가하다
举行婚礼 결혼식을 거행하다

5급 ••
婚姻
hūnyīn

명 혼인, 결혼

婚姻不是儿戏，要想清楚。
혼인은 어린애 장난이 아니다, 잘 생각해야 한다.

Tip 订婚 약혼하다 | 结婚 결혼하다
离婚 이혼하다 | 再婚 재혼하다

4급 •••
活动
huódòng

명 활동 동 활동하다, 움직이다

那个场地常用来举行大型活动。
그 운동장은 항상 큰 행사를 거행하는 데 사용된다.

Tip 举行…活动 활동·행사를 거행하다

4급 ••
活泼
huópō

형 활발하다, 활기차다

我喜欢性格活泼开朗的人。
나는 성격이 활발하고 명랑한 사람을 좋아한다.

Tip 活泼开朗 활발하고 명랑하다

5급 •••
活跃
huóyuè

형 열렬하다, 활기차다 동 활약하다

今天晚会上的气氛显得格外活跃。
오늘 저녁 모임의 분위기는 특별히 활기차 보인다.

4급 •
火
huǒ

명 불

俗话说：水火无情。 속담에 '물과 불은 정이 없다' 라는 말이 있다.
('자연재해는 인정사정없다'라는 뜻이다.)

Tip 一把火 불 한 무더기 | 点火 불을 붙이다 | 着火 불이 나다

5급 ••
火柴
huǒchái

명 성냥

卖火柴的小女孩是大家都熟知的故事。
성냥팔이 소녀는 모두 잘 알고 있는 이야기다.

Tip 一根火柴 성냥 한 개피 | 一盒火柴 성냥 한 갑 | 点火柴 성냥에 불을 붙이다

1급 ••
火车站
huǒchēzhàn

명 기차역

火车站的人总是人山人海。 기차역의 사람은 항상 인산인해다.

5급 ••
伙伴
huǒbàn

명 동반자

他终于找到了自己的伙伴。 그는 마침내 자신의 짝을 찾았다.

4급 ••
获得
huòdé

동 얻다, 획득하다

这次比赛，他获得了第一名。 이번 경기에서, 그는 1등을 했다.

Tip 목적어로 성과·성취·업적이 될 만한 일이 나옵니다.

获得成功 성공을 얻다 | 获得成就 성취를 얻다 | 获得成果 성과를 얻다

3급 ••
或者
huòzhě

부 혹은, 어쩌면 접 ～이거나 혹은 ～이다

我周末一般在家休息或者见朋友。
나는 주말에 일반적으로 집에서 쉬거나 친구를 만난다.

Tip 或者는 확정적인 일과 평서문에만 사용할 수 있습니다.

☑ 신 HSK 독해 처방전 2

① 정해진 시간 안에 풀기 → ② 채점하기 → ③ 단어 찾아가면서 정확하게 해석하기 → ④ 주요 단어 및 표현 암기하기

반드시 이 순서대로 학습해야 합니다!! 단계 뛰어넘기는 금물!!

제1부분 다음 단어들을 이용해 문장을 완성하세요.

1   在中国   很受   韩国   欢迎   商品

---

2   他   要求   提出的   合理   很不

---

3   出席此次   她   环境讨论会   打算   邀请专家

---

4   很多   早睡早起   好处   对   身体   有

---

5   汉语水平   我   让   他的   很佩服

---

6   很好奇   经力   对   这几年的   我   他

---

7   三年的   合同   签了   跟那家公司   他

제2부분 다음 그림을 보고, 80자 내외의 작문 한 편을 완성하세요.

▶ 원고지에 직접 답안을 적어보세요.

0824

5급 ••
基本
jīběn

형 기본적인　부 거의, 대체로　명 기본

去运动的基本上都是年纪大的人。

운동을 가는 사람은 거의 모두 나이가 있는 사람이다.

0825

4급 •••
基础
jīchǔ

명 기초

他的汉语发音基础没有打好。

그는 중국어 발음 기초가 제대로 갖추어져 있지 않다.

Tip　打基础 기초를 닦다 | 基础坚实 기초가 탄탄하다

0826

2급 ••
机场
jīchǎng

명 공항

他现在不在，去机场接人了。

그는 지금 없어요, 공항에 사람을 마중 나갔어요.

0827

3급 •••
机会
jīhuì

명 기회

错过这个机会我会后悔一辈子的。

이번 기회를 놓치면 나는 평생 후회할 거야.

Tip　'기회'와 어울려 쓰이는 동사입니다.

把握机会·抓住机会 기회를 잡다 | 失去机会 기회를 잃다

错过机会 기회를 놓치다 | 利用机会 기회를 이용하다

0828

5급 ••
机器
jīqì

명 기계

机器人的作用比我们想象的多得多。

로봇의 역할은 우리가 상상했던 것보다 훨씬 많다.

Tip　一台机器 기계 한 대

0829

2급 ••
鸡蛋
jīdàn

명 달걀

西红柿炒鸡蛋是一道很好吃的菜。

토마토 달걀 볶음은 매우 맛있는 음식이다.

Tip　一只(个)鸡蛋 달걀 한 알 | 蛋清·蛋白 달걀 흰자

蛋黄 달걀 노른자 | 鸡蛋皮 달걀 껍질

4급 ••
激动
jīdòng

[동] 흥분하다, 감동하다, 감격하다, (감정이) 격하게 움직이다　[형] 충동적이다

听到这个消息，我**激动**得跳了起来。

그 소식을 듣고, 나는 흥분해서 펄쩍 뛰었다.

5급 ••
激烈
jīliè

[형] 치열하다, 격렬하다

就业的竞争日益**激烈**。 취업의 경쟁은 나날이 치열해진다.

Tip '치열하다'와 어울려 쓰이는 단어 조합입니다.

竞争激烈 경쟁이 치열하다 | **比赛激烈** 시합이 치열하다

争论激烈 논쟁이 치열하다 | **讨论激烈** 토론이 치열하다

3급 •••
几乎
jīhū

[부] 거의

他**几乎**一夜没睡，一直工作。 그는 거의 자지 않고, 계속 일을 한다.

4급 ••
积极
jījí

[형] 적극적이다 (↔ 消极 xiāojí 소극적이다)

积极主动的学习态度是很重要的。

적극적이고 자발적인 학습 태도는 매우 중요하다.

4급 ••
积累
jīlěi

[동] 쌓다, 축적하다

打工最大的好处就是可以**积累**经验。

아르바이트의 가장 좋은 점은 경험을 쌓을 수 있다는 것이다.

Tip **积累经验** 경험을 쌓다 | **积累教训** 교훈을 축적하다

5급 ••
肌肉
jīròu

[명] 근육

他锻炼出来一身**肌肉**。 그는 온몸에 근육이 생기도록 운동했다.

3급 ••
极
jí

[부] 지극히, 매우　[명] 정점, 극

孩子们玩得高兴**极**了。 아이들이 엄청 즐겁게 논다.

4급 ••
极其
jíqí

[부] 지극히, 매우, 대단히

他们在**极其**艰苦的条件下生活着。

그들은 매우 고달픈 조건 아래 생활하고 있다.

5급 •••

及格
jígé

동 합격하다 (↔ 不及格 bù jígé)

我这次数学没及格，不知道怎么面对父母。

나는 이번 수학 시험에 합격하지 못해서, 어떻게 부모님을 뵈어야 할지 모르겠다.

4급 •••

及时
jíshí

부 즉시, 곧바로, 신속히　형 시기 적절하다

出现问题应该及时解决。 문제가 생기면 즉시 해결해야 한다.

4급 ••

集合
jíhé

동 집합하다, 모이다

我们约好2点在学校门口集合。

우리는 학교 입구에서 두 시에 만나기로 약속했다.

5급 ••

集体
jítǐ

명 단체, 집단

他总是不服从集体安排，自己想怎么样就怎么样。

그는 항상 단체의 배치에 복종하지 않고, 자기가 하고 싶은 대로 한다.

5급 ••

集中
jízhōng

동 집중하다, 집중시키다

他工作的时候注意力特别集中。

그는 일할 때 주의력을 특별히 집중한다.

Tip 注意力集中 주의력을 집중하다

5급 •••

急忙
jímáng

형 바쁘다, 급하다, 분주하다

他急急忙忙地跑进教室了。 그는 급하게 교실로 뛰어 들어왔다.

4급 •••

即使
jíshǐ

접 설령 ~일지라노 (= 即便, 哪怕, 就是, 就算)

即使父母不在身边，也应该努力学习。

설령 부모님이 곁에 없어도, 공부를 열심히 해야 한다.

1급 ••

几
jǐ

수 몇

星期一，商店里没几个人。 월요일, 상점 안에 사람이 몇 명 없다.

4급 ••

寄
jì

동 우편으로 부치다

我把信寄给了他，但是没有回音。
나는 그에게 편지를 부쳤다, 하지만 답이 없다.

3급 •••

记得
jìde

동 기억하고 있다

我都不记得他的名字了。 나조차도 그의 이름은 기억하지 못했다.

5급 ••

记录
jìlù

명 기록　동 기록하다

他是秘书，每次都要做会议记录。
그는 비서여서, 매번 회의를 기록해야 한다.

Tip 做记录 기록하다 | 保存记录 기록을 보존하다

5급 ••

记忆
jìyì

명 기억　동 기억하다

年纪越大，记忆力越差。 나이가 들수록, 기억력은 점점 나빠진다.

Tip 记忆力很强 기억력이 좋다 | 记忆力很差 기억력이 나쁘다

4급 ••

记者
jìzhě

명 기자

他的理想是当一名记者。 그의 꿈은 기자가 되는 것이다.

4급 •••

计划
jìhuà

동 계획하다　명 계획

我计划明年去中国旅行。 나는 내년에 중국으로 여행을 갈 계획이다.

5급 ••

计算
jìsuàn

동 계산하다　명 계산

计算一下，这次活动花了多少钱。
계산 좀 해봐, 이번 행사에 돈을 얼마나 썼는지.

3급 ••

季节
jìjié

명 계절, 절기

最好的吃螃蟹的季节是秋天。
게를 먹기 가장 좋은 계절은 가을이다.

5급 ••
系领带
jì lǐngdài

넥타이를 매다

每天上班前，妻子都给他系领带。
매일 출근하기 전에, 부인은 그의 넥타이를 매준다.

5급 ••
纪录
jìlù

[동] 기록하다　[명] 기록, 다큐멘터리

这部电影纪录了留学生在外求学的生活。
이 영화는 유학생이 외국 학교에서 공부하는 생활을 기록했다.

5급 ••
纪律
jìlǜ

[명] 규율

这个孩子上课时很遵守课堂纪律。
이 아이는 수업 때 교실 규율을 매우 잘 지킨다.

5급 •••
纪念
jìniàn

[명] 기념　[동] 기념하다

我每到一个地方都会买地图作为纪念。
나는 매번 가는 곳마다 지도를 사서 기념으로 삼는다.

Tip 纪念品 기념품

5급 •••
寂寞
jìmò

[형] 적막하다, 외롭다 (= 孤单 gūdān)

一个人生活难免孤单寂寞。
혼자서 생활하면 고독함과 외로움을 피하기 어렵다.

4급 •••
既然
jìrán

[접] ~한 김에, ~한 이상

既然来我家了，就一起吃饭吧。 우리 집에 온 김에, 같이 밥 먹자.

4급 ••
技术
jìshù

[명] 기술

他的技术是一流的。 그의 기술은 일류이다.

4급 •••
继续
jìxù

[부] 잇달아, 계속해서

他毕业后打算继续学习。 그는 졸업 후 계속 공부할 계획이다.

1급 ·
家
jiā

명 집

他**家**的生活十分幸福。 그의 가정생활은 매우 행복하다.

4급 ·
家具
jiājù

명 가구

家具的选择是很重要的。 가구의 선택은 매우 중요하다.

Tip 一套家具 가구 한 세트

5급 ·
家庭
jiātíng

명 가정

和自己心爱的人组建**家庭**是最幸福的事情。
자신이 사랑하는 사람과 가정을 꾸리는 일은 가장 행복한 일이다.

5급 ··
家务
jiāwù

명 집안일, 가사

结婚以后，所有的**家务**活都归他了。
결혼한 이후, 모든 집안일은 그에게 돌아갔다.

Tip 做家务·干家务活 집안일을 하다

5급 ··
家乡
jiāxiāng

명 고향 (= 故乡 gùxiāng, 老家 lǎojiā)

他一毕业就回到了**家乡**。 그는 졸업하자마자 고향으로 돌아갔다.

4급 ··
加班
jiābān

동 야근하다

他进入那家公司后每天**加班**，快要受不了了。
그는 그 회사에 들어간 후로 매일 야근을 했다, 견디지 못할 정도다.

4급 ··
加油站
jiāyóuzhàn

명 주유소

加油站严禁吸烟。 주유소는 엄격하게 금연이다.

Tip 加油는 두 가지 의미를 가지고 있습니다.

1) 기름을 넣다, 기름을 치다 2) 기운을 내다, 힘을 내다

5급 ··
嘉宾
jiābīn

명 손님, 귀빈

他作为**嘉宾**参加了那个节目。
그는 손님이 되어 그 프로그램에 참가했다.

5급 ••
夹子
jiāzi

몡 집게, 서류 끼우개, 클립

你用夹子把这些纸夹在一起吧。
당신은 집게를 써서 이 종이들을 함께 집으세요.

5급 •
甲
jiǎ

몡 갑 [천간(天干)의 첫 번째], 단단한 껍데기

2009年, 甲型流感使整个韩国陷入了恐慌。
2009년, 신종플루가 한국 전체를 공황 상태로 몰아넣었다.

4급 ••
假
jiǎ

혱 가짜의, 거짓의 (↔ 真 zhēn 진짜의)

他说的话是真是假只有他自己知道。
그가 한 말이 진짜인지 거짓인지는 단지 그 자신만 안다.

5급 ••
假如
jiǎrú

젭 만약, 가령 (= 假设 jiǎshè, 要是 yàoshi, 如果 rúguǒ, 万一 wànyī)

假如给你两个月的休息时间，你会做什么?
만약 너에게 두 달 동안 쉬는 시간이 있다면, 넌 뭐 할 거야?

5급 ••
假装
jiǎzhuāng

동 ~한 척하다

我假装没看见他，走了过去。 나는 그를 못 본 척하고, 지나갔다.

Tip 假装生病·装病 꾀병을 부리다

5급 •
嫁
jià

동 시집가다 (↔ 娶 qǔ 장가들다)

她终于嫁给了她一直想嫁的人。
그녀는 결국 그녀가 계속 시집가고 싶어했던 사람에게 시집갔다.

4급 ••
价格
jiàgé

몡 가격 (= 价 jià, 价钱 jiàqian, 价码 jiàmǎ)

那件衣服价格不菲，不是一般人能承受得了的。
그 옷 가격은 싸지 않아서, 일반 사람은 감당할 수 없다.

5급 •••
价值
jiàzhí

몡 가치

这件礼物价值不凡，我不知该收还是不该收。
이 선물의 가치는 평범하지 않아서, 나는 받아야 할지 말아야 할지 모르겠다.

J

5급 •••
驾驶
jiàshǐ

동 운전하다

他去年就拿到了**驾驶**执照。 그는 작년에 바로 운전면허증을 땄다.

5급 •
煎
jiān

동 (기름에) 지지다, (전을) 부치다

他最拿手的菜就是**煎**鸡蛋了。
그가 가장 잘하는 음식은 달걀 부침개이다.

5급 •
肩膀
jiānbǎng

명 어깨

男孩子的**肩膀**宽一点比较好看。
남자아이의 어깨는 좀 넓은 것이 비교적 보기 좋다.

4급 •••
坚持
jiānchí

동 견지하다, 계속하다, 고집하다

他从小就**坚持**每天早上跑步。
그는 어릴 때부터 매일 아침에 조깅을 해왔다.

Tip 다음과 같은 명사가 목적어가 올 수 있습니다.

坚持主张 주장을 견지하다 | 坚持意见 의견을 견지하다
坚持态度 태도를 고집하다 | 坚持原则 원칙을 고집하다

5급 •••
坚决
jiānjué

형 단호하다, 결연하다

他跟父母说出了自己的想法，但是父母**坚决**反对。
그는 부모님에게 자신의 생각을 이야기했으나, 부모님은 단호하게 반대했다.

Tip 坚决反对 단호하게 반대하다 | 态度坚决 태도가 단호하다

5급 •••
坚强
jiānqiáng

형 강인하다, 굳세다

拥有一颗**坚强**的心，遇到什么困难都没有关系。
강인한 마음을 지니면, 어떤 어려움을 만나도 상관없다.

5급 •••
艰巨
jiānjù

형 막중하다, 힘들고 어렵다

这项任务虽然**艰巨**，但是他还是完成了。
이 임무는 비록 힘들고 어렵지만, 그는 역시 다 해냈다.

艰苦
jiānkǔ
5급 ••

[형] 힘들고 고되다

他们生活的条件十分艰苦，但是孩子的学习成绩却格外优秀。 그들의 생활 조건은 매우 안 좋았지만, 아이의 학습 성적은 오히려 특별히 우수했다.

尖锐
jiānruì
5급 ••

[형] 민첩하다, 날카롭다, 예리하다

他的看法总是很尖锐，话也很尖锐，让人很难接受。 그의 견해는 항상 매우 예리하고, 말하는 것 또한 날카로워서, 사람들이 받아들이기 힘들어한다.

捡
jiǎn
5급 ••

[동] 줍다 (= 拾 shí)

他在回家的路上捡到了一个钱包。 그는 집으로 돌아가는 길에 지갑 하나를 주웠다.

Tip 捡起来 줍다. 주워들다

(줍는 동작은 방향이 아래에서 위로 향하므로 방향보어 起来를 사용합니다.)

检查
jiǎnchá
3급 •••

[동] 검사하다

学校每个星期一都检查卫生。 학교는 매주 월요일에 위생 검사를 한다.

简单
jiǎndān
3급 ••

[형] 간단하다 (↔ 难 nán 어렵다 · 复杂 fùzá 복잡하다)

教学生不是一件简单的事儿。 학생을 가르치는 것은 간단한 일이 아니다.

简历
jiǎnlì
5급 ••

[명] 이력, 경력

我在网上给20多家公司投了简历。 나는 인터넷으로 20곳 이상의 회사에 이력서를 넣었다.

Tip 一份简历 이력서 한 부 | 投简历 이력서를 넣다

简直
jiǎnzhí
5급 ••

[부] 진짜로, 정말로

我简直不知道说什么好。 나는 정말로 무슨 말을 해야 할지 모르겠다.

5급 ••
剪刀
jiǎndāo

몡 가위

他是一个很好的设计师，只要给他一把剪刀，他就能设计出衣服来。 그는 매우 대단한 디자이너이다. 그에게 가위 하나만 주면, 그는 디자인해서 옷을 만들어낼 수 있다.

Tip 一把剪刀 가위 한 개

4급 ••
减肥
jiǎnféi

동 다이어트하다

最好的减肥方法就是运动加节食。
가장 좋은 다이어트 방법은 운동을 하고 적게 먹는 것이다.

Tip 节食 절식하다, 음식을 줄이다 | 针灸减肥 침구 · 침 다이어트

4급 ••
减少
jiǎnshǎo

동 줄어들다, 감소하다 (↔ 增多 zēngduō 증가하다, 많아지다)

为了健康，他减少了工作时间。
건강을 위해서, 그는 일하는 시간을 줄였다.

2급 •
件
jiàn

양 벌, 건 [옷, 사건에 대한 양사]

这件礼物是送给你的。 이 선물은 너에게 주는 거야.

Tip 一件礼物 선물 하나 | 一件衣服 옷 한 벌 | 一件事儿 일 한 건

3급 •••
健康
jiànkāng

명 건강 형 건강하다

大家都在为了健康努力着。 모두 건강을 위해서 노력하고 있다.

5급 ••
健身房
jiànshēnfáng

명 헬스장, 스포츠센터 (= 健身中心 jiànshēn zhōngxīn)

更多的现代人选择去健身房运动。
점점 더 많은 현대인이 헬스장에 가서 운동하는 것을 선택한다.

5급 •••
建立
jiànlì

동 세우다, 건립하다

十年的朋友，他们建立了深厚的友谊。
10년 친구, 그들은 깊은 우정을 다졌다.

Tip 建立는 목적어로 기구 · 회사 관련 단어는 물론, 감정 관련 단어도 사용이 가능합니다.

建立公司 회사를 세우다 | 建立工厂 공장을 세우다

建立感情 감정이 생기다 | 建立友情 우정을 쌓다

建设 jiànshè · 5급 ••

동 건설하다

我们都应该为建设我们的国家而努力奋斗。
우리 모두 우리나라를 건설하기 위해서 노력하고 분투해야만 한다.

建议 jiànyì · 5급 •••

명 건의, 제안 동 건의하다, 제안하다

有什么意见或建议，请提出来。
무슨 의견이나 건의사항이 있으면, 제시해주세요.

Tip 一条建议 하나의 건의사항 | 提出建议 건의사항을 제시하다

建筑 jiànzhù · 5급 •••

동 건축하다, 구성하다

他的梦想是成为一名出色的建筑师。
그의 꿈은 훌륭한 건축가가 되는 것이다.

Tip 建筑师 건축가 | 建筑学 건축학 | 建筑物 건축물

见面 jiànmiàn · 3급 •••

동 만나다, 대면하다

我每个星期都和他见面。 나는 매주 그와 만난다.

Tip 见面은 이합사로 뒤에 목적어가 올 수 없으며, 「和·跟…见面」의 형태로 '～와 만나다'라는 의미를 나타냅니다.

键盘 jiànpán · 5급 ••

명 건반, 키보드

笔记本的键盘都很舒服。 노트북의 키보드는 매우 편하다.

Tip 敲打键盘 키보드(자판)를 치다

将来 jiānglái · 4급 ••

명 장래, 미래

选择专业和工作时都要考虑将来的发展可能性。
전공과 직업을 선택할 때 장래의 발전 가능성을 고려해야 한다.

Tip 过去 과거 | 现在 현재 | 将来 미래

讲 jiǎng · 3급 ••

동 이야기하다, 말하다, 연설하다

爸爸总是给我讲他小时候的故事。
아버지는 항상 나에게 그의 어릴 적 이야기를 해주신다.

5급 ●●●
讲究
jiǎngjiu

동 강조하다, 중요시하다 (= 重视 zhòngshì)

他很讲究吃穿。 그는 먹고 입는 것을 매우 중시한다.

5급 ●
讲座
jiǎngzuò

동 강좌

大学里常常有很多听讲座的机会。
대학교 안에는 매우 많이 강좌를 들을 기회가 자주 있다.

Tip 听讲座 강좌를 듣다

4급 ●●
奖金
jiǎngjīn

명 보너스, 상금

好一点的公司在过年过节时都会发奖金。
좋은 회사는 새해 명절 때 보너스를 지급한다.

4급 ●●●
降低
jiàngdī

동 내려가다, 하강하다, 낮추다 (↔ 升高 shēnggāo 올라가다)

最近几年，出生率降低了很多。
최근 몇 년, 출생률이 매우 많이 내려갔다.

5급 ●●●
降落
jiàngluò

동 착륙하다 (↔ 起飞 qǐfēi 이륙하다)

飞机降落在北京国际机场。 비행기는 베이징 국제공항에 착륙한다.

5급 ●●
酱油
jiàngyóu

명 간장

韩国的酱油分为很多种。 한국의 간장은 매우 많은 종류로 나뉜다.

3급 ●●●
教
jiāo

동 가르치다

我很喜欢教小孩子学习汉语。
나는 어린아이들에게 중국어 공부를 가르치는 것을 좋아한다.

Tip 教는 목적어가 두 개 올 수 있는 동사이고, 「教 + 사람 + 사물」 순서로 씁니다.

我教他韩国语，他学得不错。

나는 그에게 한국어를 가르치는데, 그는 잘 배웁니다.

5급 ••
浇
jiāo

동 (물·액체를) 뿌리다, 끼얹다, 물을 대다, 물을 주다

给花浇水要掌握好时间。

꽃에 물을 주는 것은 시간을 잘 파악해야 한다.

4급 ••
交
jiāo

동 사귀다, 넘기다, 제출하다

我很喜欢跟各个国家的人交朋友。

나는 각국의 사람과 친구로 사귀는 것을 좋아한다.

5급 ••
交换
jiāohuàn

동 교환하다

圣诞节的时候大家都喜欢交换礼物。

성탄절에는 모두 선물을 교환하는 것을 좋아한다.

5급 ••
交际
jiāojì

명 교제 동 사귀다, 교제하다

工作时交际能力格外重要。

일할 때 사교성은 특별히 중요하다.

4급 •••
交流
jiāoliú

동 교류하다

父母和孩子之间缺乏交流的话容易产生代沟。

부모와 아이 사이에 소통이 부족하면 세대차이가 생기기 쉽다.

4급 •••
交通
jiāotōng

명 교통

上下班时间交通堵塞现象很严重。

출퇴근 시간에 교통 마비 현상은 매우 심각하다.

Tip 交通堵塞 교통 마비

4급 •••
骄傲
jiāo'ào

명 자랑, 긍지 형 거만하다, 교만하다, 자랑스럽다, 자랑삼다

姚明是中国的骄傲。 야오밍[농구 선수]은 중국의 자랑이다

他太骄傲了，大家都不喜欢他。

그는 매우 거만해서, 모두 그를 좋아하지 않는다.

5급 ••
郊区
jiāoqū

명 교외

与吵闹的市中心相比，我更喜欢住在空气清新的郊区。

시끄러운 시내 중심에 비해, 나는 공기가 깨끗한 교외에 사는 것이 더 좋다.

胶水 jiāoshuǐ 5급 ••

명 풀

把你的**胶水**借我用一下好吗? 너의 풀을 내가 한번 쓰게 빌려 줄래?

脚 jiǎo 3급 ••

명 발

女人有一双漂亮的**脚**很重要。 여자는 아름다운 다리가 매우 중요하다.

Tip 一只脚 한쪽 다리 | 一双脚 양 다리

角 jiǎo 3급 ••

명 모서리, 뿔, 각

屋子里的每个**角**落都落满了灰尘。

방 안의 모든 모서리에는 먼지가 가득하다.

Tip 角落 모서리 | 落满 깔리다

角度 jiǎodù 5급 •••

명 각도, 관점

如果每个人都能站在对方的**角度**看问题，这个世界将
会减少很多纷争。 만약 모든 사람이 상대의 관점에 서서 문제를 본다면,
이 세상의 많은 분쟁은 줄어들 것이다.

狡猾 jiǎohuá 5급 ••

형 교활하다

再**狡猾**的狐狸也斗不过好猎手。

아무리 교활한 여우라도 좋은 사냥꾼을 이기지는 못한다.

饺子 jiǎozi 4급 •

명 교자, 만두

大年三十的晚上，全家人都要坐在一起包**饺子**，吃**饺子**。
설날 그믐에, 온 가족이 모두 다 앉아 함께 만두를 빚고, 만두를 먹는다.

叫 jiào 1급 •••

동 부르다, 외치다, 소리치다, (동물이) 울다, 짖다, ~로 하여금 ~하도록 하다

我**叫**了他半天，他也没听见。
나는 그를 오랫동안 불렀지만, 그는 듣지 못했다.

妈妈**叫**我拿遥控器来。 엄마는 나한테 리모컨을 가져오라고 하셨다.

教材 jiàocái 5급 ••

명 교재

这个学校使用的**教材**是自己出版的。
이 학교가 사용하는 교재는 자신들이 출판한 것이다.

5급 ••
教练
jiàoliàn

몡 교련, 코치　동 훈련하다

有了健身**教练**的指导，可以更好地达到健身目的。
헬스 트레이너의 지도가 있으면, 더 쉽게 건강하게 하는 목적에 도달할 수 있다.

2급 ••
教室
jiàoshì

몡 교실

教室里应该保持干净整洁。
교실 안은 깨끗함과 청결함을 유지해야 한다.

Tip 一间**教室** 교실 한 칸

4급 ••
教授
jiàoshòu

몡 교수

在大学，和**教授**的关系很重要。
대학에서, 교수와의 관계는 매우 중요하다.

5급 •••
教训
jiàoxùn

몡 교훈　동 꾸짖다, 일깨우다, 훈계하다

记住这个**教训**吧，以后也不要再犯了。
이 교훈을 기억해, 이후에 다신 어기면 안 돼.

4급 •••
教育
jiàoyù

동 교육하다

中国是九年制义务**教育**。 중국은 9년 의무 교육제이다.

3급 •••
接
jiē

동 받다, 받아들이다, 잇다, 연결하다

他工作的时候一般不**接**电话。
그는 일할 때 일반적으로 전화를 받지 않는다.

5급 •••
接触
jiēchù

동 만나다, 접촉하다

接触之后，才能加深了解。 만난 후에야, 더 깊게 이해할 수 있다.

5급 •••
接待
jiēdài

동 접대하다 (= 招待 zhāodài, 款待 kuǎndài)

她的工作就是负责**接待**客人。
그녀의 일은 손님을 접대하는 것을 책임지는 것이다.

接近
jiējìn
5급 •••

동 다가서다　형 근접하다

为了**接近**她，他想了很多办法。
그녀에게 다가가기 위해, 그는 매우 많은 방법을 생각했다.

接受
jiēshòu
4급 ••

동 받아들이다

费了九牛二虎之力，父母才勉强**接受**了她的男友。
힘을 많이 들이고 나서야, 부모님은 그녀의 남자친구를 간신히 받아들이셨다.

Tip **九牛二虎之力** 굉장히 큰 힘, 엄청난 노력

接着
jiēzhe
5급 •••

부 이어서, 연이어

她擦干了眼泪，**接着**说了下去。
그녀는 눈물을 닦고, 연이어 말을 이어 나갔다.

街道
jiēdào
3급 ••

명 거리, 길

街道两旁有很多特色小店，没事的时候我就喜欢过来逛逛。 거리의 양쪽은 특징 있는 작은 가게가 많아서, 일이 없을 때 나는 와서 거리를 거니는 것을 좋아한다.

Tip **一条街道** 거리 하나

阶段
jiēduàn
5급 •••

명 단계

手机在中国的发展，经历了几个**阶段**。
중국에서 휴대전화의 발전은 몇 개의 단계를 거쳤다.

结实
jiēshi
5급 ••

형 튼튼하다, 질기다, 단단하다

他的哥哥长得又高又**结实**。 그의 형은 키도 크고 튼튼하게 생겼다.

节
jié
5급 ••

양 수업 시간, 교시　명 마디, 명절　동 절약하다

一**节**课一般是50分钟。 한 교시 수업 시간은 일반적으로 50분이다.

节目
jiémù
3급 •••

명 프로그램, 항목

韩国的娱乐**节目**做得不错。 한국의 오락 프로그램은 매우 훌륭하다.

3급 ••
节日
jiérì

명 명절

每逢节日，他都会回到老家看望自己的父母。

매년 명절이 되면, 그는 고향에 돌아가서 자신의 부모님께 문안 드린다.

5급 •••
节省
jiéshěng

동 절약하다 (↔ 浪费 làngfèi 낭비하다)

为了节省时间，他每天睡得很少。

시간을 절약하기 위해서, 그는 매일 잠을 적게 잔다.

4급 •••
节约
jiéyuē

동 절약하다

勤俭节约是中国民族的传统美德。

근검절약은 중국 민족의 전통 미덕이다.

5급 ••
结构
jiégòu

명 구조

这个机器的结构太复杂，我修不了。

이 기계의 구조는 너무 복잡해서, 나는 수리할 수 없다.

4급 ••
结果
jiéguǒ

명 결과 접 결국, 마침내

大家商量来商量去，结果意见还是不统一。

모두 이리저리 상의해보았으나, 결과적으로 의견은 여전히 통일되지 않았다.

Tip 좋지 않은 결과는 **后果**, 좋은 결과는 **成果**를 씁니다.

5급 •••
结合
jiéhé

동 결합하다

他把几本书的精华结合在了一起。

그는 책 몇 권의 좋은 점을 함께 모아 정리했다.

3급 •••
结婚
jiéhūn

동 결혼하다

他们结婚已经10多年了，感情还像新婚时一样好。

그들은 결혼한 지 이미 10년이 넘었지만, 감정은 여전히 신혼 때와 같이 좋다.

5급 ••
结论
jiélùn

명 결론

想了几天，他终于得出了结论。

며칠을 생각하고, 그는 드디어 결론을 냈다.

Tip 结论과 같이 사용되는 동사입니다.

得出结论 결론을 얻다 | **下结论** 결론을 내리다

3급 •••
结束
jiéshù

동 끝내다 (↔ 开始 kāishǐ 시작하다)

考试终于结束了，大家都松了一口气。
시험이 마침내 끝났다, 모두 한숨을 돌렸다.

5급 •••
结账
jiézhàng

동 결제하다, 결산하다, 계산하다

中国人结账时都抢着结。 중국인은 계산할 때 모두 앞다투어 한다.

5급 ••
解放
jiěfàng

동 해방되다, 해방하다

中国是1949年解放的。 중국은 1949년 해방되었다.

3급 •••
解决
jiějué

동 해결하다

想要解决问题，需要双方共同努力。
문제를 해결하고 싶으면, 서로 함께 노력해야 한다.

4급 ••
解释
jiěshì

동 해석하다, 해명하다, 해설하다, 변명하다

我解释了半天，他也没听懂。
나는 한참을 설명했지만, 그는 알아듣지 못했다.

5급 ••
解说员
jiěshuōyuán

명 해설원

他是一名出色的解说员，解说时很有激情。
그는 훌륭한 해설자이다, 해설할 때 매우 열정이 넘친다.

2급 ••
姐姐
jiějie

명 누나, 언니

我真希望有个姐姐来照顾我。
나는 나를 돌봐줄 언니가 한 명 있기를 정말 바란다.

5급 ••
届
jiè

양 ~회 [정기회의, 졸업 연차에 대한 양사] 동 (예정된 때에) 이르다, 다다르다

第29届奥运会是在北京举办的。
제29회 올림픽은 베이징에서 개최되었다.

3급 •••
借
jiè

[동] 빌리다, 빌려주다
把你的书借我一下好吗? 네 책 나 좀 빌려줄래?

5급 ••
借口
jièkǒu

[명] 핑계
他每次迟到都有借口，我们都习惯了。
그는 매번 지각의 핑계가 있어서, 우리는 벌써 익숙해졌다.

Tip 找借口 핑계를 대다

2급 ••
介绍
jièshào

[동] 소개하다
我最头疼的就是做自我介绍。
내가 제일 골치 아픈 것은 자기 소개를 하는 것이다.

Tip 自我介绍 자기 소개

5급 •••
戒烟
jièyān

[동] 금연하다
很多人戒烟都没成功，但是他成功了。
매우 많은 사람들이 금연에 성공하지 못했지만, 그는 성공했다.

Tip 戒酒 금주하다

5급 ••
戒指
jièzhi

[명] 반지
男人拿着钻石戒指向女人求婚。
남자는 다이아 반지를 들고 여자에게 프러포즈한다.

1급 •
今天
jīntiān

[명] 오늘
今天的事儿应该今天完成，不要推到明天。
오늘 일은 꼭 오늘 끝내야 한다, 내일로 미루지 말아야 한다.

5급 ••
金属
jīnshǔ

[명] 금속
金属材质的东西时间长了容易上锈。
금속 재질의 물건은 시간이 흐르면 쉽게 녹이 슨다.

5급 •
紧
jǐn

[형] (바짝) 죄다, 팽팽하다, 단단하다
快要考试了，时间真的很紧。
이제 곧 시험이야, 시간이 진짜 촉박해.

5급 ••
紧急
jǐnjí

[형] 긴급하다

为了这件事，公司召开了紧急会议。
이 사건을 위해, 회사는 긴급 회의를 소집했다.

4급 •••
紧张
jǐnzhāng

[형] 긴장되다, 바쁘다, (물자가) 부족하다

面试的时候，出现紧张的情绪是难免的。
면접 때, 긴장되는 마음이 생기는 것은 피할 수 없다.

4급 •••
尽管
jǐnguǎn

[접] 비록 ~지만 (= 虽然 suīrán, 虽说 suīshuō) [부] 얼마든지, 맘껏

尽管他在中国生活了5年，但是他的汉语还是不是很好。
비록 그는 중국에서 5년을 생활했지만, 그의 중국어는 여전히 잘하는 것이 아니다.

5급 •••
谨慎
jǐnshèn

[형] 조심스럽다, 신중하다 (= 慎重, 小心 ↔ 马马虎虎, 粗心大意 얼렁뚱땅하다)

他一向都是小心谨慎的人。　그는 항상 신중한 사람이다.

2급 ••
进
jìn

[동] 들어서다

进入社会以后，他才开始怀念起学生时代的美好。
사회에 진출한 이후에야, 그는 학창 시절의 행복을 그리워하기 시작했다.

5급 •••
进步
jìnbù

[명] 진보 [동] 진보하다, 향상되다 (↔ 退步 tuìbù 퇴보하다)

他取得了很大的进步。　그는 매우 많은 진보를 획득했다.

5급 ••
进口
jìnkǒu

[동] 수입하다 (↔ 出口 chūkǒu 수출하다)

近年来，在中韩两国之间做进出口贸易的人越来越多。
최근 몇 년 들어, 중국과 한국 양국 사이에 수출입 무역을 하는 사람이 점점 많아
졌다.

4급 •••
进行
jìnxíng

[동] 진행하다

会议已经进行了3个小时了，还是没有要结束的意思。
회의는 이미 3시간 동안 진행되었지만, 여전히 끝날 기미가 보이지 않는다.

2급 •

近
jìn

[형] 가깝다, 근접하다 (↔ 远 yuǎn 멀다)

住的地方比较近的话，可以节省很多时间。

사는 곳이 비교적 가까우면, 많은 시간을 절약할 수 있다.

5급 •

近代
jìndài

[명] 근대

近代小说中，也有不少优秀的作品。

근대소설 중에도 많은 우수한 작품이 있다.

5급 ••

尽力
jìnlì

[동] 힘을 다하다, 최선을 다하다

不要埋怨他了，他已经尽了全力了。

그를 원망하지 마, 그는 이미 최선을 다했어.

Tip 尽全力 최선을 다하다

5급 •••

尽量
jǐnliàng
jìnliàng

[jǐnliàng] [부] 최대한, 가능한, 한껏 [jìnliàng] [동] 힘을 다하다, 양껏 하다

你别太着急，我尽量想办法帮你。

너 조급해하지 마, 내가 최대한 방법을 생각해서 널 도울게.

明天能不能早到我不知道，我尽量吧.

내일 일찍 도착할 수 있을지 없을지 나는 모르지만, 힘써볼게.

Tip 尽…은 '최대한 ~하게'라는 의미입니다.

尽量 최대한, 가능한 | 尽早 최대한 일찍 | 尽快 최대한 빨리

4급 ••

禁止
jìnzhǐ

[동] 금지하다

很多场所都是禁止吸烟的。 많은 장소가 다 금연이다.

Tip 禁止吸烟 · 请勿吸烟 흡연 금지

4급 •••

精彩
jīngcǎi

[형] 뛰어나다, 훌륭하다

昨天的比赛真的很精彩，直到最后才分出胜负。

어제의 경기는 매우 훌륭했다. 마지막에 이르러서야 승패가 판가름났다.

Tip 精彩는 문예, 스포츠, 예술, 공연 방면에 '뛰어나다 · 훌륭하다'라는 의미입니다.

演讲很精彩 연설이 훌륭하다 | 展览会很精彩 전시회가 뛰어나다

文章很精彩 글솜씨가 뛰어나다 | 节目很精彩 프로그램이 훌륭하다

5급 ••

精力
jīnglì

몡 힘, 에너지, 정신과 체력

良好的睡眠可以帮助我们保持旺盛的精力。
양호한 수면은 우리가 왕성한 에너지를 유지하는 데 도움이 된다.

Tip 반드시 알아야 할 단어조합입니다.

精力旺盛 에너지가 왕성하다 | **精力充沛** 에너지가 넘치다

4급 ••

精神
jīngshén
jīngshen

[jīngshén] 몡 정신, 기운 [jīngshen] 혱 활기차다, 힘나다, 준수하다

我昨天睡得不好，一点精神也没有。
나는 어제 잠을 잘 못 자서, 기운이 하나도 없다.

他长得特别精神，人见人夸。
그는 매우 잘생겼다, 보는 사람마다 칭찬한다.

3급 •••

经常
jīngcháng

閏 자주, 늘, 항상

他经常迟到早退，是一个问题学生。
그는 자주 늦고 조퇴하는, 문제 학생이다.

5급 ••

经典
jīngdiǎn

혱 뛰어나다, 훌륭하다 몡 걸작

这部电影很经典，我看了不下10遍。
이 영화는 매우 뛰어나다, 나는 10번 정도 보았다.

3급 •••

经过
jīngguò

동 경험하다, 거치다, 겪다, 경유하다 몡 과정, 경위

经过3天的讨论，他们终于达成了一致。
3일간 토론을 거쳐서야, 그들은 마침내 의견의 일치를 보았다.

4급 ••

经济
jīngjì

몡 경제

最近经济不景气，失业的人越来越多。
최근 경제가 불경기라서, 실업자가 점점 많아진다.

3급 ••

经理
jīnglǐ

몡 사장, 지배인

他只干了半年，就被提升为经理。
그는 단지 반년 일했는데, 지배인으로 승진되었다.

4급 ●●● **经历** jīnglì	명 경험, 경력 동 겪다, 경험하다 我的这段经历有很特别的意义。 나의 이 기간의 경험은 매우 특별한 의미를 가진다.

4급 ●●● **经验** jīngyàn	명 경험 동 겪다, 경험하다 他是一名经验丰富的老师。 그는 경험이 풍부한 선생님이다. **Tip** 반드시 알아야 할 어휘조합입니다. **经验丰富** 경험이 풍부하다 ∣ **积累经验** 경험을 쌓다

5급 ●● **经营** jīngyíng	동 경영하다 명 경영 小高一直在经营一家中国餐厅。 샤오가오는 줄곧 한 중국 식당을 경영하고 있다.

4급 ●● **京剧** jīngjù	명 경극 京剧是中国的国粹。 경극은 중국의 고유 문화이다.

4급 ●● **警察** jǐngchá	명 경찰 他从小就立志要当一名人民警察。 그는 어렸을 때부터 인민경찰이 되겠다는 뜻을 세웠다.

5급 ●● **景色** jǐngsè	명 경치 出门旅行可以欣赏到各地美丽的景色。 여행을 가면 각지의 아름다운 풍경을 감상할 수 있다.

5급 ●●● **敬爱** jìng'ài	동 경애하다, 존경하고 사랑하다 父母老师都是我敬爱的人。 부모님, 선생님은 모두 내가 존경하는 사람이다.

4급 ●●● **竟然** jìngrán	부 뜻밖에, 의외로 (= 竟 jìng, 居然 jūrán) 这次考试他竟然考了全校第一。 이번 시험에서 그는 뜻밖에 전교 1등을 했다.

4급 •••
竞争
jìngzhēng

몡 경쟁　됭 경쟁하다

社会竞争越来越激烈，人们的压力也越来越大。
사회 경쟁이 점점 치열해짐에 따라, 사람들의 스트레스도 점점 커진다.

Tip 竞争激烈 경쟁이 치열하다 | 竞争社会 경쟁사회

4급 ••
镜子
jìngzi

몡 거울

女孩子都很喜欢照镜子。
여자아이들은 모두 거울 보는 것을 좋아한다.

Tip 一面镜子 거울 하나 | 照镜子 거울에 비추다, 거울을 보다

4급 •••
究竟
jiūjìng

뫵 도대체, 결국은, 아무래도 (= 到底 dàodǐ)

你究竟来还是不来？大家都在等你。
너 도대체 오는 거니 안 오는 거니? 모두 널 기다리고 있어.

1급 •
九
jiǔ

㈜ 9, 아홉

我学习汉语九个月了。 나는 중국어를 배운 지 9달 되었다.

3급 ••
久
jiǔ

몗 오래되다

我来中国很久，大概两三年了。
나는 중국에 온 지 오래되었다, 대략 2~3년 되었다.

5급 •••
酒吧
jiǔbā

몡 술집

我心情不好的时候喜欢去酒吧喝酒。
나는 기분이 좋지 않을 때 술집에 가서 술 마시는 것을 좋아한다.

Tip 网吧 PC방 | 书吧 북카페

3급 •••
旧
jiù

몗 낡다, 오래되다 (↔ 新 xīn 새롭다)

这件衣服已经很旧了，你买一件新的吧。
이 옷은 이미 매우 낡았어, 너 새것 한 벌을 사라.

2급 •••

就
jiù

뷔 곧, 즉시

我一下课就回家。 나는 수업을 마치자마자 집으로 돌아갔다.

Tip 一…就…

① 동작의 연속적 발생 : ~하자마자 ~하다

他每天一回到家，就打开电脑。 그는 매일 집에 도착하자마자, 컴퓨터를 켠다.

② 가설과 결과 : ~만 하면 ~하다

我姐姐一到冬天，就去滑雪。 우리 누나는 겨울만 되면, 스키 타러 간다.

5급 ••

救
jiù

동 구하다, 구제하다

我不小心掉进河里，是行人救了我。
내가 조심하지 않아서 강에 빠졌는데, 행인이 날 구해주었어요.

救命啊！ 살려주세요!

5급 ••

救护车
jiùhùchē

명 응급차

一般的车辆必须遵守交通规则，但是救护车例外。
일반적인 차는 교통규칙을 준수해야만 한다, 하지만 구급차는 예외이다.

5급 ••

舅舅
jiùjiu

명 외삼촌

我有两个舅舅。 나는 외삼촌이 둘 있다.

Tip 舅妈 · 舅母 외숙모

5급 •••

居然
jūrán

뷔 뜻밖에, 의외로 (= 竟然 jìngrán, 竟 jìng)

他居然会说五门外语。 그는 뜻밖에도 5개 외국어를 구사한다.

5급 •

橘子
júzi

명 귤

韩国济州岛的橘子很甜很好吃。
한국 제주도의 귤은 매우 달고 맛있다.

5급 ••

举
jǔ

동 들다

上课时应该积极举手发言。
수업할 때 적극적으로 손을 들고 발표해야 한다.

4급 •••

举办
jǔbàn

동 열다, 개최하다

2008年在中国北京**举办**了奥林匹克运动会。
2008년 중국 베이징에서 올림픽이 열렸다.

Tip 반드시 알아야 할 단어 조합입니다.

举办单位 개최 단위 | **举办会议** 회의를 개최하다

3급 •••

举行
jǔxíng

동 거행하다

我将要在今年五月**举行**婚礼。
나는 곧 올해 5월에 결혼식을 올리려고 한다.

Tip **举行** 뒤에 나올 수 있는 목적어입니다.

举行比赛 경기를 거행하다 | **举行毕业典礼** 졸업식을 하다
举行会议 회의를 거행하다 | **举行婚礼** 결혼식을 거행하다

5급 •••

具备
jùbèi

동 갖추다, 구비하다

他已经**具备**了成为一名博士生的条件。
그는 이미 박사과정의 학생이 되기 위한 조건을 갖추었다.

Tip 반드시 알아야 할 단어 조합입니다.

具备条件 조건을 갖추다 | **具备资格** 자격을 갖추다

5급 ••

具体
jùtǐ

형 구체적이다 (↔ 抽象 chōuxiàng 추상적이다)

你可以**具体**说一下你的计划吗?
너 구체적으로 너의 계획을 좀 말해줄 수 있니?

5급 ••

巨大
jùdà

형 거대하다 (↔ 渺小 miǎoxiǎo 작다, 하찮다)

他为国家做出了**巨大**的贡献。 그는 국가를 위해 큰 공헌을 했다.

5급 •••

聚会
jùhuì

동 모임 동 모이다

他们把**聚会**时间定在10月下旬。
그들은 모임 시간을 10월 하순으로 정했다.

4급 •••

拒绝
jùjué

동 거절하다 (↔ 接受 jiéshòu 받아들이다)

我**拒绝**了他的请求。 나는 그의 요구를 거절했다.

5급 •••
俱乐部
jùlèbù

명 모임, 동아리, 클럽

我平时会去高尔夫球俱乐部。 나는 평소에 골프 클럽에 간다.

4급 ••
距离
jùlí

명 거리

虽然我和男朋友之间的距离很远，但我们很相爱。
비록 나와 남자친구 사이의 거리는 멀지만, 우리는 서로 매우 사랑한다.

5급 •••
据说
jùshuō

동 듣자하니 ~라 한다

据说，这次春游取消了。 듣자하니, 이번 봄소풍이 취소되었다던데.

3급 ••
句子
jùzi

명 문장, 마디

这个句子有问题，你改一下。 이 문장은 문제가 있어, 너가 좀 고쳐봐.

5급 •••
捐
juān

동 모으다, 기부하다, 헌납하다

捐血是光荣的行为。 헌혈은 영예로운 행동이다.

Tip 捐 뒤에 나올 수 있는 목적어입니다.

捐钱・捐款 돈을 기부하다 | **捐款活动** 기부활동
捐血 헌혈하다 | **捐衣物** 옷을 기부하다

5급 •••
卷
juǎn

동 말다, 감다, 말아올리다

把这幅画卷起来。 이 그림을 말아라.

2급 ••
觉得
juéde

동 느끼다, 생각하다

我觉得他这样做一定有他的道理，我们就相信他吧。
내 생각에 그가 이렇게 하는 것은 분명히 일리가 있을 테니, 우리는 그를 믿어보자.

3급 ••
决定
juédìng

동 결정하다 명 결정

我决定今年九月去中国留学。
나는 올해 9월 중국에 유학 가기로 결정했다.

Tip 做出决定 결정을 하다

5급 ••
决赛
juésài

명 결승전

今天是韩国队和日本队的**决赛**，我一定得看。
오늘 한국 팀과 일본 팀의 결승전이야. 나는 반드시 봐야 해.

Tip **总决赛** 최종결승 | **半决赛** 준결승

5급 ••
决心
juéxīn

동 결심하다　명 결심

我下**决心**好好学习汉语。
나는 중국어 공부를 열심히 하기로 결심했다.

Tip **下决心** 결심을 하다

5급 •••
绝对
juéduì

부 절대로, 반드시　형 절대적이다

我**绝对**不告诉别人，你放心吧。
나는 절대 다른 사람에게 알리지 않을 거야, 안심해.

5급 •••
角色
juésè

명 역할, 배역

成龙在电影中扮演的是一个很重要的**角色**。
청룽(성룡)이 영화에서 연기하는 것은 매우 중요한 역할이다.

5급 ••
军事
jūnshì

명 군사

最近韩国举行了一次**军事**演习。
최근 한국은 한 차례 군사 훈련을 거행했다.

5급 ••
均匀
jūnyún

형 고르다, 균형적이다

把鸡蛋打到碗里，搅拌**均匀**。
달걀은 그릇에 깨서 고르게 섞으세요.

☑ 신HSK 독해 처방전 3

평소에 문장을 정확히 해석해보는 연습이 필요합니다. 5급 독해가 쉽다고 자만하면 안 됩니다. 6급의 독해를 잘하기 위해서는 문장을 하나하나 정확히 해석하는 능력을 길러야 합니다. 쉬운 것처럼 보이지만 평소 的부터 정확히 해석하는 연습을 하도록 합시다!! 천릿길도 한 걸음부터!!

제1부분 다음 단어들을 이용해 문장을 완성하세요.

1 绝对　　不会　　别人　　告诉　　我

2 没想到　　他　　拿走　　东西　　竟然　　我的

3 勤俭节约　　是　　的　　中华民族　　传统美德

4 我的　　有　　很特殊的　　意义　　这段经历

5 小高　　经营　　一直在　　一家　　餐厅　　中国

6 一种　　打工　　是　　经验　　积累　　的　　办法

7 他们　　定在　　聚会时间　　把　　10月下旬

제2부분 다음 단어들을 모두 결합하여, 80자 내외의 작문 한 편을 완성하세요.

学期　　鼓励　　羡慕　　竟然　　虚心

▶ 원고지에 직접 답안을 적어보세요.

MEMO

1033

2급 ••

咖啡
kāfēi

몡 커피

经常喝咖啡对身体不好。
자주 커피를 마시는 것은 몸에 좋지 않다.

1034

5급 ••

卡车
kǎchē

몡 트럭

这是一辆运货的卡车。 이 차는 화물 운반 트럭이다.

1035

1급 ••

开
kāi

동 열다, 켜다 (↔ 关 guān 닫다)

你帮我把电脑开开，好吗?
나 대신 컴퓨터 좀 켜줄 수 있니?

Tip 开의 목적어로 문·창문이 쓰이면 '열다', 전자제품이 쓰이면 '켜다'라는 의미입니다.
开门 문을 열다 | 开窗户 창문을 열다
开灯 불을 켜다 | 开空调 에어컨을 켜다

1036

5급 •••

开发
kāifā

동 개발하다

我们公司最近正在开发新的软件。
우리 회사는 최근 새로운 소프트웨어를 개발하고 있다.

Tip 开发软件 소프트웨어를 개발하다 | 开发产品 상품을 개발하다

1037

5급 •••

开放
kāifàng

형 개방적이다 (↔ 保守 bǎoshǒu 보수적이다) 동 개발하다

西方人比较开放，我们东方人比较保守。
서양인은 비교적 개방적이고, 우리 동양인은 비교적 보수적이다.

1038

5급 ••

开幕式
kāimùshì

몡 개막식 (↔ 闭幕式 bìmùshì 폐막식)

听说北京奥运会的开幕式非常精彩。
듣자하니 베이징 올림픽의 개막식은 매우 훌륭했다던데.

开始
kāishǐ
2급 ••

동 시작하다 (↔ 结束 jiéshù 끝나다)

电影几点开始? 영화가 몇 시에 시작하니?

开玩笑
kāi wánxiào
4급 ••

동 농담하다

我只是开玩笑，你至于生气吗?
나는 단지 농담한 건데, 너는 화까지 내니?

开心
kāixīn
5급 ••

형 즐거워하다, 기뻐하다

笑得这么开心，有什么好事?
이렇게 즐겁게 웃다니, 무슨 좋은 일 있어?

砍
kǎn
5급 •••

동 (도끼 따위로) 찍다, 패다, 감소하다, 줄이다

他在树林里砍柴。 그는 숲에서 장작을 팬다.

在商场买东西不能砍价。 상점에서 물건을 사면 값을 깎을 수 없다.

看
kàn
1급 •

동 보다, ~라고 생각하다

对于异国恋情，你怎么看? 국제연애에 대해 넌 어떻게 생각해?

看不起
kànbuqǐ
5급 •••

동 무시하다, 경시하다 (= 瞧不起, 小看, 看扁, 轻视, 忽视)

我看不起靠父母的人。 나는 부모님께 의지하는 사람을 무시한다.

Tip 看不起의 반대말은 看得起(중시하다)입니다.

看法
kànfǎ
4급 •••

명 견해, 생각

对于姐弟恋，你有什么看法?
연상연하 커플에 대해서, 넌 어떻게 생각하니?

看见
kànjiàn
1급 ••

동 보다, 보이다

我今天逛街的时候看见了以前的女朋友。
나는 오늘 거리를 거닐다가, 전 여자친구를 봤어.

看来 kànlái
5급 ••

통 보아하니 ~하다 (= 看起来 kànqǐlái, 看上去 kànshàngqù)

到现在也没来，看来他今天不能来了。

지금까지도 오지 않은 것을 보니, 그는 오늘 못 올 것 같다.

抗议 kàngyì
5급 ••

명 항의 통 항의하다

对于上司的一些决定，职员们表示抗议。

상사의 결정들에 대해, 직원들은 항의를 표시한다.

考虑 kǎolǜ
4급 •••

통 고려하다

这是人生的大事儿，你好好儿考虑考虑。

이건 인생의 큰 일이야, 너 잘 고려해야 해.

考试 kǎoshì
2급 •••

명 시험 통 시험 보다

我下个月要参加HSK考试。

나는 다음 달에 HSK 시험에 참가하려고 한다.

Tip 考试는 이합사이고, 명사 용법도 있으니, 작문 시 주의해야 합니다.

有汉语考试。 중국어 시험이 있다.

昨天刚考完试。 어제 막 시험이 끝났다.

烤鸭 kǎoyā
5급 •

명 오리구이

北京烤鸭真的非常好吃。 베이징 오리구이는 정말 매우 맛있다.

棵 kē
4급 •

양 그루 [나무, 배추에 대한 양사]

我在家门口种了一棵树。 나는 집 문앞에 나무 한 그루를 심었다.

颗 kē
5급 •

양 알 [알맹이가 있는 사물에 대한 양사]

天上有无数颗星星。 하늘에 무수한 별들이 있다.

科学 kēxué
4급 •

명 과학 형 과학적이다

学习科学知识对我们有很大的帮助。

과학지식을 공부하는 것은 우리에게 매우 큰 도움이 된다.

咳嗽
késou
4급 ••

동 기침하다

你怎么又咳嗽了? 快吃药吧。
너 어째서 또 기침하니? 빨리 약 먹어.

渴
kě
3급 ••

형 목마르다, 절실하다

我渴了，我想喝水。 나 목말라, 물 마시고 싶어.

可爱
kě'ài
3급 ••

형 귀엽다

我的女儿非常可爱。 나의 딸은 매우 귀엽다.

可见
kějiàn
5급 •••

동 ~임을 알 수 있다

他一直努力学习，终于考上了北京大学。可见，只要努力就能成功。 그는 줄곧 열심히 공부해서, 드디어 베이징대학에 합격했다. 노력하면 성공한다는 것을 알 수 있다.

可靠
kěkào
5급 ••

형 믿을 만하다 (= 靠得住 kǎodezhù)

这条消息可靠吗? 이 소식은 믿을 만한 거야?

可怜
kělián
4급 ••

형 불쌍하다, 가련하다

他从小就失去了父母，真是个可怜的孩子。
그는 어릴 때 부모를 잃었어, 정말 불쌍한 아이야.

可能
kěnéng
2급 ••

부 아마도 (= 也许 yěxǔ)

他可能今天很忙，所以没来上课。
그는 아마도 오늘 매우 바쁜가 보다, 그래서 수업에 오지 않았다.

Tip 可能性 가능성 | 可能性很大 가능성이 크다

可怕
kěpà
5급 ••

형 두렵다, 무섭다

其实恐怖电影没什么可怕的。
사실 공포영화는 아무것도 무서운 것이 없다.

4급 •••

可是
kěshì

[접] 그러나 (= 但是 dànshì, 不过 búguò, 然而 rán'ér)

虽然我认真复习了，可是考试成绩不好。

비록 난 열심히 복습했지만, 시험 성적이 좋지 않다.

4급 ••

可惜
kěxī

[형] 안타깝다, 아쉽다

本来打算这几天去旅行，但下大雨了，真可惜。

원래 요 며칠 여행을 갈 생각이었는데, 비가 많이 와서, 매우 아쉽다.

2급 ••

可以
kěyǐ

[조동] ~할 수 있다 (능력 · 객관적인 상황), ~해도 된다 (허가)

我这次可以请假。 나는 이번에 휴가를 낼 수 있다.

我可以看你的手机吗? 제가 당신의 휴대전화 좀 봐도 될까요?

2급 ••

课
kè

[명] 수업, 강의, (수업) 과목

我每天都去补习班上课。 난 매일 학원 수업에 간다.

Tip 一节课 한 교시 수업

5급 ••

课程
kèchéng

[명] 수업과정, 커리큘럼, 교과목

这个学期的课程都很难。 이번 학기의 수업과정은 매우 어렵다.

5급 ••

克
kè

[수] 그램(g) [동] 극복하다, 정복하다

中国一斤是500克，韩国一斤是600克。

중국의 한 근은 500그램이고, 한국의 한 근은 600그램이다.

5급 ••

克服
kèfú

[동] 극복하다

我一定要克服困难，完成任务。

난 반드시 어려움을 극복하고, 임무를 완성해야 한다.

3급 ••

刻
kè

[동] 새기다, 조각하다

他的项链里刻着她的名字。

그의 목걸이에는 그녀의 이름이 새겨져 있다.

刻苦 kèkǔ 5급 •••

[형] 고생을 참아내다, 몹시 애를 쓰다

他一直**刻苦**学习。 그는 계속 애써 노력하며 공부한다.

客观 kèguān 5급 •••

[형] 객관적이다 (↔ 主观 zhǔguān 주관적이다)

我们得**客观**分析问题。 우리는 객관적으로 문제를 분석해야 한다.

客人 kèrén 3급 ••

[명] 손님

他那个人总是热情招待**客人**。
그는 항상 정성스럽게 손님을 접대한다.

客厅 kètīng 5급 ••

[명] 거실

你家的**客厅**很宽敞。 너희 집 거실이 매우 넓구나.

肯定 kěndìng 4급 ••

[동] 확신하다, 긍정하다 (↔ 否定 부정하다) [부] 분명히, 확실히 [형] 긍정적이다

爸爸总是**肯定**我的想法。 아버지는 항상 내 의견을 인정해주신다.

我**肯定**再也不抽烟了。 난 분명히 다시는 담배를 피지 않을 것이다.

空间 kōngjiān 5급 ••

[명] 공간

他很有潜力，发展的**空间**还很大。
그는 잠재력이 매우 많아서, 발전 가능성이 아직 매우 크다.

空气 kōngqì 4급 ••

[명] 공기, 분위기

首尔因为有很多车，所以**空气**不好。
서울은 차가 매우 많이 있어서, 공기가 나쁘다.

空调 kōngtiáo 3급 ••

[명] 에어컨

经常开**空调**会让空气很干燥。
자주 에어컨을 켜면 공기가 매우 건조해진다.

5급 ••
恐怖
kǒngbù

[형] 공포스럽다, 무섭다, 두렵다

我不喜欢看恐怖电影。 나는 공포영화 보는 것을 좋아하지 않는다.

4급 •••
恐怕
kǒngpà

[부] 아마도 ~일 것이다 (좋지 않은 결과 예상)

我明天恐怕不能来，因为我有别的事。
나는 내일 아마 못 올 것 같아, 왜냐하면 다른 일이 있어.

5급 ••
空闲
kòngxián

[형] 한가하다 [명] 여가, 틈, 짬

这个月空闲时间比较多。 이번 달은 여유 시간이 비교적 많다.

5급 •••
控制
kòngzhì

[동] 조절하다, 통제하다

你得控制自己的饮食，这样才会瘦下来。
너는 스스로 음식을 조절해야 해, 이렇게 해야 비로소 날씬해질 거야.

3급 ••
口
kǒu

[명] 입 [양] 사람, 마리 [사람, 가축에 대한 양사]

病从口入，所以吃东西以前一定要洗手。
병은 입으로 들어온다, 그래서 음식을 먹기 전에 반드시 손을 씻어야 한다.

5급 •••
口味
kǒuwèi

[명] 맛, 입맛, 기호

你喜欢吃什么口味的冰激凌？
넌 어떤 맛의 아이스크림을 좋아하니?

这个菜很合我的口味。 이 요리는 내 입맛에 매우 맞다.

3급 ••
哭
kū

[동] 울다

哭能解决问题吗？ 울면 문제가 해결되니?

4급 ••
苦
kǔ

[형] 고생스럽다, 쓰다

这个药太苦了，我吃不下去。
이 약은 너무 써서, 나는 삼키지 못하겠어.

Tip '먹다 · 마시다 · 삼키다' 같은 동작은 음식물이 아래로 내려가는 방향적 의미를 가지므로 방향보어 下去가 붙습니다.

吃下去 먹다 | 喝下去 마시다 | 吞下去 삼키다

3급 • **裤子** kùzi	명 바지 我为你买了一条裤子。 내가 너를 위해서 바지 한 벌 샀어. Tip 一条裤子 바지 한 벌

5급 ••• **夸** kuā	동 칭찬하다, 과장하다, 허풍치다 妈妈经常夸我很聪明。 엄마는 항상 내가 매우 똑똑하다고 칭찬하신다.

1급 •• **块** kuài	양 덩이, 조각에 대한 양사 这块蛋糕留给我吃的吗? 이 케이크 조각 나 먹으라고 남겨둔 거야? Tip 一块面包 빵 한 조각 | 一块巧克力 초콜릿 한 조각

2급 •• **快** kuài	형 빠르다 (↔ 慢 màn 느리다) 你快点起床吧，一会儿迟到了。 너 빨리 좀 일어나, 곧 지각하겠어.

2급 •• **快乐** kuàilè	형 즐겁다, 유쾌하다 一家人说说笑笑，多么快乐啊。 가족이 담소를 나누며 웃음꽃을 피웠다, 정말 즐겁다.

5급 ••• **会计** kuàijì	명 회계사, 경리 会计的工作很复杂，很麻烦。 회계의 일은 매우 복잡하고, 귀찮다. Tip 会[kuài]의 발음에 주의하세요.

3급 •• **筷子** kuàizi	명 젓가락 西方人不习惯用筷子吃饭。 서양인은 젓가락으로 밥을 먹는 것에 습관이 되어 있지 않다. Tip 一双筷子 젓가락 한 벌

4급 •• **宽** kuān	형 넓다 (↔ 窄 zhǎi 좁다) 这条路很宽，我的车开得过去。 이 길은 매우 넓어서, 내 차가 지나갈 수 있다.

5급 ••

矿泉水
kuàngquánshuǐ

몡 광천수

矿泉水里含有很多营养物质。
광천수 안에는 매우 많은 영양물질이 들어 있다.

4급 ••

困
kùn

혭 졸리다, 난처하다, 곤란하다

我一看书就困。 나는 책만 보면 졸립다.

4급 ••

困难
kùnnan

혭 어렵다, 힘들다 몡 어려움, 고난

学习汉语虽然很困难，但只要坚持下去就能成功。
중국어 공부하는 것이 비록 매우 어렵지만, 계속해 나가면 성공할 수 있다.

K

4급 •••

扩大
kuòdà

동 확대하다, 확장하다 (↔ 缩小 suōxiǎo 축소하다)

他的势力正在不断扩大。 그의 세력은 지금 끊임없이 확대되고 있다.

Tip 扩大 뒤에 오는 목적어는 다음과 같습니다.

扩大市场 시장을 확대하다 | **扩大规模** 규모를 확대하다

扩大范围 범위를 확대하다 | **扩大事业** 사업을 확대하다

✓ 신 HSK 쓰기 제1영역 처방전 1~2

1.

쓰기 영역의 문장 배열 문제를 풀 때, 각 문장에 마침표(。)를 반드시 찍어야 합니다. 중국어 문장의 완성은 마침표입니다. 중국어 문장의 마침표는 점 하나가 아니라, 작은 동그라미처럼 그려야 합니다. 이때 동그라미 안은 절대로 채우면 안 됩니다!!

2.

기본 어법을 공부합시다. 자주 등장하는 특수 문형들, 예를 들어 把자구, 被자구, 比자구 등과 접속사 구문은 단골로 등장하는 문형입니다. 이 문형들의 구조를 정확히 익혀둡시다!!

1099

4급 ••

拉
lā

图 끌다, 끌어당기다 (↔ 推 tuī 밀다)

一到周末朋友们就拉着我去喝酒。

주말이 되면 친구들이 나를 끌고 술을 마시러 간다.

1100

4급 ••

垃圾桶
lājītǒng

图 쓰레기통

请把垃圾扔在垃圾桶里。 쓰레기를 쓰레기통에 버리세요.

1101

4급 ••

辣
là

图 맵다

少吃点儿辣的可以开胃，但是吃太多辣的对胃不好。

매운 것을 조금 먹으면 입맛을 돋울 수 있으나, 너무 많이 먹으면 위에 좋지 않다.

Tip 开胃 입맛을 돋우다

1102

5급 ••

辣椒
làjiāo

图 고추

辣椒中含有很多维生素。

고추 안에는 매우 많은 비타민이 함유되어 있다.

1103

5급 ••

蜡烛
làzhú

图 초, 촛불

把蜡烛插在蛋糕上。 초를 케이크에 꽂아라.

Tip 点蜡烛 초를 켜다

1104

1급 ••

来
lái

图 오다, 동작의 주체 강조

我来中国快三年了。 내가 중국에 온 지 3년이 다 되었다.

1105

4급 •••

来不及
láibují

图 시간이 충분하지 않다, 시간에 댈 수 없다

今天早上睡懒觉了，所以来不及吃早饭。

오늘 아침에 늦잠을 자서, 아침밥 먹을 시간이 충분하지 않았다.

4급 •••
来得及
láidejí

동 시간이 충분하다, 시간에 댈 수 있다

别着急，还有很多时间，来得及去学校。

조급해하지 마, 아직 시간 많아, 학교 갈 시간은 충분해.

5급 •••
来自
láizì

동 ~에서 오다, ~에서 생겨나다

她来自北方，性格特别大方。

그녀는 북방에서 와서, 성격이 아주 시원시원하다.

Tip 自의 의미는 从과 같으나, 동사 뒤에 쓰일 수 있는 전치사입니다.

5급 •••
拦
lán

동 막다

警察拦住了热情的粉丝们。

경찰은 열성적인 팬들을 막아섰다.

3급 ••
蓝
lán

형 푸르다

躺在这儿可以看到蓝蓝的天，白白的云。

여기에 누우면, 파란 하늘과 흰 구름을 볼 수 있다.

4급 •••
懒
lǎn

형 게으르다 (↔ 勤奋 qínfèn 부지런하다)

你在学习上应该勤奋，怎么能这么懒呢。

넌 학습에 있어서 부지런해야 한다, 어쩜 이렇게 게으를 수 있니.

5급 ••
烂
làn

형 썩다, 부패하다, 낡다

苹果买回来以后一直没吃，最后烂了。

사과를 사온 이후 계속 먹지 않았더니, 결국 물렀다.

5급 ••
狼
láng

명 이리

我最喜欢的动物是狼，因为它很有个性。

내가 가장 좋아하는 동물은 이리이다, 왜냐하면 이리는 매우 개성 있다.

4급 •••
浪费
làngfèi

동 낭비하다 (↔ 节省 jiéshěng 아끼다, 절약하다)

浪费时间就是浪费金钱。

시간을 낭비하는 것은 금전을 낭비하는 것이다.

浪漫
làngmàn
4급 ••

형 낭만적이다

每个女生都喜欢浪漫的爱情。
모든 여성은 낭만적인 사랑을 좋아한다.

劳动
láodòng
5급 ••

명 노동 동 노동하다

五一劳动节我打算去旅行。
5월 1일 노동절에 난 여행을 갈 예정이다.

劳驾
láojià
5급 ••

동 실례합니다

劳驾，请问，去故宫怎么走?
실례합니다, 하나 물을게요, 고궁은 어떻게 가나요?

老
lǎo
3급 •

형 나이 먹다, 늙다 부 항상, 늘

你穿这件衣服看起来显老。 너 이 옷을 입으니 보기에 늙어 보인다.

他老是迟到，所以老师经常批评他。
그는 항상 지각을 해서, 선생님은 항상 그를 혼낸다.

老百姓
lǎobǎixìng
5급 ••

명 서민, 대중, 일반인, 국민

政府应该多为老百姓着想。
정부는 마땅히 서민을 위해 많이 고려해야 한다.

老板
lǎobǎn
5급 ••

명 사장

我们老板经常让我们加班。 우리 사장은 자주 우리를 야근시킨다.

老虎
lǎohǔ
4급 ••

명 호랑이

她就是一只母老虎。
그녀는 한 마리 암범[사나운 여자, 드센 여자]이다.

老师
lǎoshī
1급 ••

명 선생님

这位是我的汉语老师。 이분은 나의 중국어 선생님이다.

5급 ••
老实
lǎoshi

형 솔직하다, 성실하다, 온순하다 부 솔직하게

他是一个很老实的人，你别欺负他。
그는 매우 온순한 사람이니, 넌 그를 괴롭히지 마.

5급 ••
老鼠
lǎoshǔ

명 쥐

以前人们最讨厌的就是老鼠，现在老鼠居然变成了宠物。
이전에 사람들이 가장 싫어하는 것은 쥐였다, 지금 쥐는 뜻밖에도 애완동물이 되었다.

5급 ••
姥姥
lǎolao

명 외할머니

我姥姥和姥爷身体都很健康。
나의 외할머니와 외할아버지 몸은 매우 건강하시다.

5급 ••
乐观
lèguān

형 낙관적이다 (↔ 悲观 bēiguān 비관적이다)

他很乐观，遇到困难也笑着面对。
그는 매우 낙관적이어서, 어려움을 만나도 웃으면서 대처한다.

1급 •••
了
le

조 동사 뒤에서 완료를 나타냄 (동태조사)
　문장의 맨 뒤에서 변화를 나타냄 (어기조사)

我学汉语学了两年。
나는 중국어를 2년 동안 공부했다. (동태조사)

天气冷了，多穿几件衣服吧。
날씨가 추워졌다, 옷 좀 많이 입고 다녀라.(어기조사)

5급 ••
雷
léi

명 우레, 천둥

我害怕听到雷声。나는 천둥 소리를 듣고 무서웠다.

Tip 打雷 천둥 치다 | 雷声 천둥 소리

5급 ••
类
lèi

명 종류

花有很多种类。꽃은 매우 많은 종류가 있다.

2급 ••
累
lèi

형 피곤하다, 힘들다

我有点累，先去休息一下。난 좀 피곤해서, 먼저 가서 좀 쉬어야겠어.

1급 ••
冷
lěng

[형] 춥다 (↔ 热 rè 덥다)

最近天气越来越冷了。 최근 날씨가 점점 추워진다.

4급 •••
冷静
lěngjìng

[형] 냉정하다, 차분하다

遇到问题要冷静的思考。 문제가 닥치면, 냉정한 사고가 필요하다.

5급 •
梨
lí

[명] 배

吃梨对嗓子很好。 배를 먹으면 목에 매우 좋다.

2급 ••
离
lí

[전] ~로부터, ~에서

我家离这儿很近，走路十分钟就到了。

우리 집은 여기서 매우 가깝다, 걸어서 십 분이면 곧 도착한다.

Tip 离는 기준점이 되는 시간이나 장소 앞에서 시간적 · 공간적 거리를 나타냅니다.

离期末考试还有一个星期。 기말고사까지 일주일 남았다. (시간)

离学校还有一公里。 학교까지 1킬로미터나 남았다. (공간)

5급 ••
离婚
líhūn

[동] 이혼하다

现代社会的离婚率越来越高。

현대 사회의 이혼율은 점점 높아진다.

Tip 离婚은 이합사이므로 동작의 횟수를 나타내는 동량보어는 동사 뒤에 들어갑니다.

他离过两次婚。 그는 이혼을 두 번 했다.

3급 •••
离开
líkāi

[동] 떠나다

我离开爸爸妈妈来到韩国。 나는 아빠와 엄마를 떠나 한국에 왔다.

3급 •
厘米
límǐ

[명] 센티미터(cm)

一米等于一百厘米。 1미터는 100센티미터다.

| 1급 •
里
lǐ | 몡 안 |
| | 教室**里**有很多学生在学习。 교실 안에서 많은 학생이 공부하고 있다. |

5급 •
礼拜天
lǐbàitiān

몡 일요일 (= 星期天 xīngqītiān)

每个**礼拜天**我都会去教会。 매주 일요일에 나는 교회에 간다.

4급 •••
礼貌
lǐmào

몡 예의 혱 예의 바르다

小孩子应该有**礼貌**。 어린아이는 당연히 예의가 있어야 한다.

我的邻居家孩子有**礼貌**，每次见到我，就打个招呼。

우리 이웃집 아이는 아주 예의가 바르다, 매번 나를 볼 때마다, 인사를 한다.

3급 ••
礼物
lǐwù

몡 선물

这件衣服是朋友送给我的生日**礼物**。

이 옷은 친구가 나에게 생일 선물로 준 것이다.

4급 ••
理发
lǐfà

동 이발하다

我刚才**理**了个**发**，发型怎么样?

나 방금 이발했는데, 헤어스타일 어때?

Tip 理发는 이합사로, 동작의 횟수를 나타내는 동량보어가 동사 뒤에 들어갑니다.
我每个月大概**理两次发**。 나는 매월 대략 두 번 이발한다.

4급 •••
理解
lǐjiě

동 이해하다

儿女应该**理解**父母的苦心。

자녀들은 마땅히 부모의 고심을 이해해야 하다

5급 ••
理论
lǐlùn

몡 이론

在**理论**上，这样做是不行的。 이론상, 이렇게 하는 것은 안 된다.

4급 ••
理想
lǐxiǎng

몡 이상 혱 이상적이다

我的**理想**是成为一名老师。 나의 꿈은 선생님이 되는 것이다.

5급 ••
理由
lǐyóu

명 이유

你们分手的理由是什么? 너희 헤어진 이유가 뭐니?

5급 •
粒
lì

양 알, 알갱이 [조그만 입자에 대한 양사]

不能浪费一粒米。 쌀 한 톨도 낭비할 수 없다.

5급 •
立方
lìfāng

명 입방미터, 세제곱미터(㎥)

这些木料有多少立方米? 이 목재료들은 몇 세제곱미터입니까?

Tip 立方米 세제곱미터 | 十立方米的土 10세제곱미터의 땅

5급 ••
立即
lìjí

부 곧, 즉시

听到你生病的消息我立即赶到医院。
네가 병이 났다는 소식을 듣고 난 바로 서둘러 병원에 도착했다.

5급 ••
立刻
lìkè

부 곧, 즉시

他刚下飞机，就立刻来到公司。
그는 방금 비행기에서 내리자마자, 바로 회사로 왔다.

4급 •••
厉害
lìhai

형 대단하다, 심각하다

这个女人真厉害，你可别让她生气。
이 여자 정말 대단해, 너 그녀를 화나게 하지 마.

他病得厉害，所以今天请假了。
그의 병이 심각해서, 오늘 휴가를 냈다.

5급 •
力量
lìliàng

명 힘, 역량

团结就是力量。 단결은 바로 힘이다.

4급 •
力气
lìqi

명 힘 (= 劲儿 jìnr)

虽然她是女生，但是力气非常大。
비록 그녀는 여성이지만, 힘이 매우 세다.

4급 •••

例如
lìrú

동 예를 들다

对我来说学习汉语很难，例如声调。
나에게 중국어 공부는 어렵다, 예를 들면 성조가 어렵다.

5급 ••

利润
lìrùn

명 이윤

现在的商人只重视高利润，不重视产品质量。
요즘 상인은 높은 이윤만 중시하고, 상품의 품질은 중시하지 않는다.

5급 ••

利息
lìxī

명 이자

把钱存在银行里利息很低，不如买股票。
돈을 은행에 저축하면 이자가 매우 낮아서, 주식을 사는 것만 못하다.

5급 •••

利益
lìyì

명 이익

有些人为了自己的利益什么都可以做。
어떤 사람들은 자신의 이익을 위해서 무슨 일이든 할 수 있다.

5급 ••

利用
lìyòng

동 이용하다

我利用课余时间学习汉语。
나는 수업 외 시간을 이용해서 중국어를 공부한다.

3급 ••

历史
lìshǐ

명 역사

我对中国历史很感兴趣。 나는 중국 역사에 매우 흥미가 있다.

4급 •

俩
liǎ

수 둘

我们俩从小就是好朋友。 우리 둘은 어릴 때부터 좋은 친구이다.

4급 •

连
lián

전 ~조차도, ~마저도, ~까지도

这个字太难，连老师也不认识。
이 글자는 매우 어려워서, 선생님조차도 모른다.

Tip 连…也·都·还 ~조차도
我连他的名字都不知道。 나는 그의 이름조차도 모른다.

5급 ••
连忙
liánmáng

뷔 급히, 재빨리

见上司走进来他连忙站了起来。
상사가 들어오는 것을 보고 그는 급히 일어섰다.

5급 •••
连续剧
liánxùjù

명 드라마, 연속극 (= 电视剧 diànshìjù)

韩国连续剧都非常有意思。 한국 연속극은 모두 매우 재미있다.

5급 ••
联合
liánhé

동 연합하다

世界各国联合起来控制环境的进一步恶化。
세계 각국은 연합하여 환경이 더 악화되는 것을 규제한다.

4급 ••
联系
liánxì

동 연락하다, 연결하다, 관계하다

到中国以后记得联系我。
중국에 도착한 후에 내게 연락하는 것을 기억해.

3급 ••
脸
liǎn

명 얼굴

她是瓜子脸，很漂亮。 그녀는 갸름한 얼굴이어서, 매우 예쁘다.

5급 ••
恋爱
liàn'ài

명 연애 동 연애하다

我谈过两次恋爱。 나는 두 번 연애를 해봤다.

Tip 谈恋爱 연애를 하다 | 恋爱故事 러브스토리

4급 ••
练习
.liànxí

동 연습하다

学习外国语一定要经常练习。
외국어 공부는 반드시 늘 연습해야 한다.

5급 ••
良好
liánghǎo

형 좋다, 양호하다

良好的家庭教育决定着孩子未来的发展。
좋은 가정교육은 아이들 미래의 발전을 결정한다.

4급 ●●
凉快
liángkuai

형 서늘하다, 시원하다

秋天了，天气开始凉快起来了。
가을이 왔다, 날씨가 시원해지기 시작했다.

5급 ●●
粮食
liángshi

명 양식, 식량

听说中国五十年以前，人们都没有粮食可以吃。
듣자하니 중국은 50년 전만 해도, 사람들이 먹을 식량이 없었다고 한다.

2급 ●●
两
liǎng

수 둘

我有两个女儿。 나는 딸 둘이 있다.

4급 ●
亮
liàng

형 밝다 (↔ 暗 àn 어둡다)

房间里太暗了，看书对眼睛不好，你去亮一点的地方吧。
방 안이 매우 어두워서, 책을 보면 눈에 안 좋으니, 너는 좀 더 밝은 곳으로 가라.

3급 ●●●
辆
liàng

양 대 [차량에 대한 양사]

买一辆车对中国人来说是很奢侈的。
차 한 대를 사는 것은 중국인에게 있어 매우 사치스러운 것이다.

4급 ●●●
聊天
liáotiān

동 수다를 떨다, 잡담하다

我和朋友聊天聊了五个小时。
나와 친구는 다섯 시간이나 수다를 떨었다.

Tip 聊天은 이합사로, 그 사이에 시간을 나타내는 시량보어가 들어가고, 天은 생략하
기도 한다. 聊了一个小时(天) 한 시간 수다를 떨다

5급 ●●●
了不起
liǎobuqǐ

형 대단하다

他是一位了不起的人。 그는 대단한 사람이다.

3급 •••
了解
liǎojiě

동 알다, 이해하다

你了解中国文化吗? 너는 중국 문화를 이해하니?

Tip
* 了解는 '사실이나 지식적인 측면을 알다, 이해하다'라는 뜻입니다.
我了解他的性格。 나는 그의 성격을 알고 있다.
* 理解는 '마음 · 심정 · 기분을 이해하다, 사고를 통해 이해하다'라는 뜻입니다.
我理解他的心情。 나는 그의 마음을 이해한다.

3급 •••
邻居
línjū

명 이웃 (= 隔壁 gébì)

以前邻居之间关系很亲密，但现在互相都不认识。
이전에 이웃 사이의 관계는 매우 친밀했지만, 현재는 서로 모른다.

5급 •••
临时
línshí

명 임시 분 임시로, 잠시

我是临时职员，所以工资很低。
나는 임시직원이어서, 임금이 매우 낮다.

5급 ••
铃
líng

명 벨, 종

门铃响了，你去看门。 초인종이 울렸어, 너 나가봐.

1급 •
零
líng

수 영, 0

听说哈尔滨冬天的时候零下二十多度。
들기로 하얼빈은 겨울에 영하 20도가 넘는대.

5급 ••
零件
língjiàn

명 부속품, 부품

这是自行车的零件。 이건 자전거의 부속품이다.

5급 ••
零钱
língqián

명 잔돈

对不起，我没有零钱，下次再给你可以吗?
미안합니다, 제가 잔돈이 없는데, 다음에 드려도 괜찮을까요?

5급 ••
零食
língshí

명 군것질, 간식, 주전부리

我喜欢一边看电影一边吃零食。
나는 영화를 보며 군것질하는 것을 좋아한다.

灵活
línghuó
5급 ••

형 민첩하다, 영민하다

虽然他的年纪大了，但身体还是很灵活。
비록 그는 나이가 많지만, 몸은 아직 매우 민첩하다.

领导
lǐngdǎo
5급 ••

명 지도자, 리더　동 지도하다, 이끌다

他是我们公司的领导。그는 우리 회사의 지도자이다.

毛泽东领导中国人民走向幸福生活。
마오쩌둥은 중국 인민들이 행복한 생활을 하도록 이끌었다.

领域
lǐngyù
5급 •••

명 영역

这是日本的领域，我们不能随便进入。
이곳은 일본의 영역이다, 우리는 마음대로 들어갈 수 없다.

他的理论被应用到很多领域。
그의 이론은 많은 영역에 응용되었다.

另外
lìngwài
4급 ••

접 이외에, 이밖에,　부 그밖에, 별도로

我今天买了一件衣服，另外还买了一个包。
나는 오늘 옷 하나를 샀고, 이외에 또 가방 하나를 샀다.

留
liú
4급 •••

동 남다, 남기다

你留在这儿等他吧。너는 여기 남아서 그를 기다려라.

留学
liúxué
4급 ••

동 유학하다

我想去美国留学，但是学费太贵了。
나는 미국에 유학하고 싶지만, 학비가 너무 비싸다.

流传
liúchuán
5급 •••

동 전해지다

这个故事从古代流传到现在。
이 이야기는 고대부터 현재까지 전해진다.

流泪
liúlèi
4급 ••

동 눈물을 흘리다

孩子不努力学习，妈妈伤心得流泪了。
아이가 열심히 공부하지 않아서, 엄마는 상심하여 눈물을 흘렸다.

4급 •• **流利** liúlì	형 유창하다 你说汉语说得很**流利**。 당신은 매우 유창하게 중국어를 말하는군요.

4급 •• **流行** liúxíng	동 유행하다 (= 时髦 shímáo) 这首歌是现在最**流行**的歌曲。 이 노래는 지금 가장 유행하는 노래이다.

5급 •• **浏览** liúlǎn	동 대충 훑어보다, 대강 둘러보다 有空的时候我喜欢**浏览**网站。 시간이 있을 때 나는 인터넷 서핑하는 것을 좋아한다.

1급 • **六** liù	수 6, 여섯 这次我们放了**六**天假，所以我打算去台湾旅行。 이번에 우리는 6일 휴가여서, 나는 타이완에 여행 갈 계획이다.

5급 • **龙** lóng	명 용 **龙**是人们想象出来的动物。 용은 사람들의 상상에서 나온 동물이다. Tip 一条龙 한 마리 용

3급 • **楼** lóu	양 층 [건물에 대한 양사] 동 건물 我住在十**楼**。 나는 10층에 산다. Tip 一座楼 건물 한 동

5급 •• **漏** lòu	동 새다, 누설하다 每到下雨天我家屋顶就**漏**水。 매번 비가 오는 날이면 우리 집 방 천장에 물이 샌다.

2급 •• **路** lù	명 길 多个朋友多条**路**。 친구 하나가 많아지면, 길 하나가 늘어나는 것이다. Tip 一条路 한 갈래의 길

5급 •

露
lù

동 나타내다, 드러내다 명 이슬

这位中国歌星在奥林匹克运动场举行露天音乐会。
이 중국 가수는 올림픽 운동장에서 노천 음악회를 거행했다.

5급 ••

陆地
lùdì

명 육지 (↔ 海洋 hǎiyáng 해양)

这种动物只能在陆地上生活。
이 동물은 단지 육지에서만 생활할 수 있다.

5급 •••

陆续
lùxù

부 계속해서, 잇달아, 연이어

中国四川发生地震以后，陆续收到了各国的捐款。
중국 쓰촨성에 지진이 발생한 이후, 계속해서 각국의 기부금을 받았다.

5급 •••

录取
lùqǔ

동 채용하다, 뽑다, 합격시키다

我终于被清华大学录取了。 나는 마침내 칭화대학에 합격하였다.

5급 ••

录音
lùyīn

동 녹음하다 명 녹음

这个MP3的录音效果不太好。 이 MP3의 녹음 효과는 그다지 좋지 않다.

4급 •

乱
luàn

형 엉망이다, 혼란하다, 어지럽다 부 함부로, 제멋대로, 마구

我心里很乱，不知道怎么决定。
내 마음이 정말 복잡해서, 어떻게 결정해야 할지 모르겠다.

5급 ••

轮流
lúnliú

부 돌아가면서, 차례대로

妈妈生病了，他的孩子们轮流照顾妈妈。
엄마가 편찮으셔서, 그의 아이들이 돌아가면서 엄마를 돌본다.

5급 ••

论文
lùnwén

명 논문

写论文是一件头疼的事。 논문을 쓰는 것은 골치 아픈 일이다.

5급 •••

逻辑
luójí

명 논리

他说的话没有逻辑。 그의 말에는 논리가 없다.

5급 •••
落后
luòhòu

동 낙후되다 형 낙후되다, 뒤떨어지다

这都什么年代了，你的思想也太落后了吧。

지금 어떤 시대인데, 네 생각은 너무 낙후되었어.

2급 •••
旅游
lǚyóu

명 여행 동 여행하다

我一般通过旅行社去旅游。

나는 일반적으로 여행사를 통해 여행을 간다.

3급 •
绿
lǜ

형 푸르다

孩子在绿色的草地上奔跑。 아이들은 녹색의 풀밭에서 뛰어다닌다.

4급 •
律师
lǜshī

명 변호사

这样的问题你得找律师谈谈。

이런 문제는 변호사를 찾아서 이야기해야 한다.

 신 HSK 쓰기 제 2 영역 처방전 1~3

1.

주어진 다섯 단어를 가지고 80자 작문을 하는 첫 번째 쓰기 유형은 평소에 부단한 '연습'이 필요합니다. 장소나 상황을 나타내는 단어를 포착하여, 최대한 빨리 간단하면서 완전한 스토리를 만들어내야 하기 때문입니다!!

2.

그림 보고 작문을 할 때는 가장 먼저 그림에 담겨 있는 핵심 단어를 포착해야 합니다. 그 단어로 가장 쉽게 연상할 수 있는 내용을 선정하여 작문을 합니다. 상식적인 선에서(누가 봐도 그 그림을 보면 떠오르는 상황) 그림과 관련이 있는 내용을 선정해야지, 관련성이 떨어지는 내용을 쓰게 되면 감점의 요인이 됩니다.

3.

80자 작문은 일곱 문장 안팎의 짧은 글입니다.
서두(1문장) – 본문(4-5문장) – 결말(1문장)으로 간단히 내용을 정하고, 문장 만드는 것을 여러 번 익숙하게 연습해봅시다. 연습만이 살 길입니다!!

 다음 단어들을 이용해 문장을 완성하세요.

기출 1   录取了   我   清华大学   终于   被

2   很流利   得   汉语   说   我朋友

3   一名   理想   老师   成为   是   我的

4   任务   完成   一定要   我   困难   克服

기출 5   领域   他的理论   被   应用到   很多

기출 6   新的   开发   软件   正在   公司   我们

기출 7   非常   听说   奥运会的   北京   精彩   开幕式

제2부분 다음 그림을 보고, 80자 내외의 작문 한 편을 완성하세요.

▶ 원고지에 직접 답안을 적어보세요.

M

1213

1급 •
妈妈
māma

명 엄마

我长得很像我妈妈。 나는 엄마랑 많이 닮았다.

1214

4급 ••
麻烦
máfan

형 번거롭다 동 폐를 끼치다

学习外国语千万别嫌麻烦，一定要有耐心。
외국어 공부는 결코 귀찮아하면 안 된다, 꼭 인내심이 있어야 한다.

1215

3급 •
马
mǎ

명 말

我想在草原上骑马。 나는 초원 위에서 말을 타고 싶다.

1216

4급 •••
马虎
mǎhu

형 대충 하다, 건성건성 하다 (= 粗心, 大意, 粗心大意, 丢三落四)

你这么马虎，当然不能考出好成绩。
네가 이렇게 대충 하니, 당연히 시험 성적이 좋게 나올 수가 없지.

1217

3급 ••
马上
mǎshàng

부 곧, 즉시

我马上就回家。 난 곧 집에 돌아간다.

1218

5급 ••
骂
mà

동 욕하다, 꾸짖다, 따지다

骂孩子不是教育孩子的好办法。你应该和孩子讲道理。
아이를 혼내는 것은 아이를 교육하는 좋은 방법이 아니다. 너는 마땅히 아이에게 일리 있게 이야기해야 한다.

1219

1급 •
吗
ma

조 문장 끝에 쓰여 의문문을 만들어줌

你不是中国人吗? 당신은 중국인이 아닙니까?

1급 •
买
mǎi

동 사다 (＝购 gòu, 购买 gòumǎi)

我想**买**一辆车。 나는 차 한 대를 사고 싶다.

2급 •
卖
mài

동 팔다 (＝销 xiāo, 售 shòu, 销售 xiāoshòu, 出售 chūshòu)

这儿**卖**的商品都是物美价廉。
여기서 파는 상품은 모두 물건이 좋고 가격도 싸다.

Tip 卖 뒤에 올 수 있는 보어는 다음과 같습니다.
卖掉 팔리다 ┃ **卖光** 다 팔리다
卖没了 남김없이 팔리다 ┃ **卖出去** 다 팔려 나가다

5급 •
麦克风
màikèfēng

명 마이크

我们老师上课的时候，用**麦克风**。
우리 선생님은 수업하실 때, 마이크를 사용하신다.

5급 •
馒头
mántou

명 (소가 없는) 찐빵

奶奶做的**馒头**又软又香。 할머니가 만든 찐빵은 부드럽고 맛있다.

4급 ••
满
mǎn

형 가득하다 (↔ 空 kōng 비다)

教室里坐**满**了学生。 교실 안에 학생들이 가득 앉아 있다.

3급 ••
满意
mǎnyì

형 만족하다

客人对服务员的服务很**满意**。 손님은 종업원의 서비스에 매우 만족한다.

Tip 对…满意 ～에 대해 만족하다

5급 ••
满足
mǎnzú

동 만족시키다, 부응하다 형 만족하다

我们一定要**满足**顾客的要求。
우리는 반드시 고객의 요구에 부응해야 한다.

2급 •••
慢
màn

형 느리다 (↔ 快 kuài 빠르다)

慢慢考虑，别那么快做决定。
천천히 생각해봐, 그렇게 급하게 결정하지 말고.

M

2급 ••
忙
máng

형 바쁘다 (↔ 闲 xián 한가하다) 동 서둘러 하다, 바쁘게 하다

妈妈们为了自己的孩子整天忙来忙去。

엄마들은 자신의 아이를 위해서 하루종일 이리저리 바쁘게 지낸다.

1급 •
猫
māo

명 고양이

我最喜欢的动物就是猫。 내가 가장 좋아하는 동물은 고양이이다.

Tip 一只猫 고양이 한 마리

5급 •
毛
máo

명 털, 수염

这件大衣是羊毛的，所以价格比较高。

이 외투는 양모다, 그래서 가격이 비교적 높다.

Tip 掉毛 · 脱毛 털이 빠지다 | 兔毛 토끼털 | 羊毛 양털

5급 ••
毛病
máobìng

명 나쁜 버릇, 고장, 결점, 단점 (= 错误 cuòwù)

没有十全十美的人，每个人都有一些小毛病。

완벽한 사람은 없다, 모두 다 몇 가지의 단점을 가지고 있다.

Tip 十全十美 완벽하다 | 美中不足 옥의 티

4급 ••
毛巾
máojīn

명 수건

这是擦脸用的毛巾。 이건 얼굴을 닦는 수건이다.

Tip 一条毛巾 수건 한 장

5급 ••
矛盾
máodùn

명 모순, (의견) 차이

他们之间存在着很大的矛盾。

우리 사이에는 매우 큰 모순이 존재한다.

Tip 存在…矛盾 ~한 모순이 존재하다

5급 ••
冒险
màoxiǎn

동 위험을 무릅쓰다 형 (행동이) 위험하다

你还没有经验，不要去冒这个险。

너는 아직 경험이 없으니, 위험을 무릅쓰지 말아라.

M

5급 ••
贸易
mòoyì

圐 무역

中国和韩国有多年的贸易往来。
중국과 한국은 다년간 무역 왕래를 했다.

3급 •
帽子
màozi

圐 모자

她特别喜欢戴帽子，所以她收藏了各种各样的帽子。
그녀는 정말 모자 쓰는 것을 좋아해서, 각양각색의 모자들을 소장하고 있다.

Tip 一顶帽子 모자 하나 | 戴帽子 모자를 쓰다

1급 •••
没
méi

圐 없다 閏 ~ 않다, ~하지 않았다 (완료부정)

我没时间考虑那个问题。 나는 그 문제를 생각할 시간이 없다.

Tip ① 객관 서술에 사용

他没说认识你。 그는 너를 안다고 말하지 않았다.

② 과거 · 현재에 사용

他昨天没在，今天也没在。 그는 어제도 없었고, 오늘 역시 없었다.

③ 상황이나 변화 발생 부정

他的病还没好呢。 그의 병은 아직 좋아지지 않았다.

1급 ••
没关系
méi guānxi

상관없다, 걱정 없다, 괜찮다

别人怎么想没关系，最主要的是我的想法。
다른 사람이 어떻게 생각하든 상관없다, 가장 중요한 것은 나의 생각이다.

5급 •
眉毛
méimao

圐 눈썹

他去美容院修眉毛。
그는 미용실에 가서 눈썹을 다듬는다.

5급 ••
煤炭
méitàn

圐 석탄

中国山西省是生产煤炭的主要地区。
중국 산시성은 석탄을 생산하는 주요 지역이다.

2급 •
每
měi

떼 매 , 각 閏 늘, 언제나

学习汉语最重要的是每天复习预习。
중국어 공부의 가장 중요한 점은 매일 복습하고 예습하는 것이다.

美丽
4급 ••
měilì

형 아름답다 (= 美 měi, 漂亮 piàoliang)

大连是一座美丽的城市。 따롄은 아름다운 도시이다.

美术
5급 ••
měishù

명 미술, 예술

我的梦想是成为一名美术家。 나의 꿈은 미술가가 되는 것이다.

魅力
5급 •••
mèilì

명 매력

男人喜欢有魅力的女人。 남자는 매력 있는 여자를 좋아한다.

Tip 有魅力 매력 있다

妹妹
2급 •
mèimei

명 여동생

他妹妹长得一点儿也不像他。
그의 여동생은 그와 하나도 안 닮았다.

门
2급 •
mén

명 문

有人在外面敲门。 누가 밖에서 문을 두드린다.

Tip 一扇门 문 한 짝

梦
4급 •
mèng

명 꿈 동 꿈꾸다

最近睡眠不好，经常做梦。 최근 잠을 잘 못 자고, 항상 꿈을 꾼다.

我昨天晚上梦到你了。 나는 어젯밤 꿈에서 널 봤다.

迷路
5급 ••
mílù

동 길을 잃다

探险队员们在森林里迷路了。 탐험대원들이 숲에서 길을 잃었다.

谜语
5급 ••
míyǔ

명 수수께끼

孩子们特别喜欢猜谜语。
아이들은 특별히 수수께끼 맞히기를 좋아한다.

Tip 猜谜语 수수께끼를 맞히다 | 出谜语 수수께끼를 내다

M

3급 ●

米
mǐ

명 쌀

市场里有各种各样的米。 시장에는 각양각색의 쌀이 있다.

Tip '쌀'이 들어가는 단어를 알아봅시다.

大米 쌀 | **小米** 좁쌀 | **糯米** 찹쌀 | **黑米** 흑미 | **米糕** 쌀떡

1급 ●●

米饭
mǐfàn

명 쌀밥

韩国人喜欢吃米饭，中国人喜欢吃面食。

한국인은 쌀밥 먹는 것을 좋아하고, 중국인은 면 먹는 것을 좋아한다.

5급 ●●

蜜蜂
mìfēng

명 꿀벌

蜜蜂是一种很勤劳的动物。 꿀벌은 매우 근면한 동물이다.

Tip 一只蜜蜂 한 마리 꿀벌

4급 ●●●

密码
mìmǎ

명 비밀번호

请再次输入您的密码。 당신의 비밀번호를 다시 입력해주세요.

5급 ●●●

密切
mìqiè

형 밀접하다

他们之间有着密切的关系。 그들 사이는 밀접한 관계이다.

5급 ●●

秘密
mìmì

명 비밀

每个人都有自己的秘密。 모든 사람은 다 자신의 비밀이 있다.

Tip 保密 (= 保守秘密) 비밀을 지키다 | 泄露秘密 비밀을 누설하다

5급 ●●

秘书
mìshū

명 비서

她在一家贸易公司当秘书。

그녀는 한 무역회사에서 비서로 일한다.

5급 ●

棉花
miánhua

명 솜, 목화

用棉花做的衣服穿起来很舒服。

솜을 사용하여 만든 옷은 입으면 매우 편하다.

4급 •••
免费
miǎnfèi

동 무료로 하다 (↔ 收费 shōufèi 비용을 받다)

天下没有免费的午餐，做任何事情都要付出努力。

하늘 아래 공짜 점심은 없다, 어떤 일을 하든 노력을 들여야 한다.

3급 •
面包
miànbāo

명 빵

面包和咖啡是我每天的早餐。

빵과 커피는 나의 매일 아침 식사이다.

5급 ••
面对
miànduì

동 직면하다, 대처하다, 맞서다

面对困难我们应该勇敢前进。

어려움에 직면해도 우리는 마땅히 용감하게 앞으로 나가야 한다.

Tip 面对 뒤에 나올 수 있는 목적어는 다음과 같습니다.

面对问题 문제에 맞서다 | **面对考验** 시련에 맞서다

面对挫折 좌절에 맞서다 | **面对挑战** 도전에 맞서다

5급 ••
面积
miànjī

명 면적

中国的面积是960万平方公里。

중국의 면적은 960만 제곱미터이다.

5급 •••
面临
miànlín

동 직면하다

我们国家的股票市场面临着新的调整。

우리 나라의 주식시장은 새로운 조정에 직면하고 있다.

3급 •
面条
miàntiáo

명 면, 국수

中国人过生日的时候经常吃面条。

중국인은 생일이 되면 항상 국수를 먹는다.

5급 •••
苗条
miáotiao

형 날씬하다 (여성의 몸매)

她苗条的身材让人很嫉妒。

그녀의 날씬한 몸매는 사람들을 질투하게끔 한다.

5급 ••
描写
miáoxiě

동 묘사하다, 그리다

请描写一位你最爱的人。 당신이 가장 사랑하는 사람을 그려보세요.

M

5급 •
秒
miǎo

양 시간의 단위 초 [시간에 대한 양사]

对于准备高考的学生来说，每分每秒都很重要。

대입을 준비하는 학생에 대해 말하자면, 매분 매초 모두 매우 중요하다.

Tip 一秒钟 1초

5급 •
民主
mínzhǔ

명 민주주의 형 민주적이다

韩国是一个民主国家。 한국은 민주주의 국가이다.

4급 •
民族
mínzú

명 민족

中国是一个多民族的国家，一共有56个民族。

중국은 다민족 국가이고, 모두 56개의 민족이 있다.

Tip 중국에는 아래의 민족을 포함하여 56개의 민족이 있습니다.

汉族 한족 | 满族 만주족 | 回族 회족 | 维吾尔族 위구르족

壮族 장족 | 苗族 묘족 | 哈萨克族 카자흐족 | 藏族 티베트족

3급 ••
明白
míngbai

동 이해하다

听了老师详细地讲解，学生终于明白了。

선생님의 자세한 설명을 듣고 나니, 학생이 드디어 이해했다.

5급 ••
明确
míngquè

동 명확하게 하다 형 분명하다

每个人应该明确自己的目标。

모든 사람은 자신의 목표를 분명히 해야 한다.

Tip 明确方向 방향을 명확히 하다 | 明确目标 목표를 분명히 하다

1급 ••
明天
míngtiān

명 내일

不要把事情都留到明天。 일을 내일로 미루지 말아라.

5급 ••
明显
míngxiǎn

형 뚜렷하다, 현저하다

很明显地可以看出来她做过整容手术。

그녀가 성형수술 했다는 것을 매우 뚜렷하게 알아볼 수 있다.

5급 ••
明信片
míngxìnpiàn

명 우편엽서, 엽서

每到节日我都会给亲人寄明信片。
매번 명절이 되면 나는 친척에게 우편엽서를 보낸다.

Tip 一张明信片 엽서 한 장

5급 ••
明星
míngxīng

명 스타, 배우

现在的孩子们都想成为明星。
요즘 아이들은 모두 스타가 되고 싶어한다.

5급 •
名牌
míngpái

명 유명 브랜드, 유명 상표

她想考一所名牌大学，但没有想象的那么容易。
그녀는 명문 대학에 시험 치고 싶지만, 생각만큼 그렇게 쉽지 않다.

5급 •
名片
míngpiàn

명 명함

应该双手接别人给的名片。
마땅히 두 손으로 다른 사람이 준 명함을 받아야 한다.

Tip 一张名片 한 장의 명함

5급 ••
名胜古迹
míngshènggǔjì

명 명승고적

中国西安有很多名胜古迹。
중국 시안에는 매우 많은 명승고적이 있다.

1급 •
名字
míngzi

명 이름

我的名字是爸爸给我起的。 내 이름은 아빠가 지어준 것이다.

5급 ••
命令
mìnglìng

명 명령 동 명령하다

领导下的命令一定要认真执行。
상사가 내린 명령은 반드시 성실하게 수행해야 한다.

Tip 下命令 명령을 내리다 | 服从命令 명령에 복종하다

5급 ••
命运
mìngyùn

명 운명

命运是自己决定的。 운명은 자신이 결정하는 것이다.

M

摸
mō

5급 •••

동 쓰다듬다, 매만지다

爸爸开心地摸了摸孩子的头。
아버지는 기쁘게 아이의 머리를 쓰다듬었다.

模仿
mófǎng

5급 ••

동 모방하다

孩子会模仿大人的动作，大人应该注意自己的行为。
아이들은 어른들의 동작을 모방하므로, 어른들은 마땅히 자신의 행동에 주의를
기울여야 한다.

模糊
móhu

5급 •••

형 뚜렷하지 않다, 분명치 않다 (↔ 清晰 qīngxī 분명하다)

他眼睛近视，所以看东西很模糊。
그의 눈은 근시라서, 물건 보는 것이 매우 뚜렷하지 않다.

摩托车
mótuōchē

5급 •

명 오토바이

骑摩托车很危险，最好别骑摩托车。
오토바이를 타는 것은 매우 위험하니, 가장 좋은 것은 오토바이를 타지 않는 것이다.

陌生
mòshēng

5급 ••

형 생소하다, 낯설다 (↔ 熟悉 shúxī 익숙하다)

我来到了一个陌生的国家。 나는 낯선 나라에 도착했다.

某
mǒu

5급 ••

대 어느, 아무, 어떤, 모

某天我们分手了。 어느 날 우리는 헤어졌다.

Tip 某가 들어가는 단어들을 살펴봅시다.
某人 어떤 사람 | 某天 어느 날 | 某次 어느 한 번은
某时 어느 때 | 某年某日 어느 해 어느 날

母亲
mǔqīn

4급 •

명 어머니

母亲是这个世界上最伟大的人。
어머니는 이 세상에서 가장 위대한 사람이다.

目标 mùbiāo 5급 ••

명 목표

人一定要有目标，那样才有方向的动力。
사람은 꼭 목표가 있어야 한다, 그래야만 방향의 힘이 생긴다.

Tip '목표'와 어울려 쓰이는 동사입니다.

达到目标 목표에 도달하다 | 明确目标 목표를 명확히 하다

目的 mùdì 4급 ••

명 목적

你的目的到底是什么? 너의 목적은 도대체 뭐니?

Tip 达到目的 목적에 도달하다

目录 mùlù 5급 ••

명 목록

看目录我们可以大概了解这本书的内容。
목록을 보면 우리는 이 책의 내용을 대략 알 수 있다.

目前 mùqián 5급 ••

명 현재

中国目前还在发展状态。 중국은 현재 아직 발전 중인 상태이다.

M

木头 mùtou 5급 •

명 나무, 목재

这张桌子是用木头做的。 이 책상은 나무로 만든 것이다.

✓ 신 HSK 쓰기 제1영역 처방전 4~5

4.
쓰기 시험을 잘보기 위해서, 5급 초보자들은 어법에 맞는 좋은 문장을 많이 외우는 것이 좋습니다. 5급 쓰기의 규격에 맞는 짧은 단편의 글들을 많이 외우고, 따라 쓰다 보면 스스로 응용할 수 있는 능력이 길러집니다. 모범 예문 많이 외웁시다!!

5.
그림 작문(쓰기 두 번째 유형)에 정해진 글의 형식은 없습니다. 쓰기에 자신이 없으면 평소 일기나, 에세이 형식으로 6하 원칙에 맞추어서 간단하게 스토리를 서술해봅시다!!

1293

3급 ••

拿
ná

동 (손으로) 잡다, 가지다, 쥐다　전 ~을 가지고

谁把我的咖啡拿走了? 누가 내 커피를 가지고 갔어?

拿她的性格来说，有点儿急躁。
그녀의 성격을 말할 것 같으면, 좀 급하다.

1294

1급 ••

哪(儿)
nǎ(r)

대 어디, 어느 곳

在哪儿可以找到心爱的人?
어디에서 사랑하는 사람을 찾을 수 있을까요?

1295

5급 ••

哪怕
nǎpà

접 설마 ~일지라도 (= 即使, 即便, 就是, 就算)

哪怕再辛苦我也要做下去。
설마 더 고생하더라도 나는 계속해 나갈 것이다.

1296

1급 ••

那(儿)
nà(r)

대 저, 그, 저 사람, 저것, 저곳

那儿有很多好玩儿的地方。 저기 재미있는 곳이 매우 많이 있다.

1297

3급 ••

奶奶
nǎinai

명 할머니

我的奶奶今年九十多岁了，但是身体还是很健康。
우리 할머니는 올해 90세가 넘으셨지만, 몸은 여전히 매우 건강하시다.

1298

4급 •••

耐心
nàixīn

명 인내심　형 인내심이 있다, 참을성이 강하다

对待孩子应该有耐心。 아이를 대할 때는 마땅히 인내심이 있어야 한다.

老师耐心地指导着学生。
선생님은 인내심 있게 학생들을 지도하고 있다.

1299

3급 •

南
nán

명 남쪽, 남방 지역

往南走就到了。 남쪽으로 가면 바로 도착한다.

难
nán | nàn

3급 •

[nán] 혱 어렵다 (↔ 容易 róngyì 쉽다) [nàn] 동 곤란하게 하다, 난처하게 하다

学习汉语太难了。 중국어 공부는 매우 어렵다.

什么问题也难不倒我。 어떤 문제도 나를 난처하게 하지 못한다.

难道
nándào

4급 ••

튀 설마 ~이겠는가?

难道这么简单的问题你都不知道吗?
설마 이렇게 간단한 문제를 네가 모르는 건 아니겠지?

Tip 「难道…吗?」 혹은 「难道…不成?」의 형태로 자주 사용합니다.

难怪
nánguài

5급 •••

튀 과연, 어쩐지 (= 怪不得 guàibude)

难怪她今天那么高兴，原来是收到了礼物。
어쩐지 그녀가 오늘 저렇게 기뻐하더라니, 선물을 받아서 그런 거구나.

难过
nánguò

3급 ••

혱 슬프다, 괴롭다

听到这个坏消息我很难过。
이 나쁜 소식을 듣고 나는 매우 슬펐다.

难看
nánkàn

5급 •

혱 보기 나쁘다

他的脸色很难看，好像心情不太好。
그의 얼굴색이 매우 안 좋네, 기분이 그다지 좋아 보이지 않는다.

难受
nánshòu

4급 ••

혱 견디기 어렵다, 슬프다

我心里很难受。 나의 마음은 매우 슬프다.

男人
nánrén

2급 •

명 남자

他是一个非常有魅力的男人。
그는 매우 매력이 있는 남자이다.

脑袋
nǎodai

5급 ••

명 머리, 두뇌, 지능

他的脑袋有点大。 그의 머리는 좀 크다.

N

1급 •
呢
ne

图 의문문의 끝에 써서 강조를 나타냄, 서술문 끝에 써서 확인, 진행을 나타냄

为什么不早点来呢? 왜 일찍 오지 않은 거야?

我正在复习课文呢，别打扰我。
나는 지금 본문을 복습 중이니까, 나를 방해하지 마세요.

4급 •
内
nèi

명 안, 내부

冬天很冷，但是在室内比较暖和。
겨울은 매우 춥다, 그러나 실내는 비교적 따뜻하다.

5급 •
内科
nèikē

명 내과

肚子疼应该去看内科。 배가 아프면 마땅히 내과에 가야 한다.

4급 •
内容
nèiróng

명 내용

今天学习的内容就是这些。 오늘 공부한 내용은 이것들이다.

5급 •
嫩
nèn

형 부드럽다, 연하다

小孩的皮肤很嫩。 어린아이의 피부는 매우 부드럽다.

1급 ••
能
néng

조동 ~할 수 있다 (객관적인 상황, 조건, 능력을 나타냄)

你能帮助我做菜吗? 너 내가 요리하는 것 도와줄 수 있어?

5급 ••
能干
nénggàn

형 유능하다

他是一个很能干的人。 그는 매우 유능한 사람이다.

4급 •
能力
nénglì

명 능력 (= 本事 běnshì, 本领 běnlǐng, 才能 cáinéng, 两下子 liǎngxiàzi)

他有能力做这份工作。 그는 이 일을 할 능력이 있다.

Tip '능력'에 대한 술어는 强을 사용합니다.

他的交际能力很强。 그의 사교력은 매우 뛰어납니다.

N

5급 ••
能源
néngyuán

명 에너지원, 에너지

要注意能源浪费。 에너지 낭비를 주의해야 한다.

1급 •
你
nǐ

대 너, 당신

你是中国人还是韩国人? 당신은 중국인입니까? 한국인입니까?

1급 •
年
nián

명 해, 년

今年我打算去中国留学。 올해 나는 중국에 유학 갈 생각이다.

5급 •
年代
niándài

명 연대, 시대

都什么年代了? 你的想法太过时了。
지금이 어떤 시대인데? 너의 생각은 너무 고리타분해.

Tip 过时 낡다, 고리타분하다

N

3급 ••
年级
niánjí

명 학년

你是几年级的学生? 너는 몇 학년 학생이니?

5급 ••
年纪
niánjì

명 나이

你到底多大年纪? 너 도대체 몇 살이야?

4급 ••
年龄
niánlíng

명 연령

他的年龄有点儿大。 그의 연령은 좀 많다.

3급 •
年轻
niánqīng

형 젊다, 어리다 (↔ 老 lǎo 늙다)

你还年轻，还有很多学习的机会。
너는 아직 젊어서, 아직 공부할 기회가 매우 많다.

5급 ••
念
niàn

동 (소리 내어) 읽다, 공부하다, 생각하다, 그리워하다

请念一下这个生词。 이 단어를 읽어보세요.

我哥哥在念大学。 우리 형은 대학에 다닌다.

3급 •
鸟
niǎo

명 새

小鸟在天上飞。 작은 새가 하늘에서 이리저리 날아다닌다.

Tip 一只鸟 새 한 마리

2급 ••
您
nín

명 당신 [존칭]

您贵姓? 당신 성함이 어떻게 되십니까?

5급 •••
宁可
nìngkě

접 차라리 ~할지언정, 설령 ~할지라도

我宁可被骂也要做这件事情。
나는 설령 욕을 먹을지라도 이 일을 할 것입니다.

2급 ••
牛奶
niúnǎi

명 우유

喝牛奶对身体有好处。 우유를 마시면 몸에 좋다.

5급 •
牛仔裤
niúzǎikù

명 청바지

我想买一条牛仔裤。 나는 청바지 한 벌을 사고 싶다.

Tip 一条牛仔裤 청바지 한 벌

5급 ••
浓
nóng

형 진하다 (↔ 淡 dàn 옅다, 연하다)

我喜欢喝浓咖啡。 나는 진한 커피 마시는 것을 좋아한다.

4급 •
农村
nóngcūn

명 농촌 (＝乡下 xiāngxia)

中国农村的经济状况不好。 중국 농촌의 경제상황은 좋지 않다.

5급 ••
农民
nóngmín

명 농민

农民的生活水平正逐渐提高。
농민들의 생활 수준이 점점 향상되고 있다.

5급 ••
农业
nóngyè

명 농업

中国是农业大国。 중국은 농업대국이다.

4급 •••
弄
nòng

동 하다, 행하다, 만들다, 손에 넣다, 장만하다

你为什么把房间弄得这么乱?
너 왜 방을 이렇게 어질러놓았니?

谁弄坏了我的手机? 누가 내 휴대전화를 망가뜨렸어?

我好不容易才弄来了一辆车。
나는 간신히 자동차 한 대를 장만했다.

3급 ••
努力
nǔlì

명 노력 동 열심히 하다, 노력하다, 힘쓰다

我会尽自己最大的努力去完成这项任务。
나는 최선의 노력을 다해 이 임무를 완성할 것이다.

4급 ••
暖和
nuǎnhuo

형 따뜻하다

春天天气比较暖和。 봄 날씨는 비교적 따뜻하다.

1급 •
女儿
nǚ'ér

명 딸

我的女儿是大学生。 나의 딸은 대학생이다.

1급 •
女人
nǚrén

명 여자

女人都爱漂亮。 여자는 모두 꾸미는 것을 좋아한다.

Tip 爱美 · 爱漂亮 꾸미다

5급 •
女士
nǚshì

명 여사 [존칭], 부인

女士们，先生们、欢迎大家来参加今天的晚会。
신사숙녀 여러분, 모두 오늘 저녁 만찬에 오신 것을 환영합니다.

제1부분 다음 단어들을 이용해 문장을 완성하세요.

1   着   老师   耐心地   指导   学生

2   请   输入   您的   密码   再次

3   目标   自己的   每个人都   明确   应该

4   一家   贸易公司   在   秘书   当   她

5   客人   服务   很满意   对   服务员的

6   苗条的身材   她   让   很嫉妒   人

7   我们国家的   面临着   股票市场   新的调整

제2부분

기출

다음 그림을 보고, 80자 내외의 작문 한 편을 완성하세요.

▶ 원고지에 직접 답안을 적어보세요.

1340

4급 •••
偶尔
ǒu'ěr

图 가끔, 때때로 (↔ 经常 jīngcháng 항상, 늘, 언제나)

她偶尔会去公园散步。 그녀는 가끔 공원으로 산책을 간다.

1341

5급 •••
偶然
ǒurán

图 우연히, 뜻밖에 图 우연하다

我们是偶然认识的，其实我不太了解她。

우리는 우연히 알게 되었다, 사실 나는 그녀를 잘 알지 못한다.

✓ 신HSK 쓰기 제2영역 처방전 6~7

6.

80자 작문을 할 때 우리가 공부한 접속사 因为…所以 / 虽然…但是 / 如果…
就 등을 한두 개 넣어주면 문장이 훨씬 매끄러워집니다. 습관적으로 이런 구문
을 사용하는 연습을 해봅시다!!

7.

쓰기 과목의 난이도가 점점 높아지고 있습니다. 즉, 어휘가 어려워지고 있습니
다. 5급 도전자들은 4, 5급 단어 위주로 용법을 정확하게 익혀두어야 고득점을
획득할 수 있습니다!!

1342

3급 ••
爬山
páshān

동 등산하다, 산에 오르다

我每到周末就去爬山。 나는 주말마다 등산을 간다.

1343

5급 ••
拍
pāi

동 치다, 두드리다

他拍了拍我的肩膀。 그는 나의 어깨를 좀 두드렸다.

1344

5급 ••
排队
páiduì

동 줄서다

我们排了一个小时队。 우리는 한 시간 동안 줄을 섰다.

Tip 排队는 이합사로, 시간보어는 排와 队 사이에 쓰입니다.

1345

4급 •••
排列
páiliè

동 배열하다

按字母排列生词。 자모에 따라 단어를 배열해라.

Tip 按⋯排列 ～에 따라서 배열하다

1346

5급 ••
排球
páiqiú

명 배구

他打排球打得很好。 그는 배구를 매우 잘한다.

1347

5급 •••
派
pài

명 보내다, 파견하다

公司派我去中国出差。 회사는 나를 중국으로 출장 보냈다.

1348

3급 •
盘子
pánzi

명 쟁반, 접시

把水果放在盘子里。 과일을 접시에 놓아라.

4급 ●●●
判断
pànduàn

동 판단하다
你来**判断**正误。 당신이 맞고 틀린지를 판단해.

5급 ●●●
盼望
pànwàng

동 희망하다, 간절히 바라다
母亲**盼望**出远门的孩子早点回来。
어머니는 멀리 간 아이가 빨리 돌아오길 바란다.

2급 ●●
旁边
pángbiān

명 옆, 근처
新开的超市在我家**旁边**。 새로 개업한 슈퍼마켓이 우리 집 옆에 있다.

3급 ●●
胖
pàng

형 뚱뚱하다 (↔ 瘦 shòu 마르다)
她越来越**胖**了。 그녀는 점점 뚱뚱해졌다.

2급 ●●●
跑步
pǎobù

동 달리다, 구보하다 명 구보, 달리기
每个周末我都去公园**跑步**。 주말마다 나는 공원에 가서 달리기를 한다.

4급 ●●
陪
péi

동 동반하다, 모시다
朋友身体不舒服，我**陪**朋友去医院。
친구의 몸이 안 좋아서, 나는 친구를 데리고 병원에 간다.

5급 ●●●
赔偿
péicháng

동 배상하다
你应该**赔偿**我的损失。 당신은 마땅히 나의 손실을 배상해야 한다.

5급 ●●●
培养
péiyǎng

동 양성하다, 기르다, 육성하다
培养学生自学的能力。 학생들의 자습하는 능력을 기른다.

Tip 培养人才 인재를 기르다 | 培养耐心 인내심을 기르다

5급 ●●●
佩服
pèifu

동 감복하다, 감탄하다
他经验丰富，而且能力强，真让人**佩服**。
그는 경험이 풍부하고, 게다가 능력이 있어서, 사람을 매우 감탄케 한다.

配合
pèihé
5급 •••

동 협동하다, 호응하다, 보조를 맞추다, 균형을 잡다, 조화되다

病人应该配合医生的治疗。
환자는 마땅히 의사의 치료에 따라야 한다.

盆
pén
5급 ••

명 대야, 그릇 양 대야 [대야, 화분 등을 세는 양사]

我买了一个洗脸盆。 나는 세숫대야 하나를 샀다.

Tip 一盆花 화분 한 개

朋友
péngyou
1급 ••

명 친구

我性格外向，喜欢交朋友。
나의 성격은 외향적이어서, 친구 사귀는 것을 좋아한다.

Tip 交朋友 친구를 사귀다 | 成(为)朋友 친구가 되다

碰见
pèngjiàn
5급 ••

동 우연히 만나다

今天逛街的时候偶然碰见了老朋友。
오늘 거리를 다닐 때 우연히 옛 친구를 만났다.

披
pī
5급 ••

동 걸치다, 덮다

他披着一件大衣。 그는 외투를 걸치고 있다.

批
pī
5급 ••

양 무리, 떼 [전체의 일부인 많은 사람이나 대량의 사물을 세는 양사]

这批学生的水平很高。 이번 학생들의 수준은 매우 높다.

Tip 一批留学生 한 무리의 유학생 | 一批货物 한 무더기의 물건

批评
pīpíng
4급 •••

동 비평하다, 비난하다, 혼내다 (↔ 表扬 biǎoyáng, 称赞 chēngzàn 칭찬하다)

没有人喜欢被批评。 비평받는 것을 좋아하는 사람은 없다.

批准
pīzhǔn
5급 •••

동 허가하다, 승인하다, 결재하다

领导批准了他的报告。 사장은 그의 보고서를 결재했다.

皮肤
pífū
4급 ••

명 피부

吃水果对**皮肤**很好。 과일을 먹는 것은 피부에 매우 좋다.

皮鞋
píxié
5급 ••

명 가죽 신발, 구두

我喜欢男生穿西服穿**皮鞋**的样子。
나는 남자가 정장에 구두 신은 모습을 좋아한다.

Tip 一双**皮鞋** 가죽 신발 한 쌍

啤酒
píjiǔ
3급 •

명 맥주

你能喝几瓶**啤酒**? 너 맥주 몇 병 마실 수 있니?

Tip 一瓶**啤酒** 맥주 한 병

疲劳
píláo
5급 •••

명 피로 형 지치다, 피로하다

听音乐是缓解**疲劳**的好方法。
음악을 듣는 것은 피로를 완화시키는 좋은 방법이다.

脾气
píqi
4급 ••

명 화, 성질, 성격

妈妈冲我大发**脾气**。 엄마가 나에게 매우 화를 냈다.

Tip 冲…发**脾气** ～에게 화를 내다

匹
pǐ
5급 •

양 필 [말과 천을 세는 양사]

一看到这**匹**马我就喜欢。 나는 이 말을 보자마자 좋아했다.

Tip 一**匹**马 말 한 필 | 一**匹**布 천 한 필

篇
piān
4급 ••

양 편 [시문의 수를 세는 양사]

这是一**篇**优美的文章。 이것은 아름다운 한 편의 글이다.

便宜
piányi
2급 •

형 싸다 (↔ 贵 guì 비싸다)

这个超市的东西很**便宜**。 이 슈퍼마켓의 물건은 매우 싸다.

4급 ••	동 속이다
骗 piàn	我被坏人骗了。 나는 나쁜 사람에게 속았다. Tip 骗子 사기꾼

5급 ••	양 편 [조각, 범위, 면적, 경치 등을 세는 양사]
片 piàn	地铁站附近有一片草地。 지하철역 근처에 잔디가 펼쳐져 있다. Tip 一片面包 빵 한 조각 | 一片树叶 나뭇잎 한 잎 一片草原 펼쳐진 초원 | 一片海洋 펼쳐진 바다

5급 ••	형 단편적이다, 편파적이다 (↔ 全面 quánmiàn 전면적이다)
片面 piànmiàn	你看问题太片面了，应该全面地看。 너는 문제를 볼 때 지나치게 단편적이야, 마땅히 전체적으로 봐야 해.

5급 ••	동 나부끼다, 흩날리다
飘 piāo	雪花在空中飘来飘去，美丽极了。 눈꽃이 공기 중에 이리저리 흩날린다, 매우 아름답다.

2급 ••	명 표
票 piào	春节期间票不好买，我好不容易才搞到一张票。 설날 기간에 표를 사는 건 쉽지 않다, 나는 간신히 표 한 장을 구했다. Tip 一张票 표 한 장 | 电影票 영화표 | 车票 기차표 | 机票 비행기표 | 门票 입장권

1급 ••	형 아름답다 (↔ 丑 chǒu 추하다, 못생기다)
漂亮 piàoliang	大学里到处都是漂亮的女生。 대학교 안은 도처에 다 예쁜 여학생들이다.

5급 •••	명 채널
频道 píndào	电视上有很多频道，我最喜欢旅游频道。 텔레비전에는 매우 많은 채널이 있는데, 나는 여행 채널을 가장 좋아한다.

5급 ••	명 품종, 제품 종류
品种 pǐnzhǒng	这个花园花的品种有很多，例如玫瑰、百合、康乃馨等。 이 화원은 꽃의 품종이 매우 많다, 예를 들면 장미, 백합, 카네이션 등이 있다.

乒乓球
pīngpāngqiú
4급 ••

명 탁구

我不会打乒乓球，我根本不是你的对手。
나는 탁구를 못 치니, 나는 도무지 당신의 라이벌이 못 된다.

凭
píng
5급 ••

전 ～에 근거하다, ～에 따르다　동 의지하다, 의거하다

凭你的能力不能完成这件事情。
너의 능력에 의지해서는 이 일을 완성할 수 없다.

平
píng
5급 ••

형 평평하다, 균등하다, 같다, 평온하다

这张桌子不平给我换一张。
이 책상은 평평하지 않으니, 다른 걸로 바꿔주세요.

平常
píngcháng
5급 ••

형 일반적이다, 평범하다　명 평상, 평소

发生这样的事儿很平常，别放在心上。
이런 일이 일어난 것은 일반적인 것이니, 마음에 두지 마라.

平等
píngděng
5급 ••

명 평등

每个人都有平等的权利。 사람마다 모두 평등한 권리를 가진다.

平方
píngfāng
5급 ••

명 평방, 제곱

我新家的面积大概有一百平方米。
내 새 집의 면적은 대략 100평방미터이다.

Tip　平方米 평방미터 ┃ 平方千米 평방킬로미터

平衡
pínghéng
5급 •••

명 균형, 밸런스　형 평형하다, 균형이 맞다　동 평형되게 하다, 균형 있게 하다

身体失去了平衡。 몸이 밸런스를 잃었다.

Tip　平衡과 같이 사용되는 동사입니다.
掌握平衡 균형을 잡다 ┃ 保持平衡 균형을 유지하다

平静
píngjìng
5급 •••

형 평온하다, 차분하다, 조용하다

他打破了我平静的生活。 그는 나의 평온한 생활을 깼다.

P

5급 •
平均
píngjūn

명 평균

我每个月的平均收入是5000元。 내 매달 평균 수입은 5000위안이다.

4급 ••
平时
píngshí

명 평상시, 평소, 보통 때

平时我喜欢看看书，看看电影什么的，周末就去爬山。
나는 평소 책 보는 것, 영화 보는 것을 좋아하고, 주말에는 등산을 간다.

1급 •
苹果
píngguǒ

명 사과

一斤苹果多少钱? 사과 한 근에 얼마인가요?

5급 ••
评价
píngjià

명 평가 동 평가하다

他得到了很高的评价。 그는 매우 높은 평가를 받았다.

Tip 评价高 평가가 높다 | 评价低 평가가 낮다

4급 •
瓶子
píngzi

명 병

桌子上放着很多空瓶子，看来他喝了很多酒。
책상 위에 매우 많은 빈병이 놓여 있어, 보아하니 그는 술을 매우 많이 마신 것 같다.

4급 ••
破
pò

동 찢어지다, 해지다, 부수다, 깨다, 타파하다

你的衣服破了。 너의 옷이 해졌다.

这位运动员努力了很多年，终于打破了世界纪录。
이 운동선수는 다년간 노력을 해서, 결국 세계 기록을 깼다.

5급 ••
破产
pòchǎn

동 파산하다

因为经济不好所以公司破产了。
경제가 좋지 않아서 회사는 파산했다.

5급 ••
破坏
pòhuài

동 파괴하다, 훼손하다, 손해를 입히다

自然平衡被破坏了。 자연의 균형이 깨졌다.

Tip 破坏 뒤에 다음과 같은 목적어가 올 수 있습니다.

破坏自然环境 자연환경을 훼손하다 | 破坏感情 감정을 상하게 하다

破坏气氛 분위기를 망치다 | 破坏关系 관계를 망치다

1398

5급 ••
迫切
pòqiè

형 절박하다

他迫切地想知道结果。그는 절박하게 결과를 알고 싶어했다.

1399

3급 •
葡萄
pútáo

명 포도

这个地方生产的葡萄酒非常好喝。
이 지역에서 생산되는 포도주는 매우 맛있다.

Tip **一串葡萄** 포도 한 송이

1400

4급 •••
普遍
pǔbiàn

형 보편적이다

这种现象在当今社会很普遍。
이런 현상은 요즘 사회에서 매우 보편적인 것이다.

Tip **普遍性** 보편성 | **普遍现象** 보편적인 현상 | **普遍问题** 보편적인 문제

1401

3급 ••
普通话
pǔtōnghuà

명 표준어

外国人学汉语学的都是普通话，不是方言。
외국인이 하는 중국어 공부는 모두 표준어이다, 방언이 아니다.

1402

5급 ••
朴素
pǔsù

형 소박하다 (↔ 奢华 shēhuá 사치스럽다)

他的生活很朴素。그의 생활은 매우 소박하다.

P

신 HSK 쓰기 제2영역 처방전 8

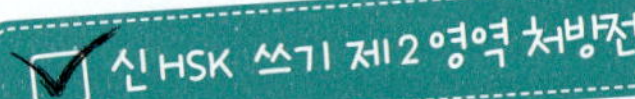

원고지 사용법 1

중국어 원고지 사용법은 우리나라와 다릅니다. 무조건 시작은 두 칸 띄고 시작합니다. 새로운 단락을 시작할 때도 맨 앞의 두 칸을 띄어서 구분해줍니다.
5급 초보자들은 두 칸!! 꼭 기억합시다!!

1403

1급 •
七
qī

㈜ 7, 일곱

我心里不知怎么了七上八下的。
내 마음이 왠지 모르게 두근거린다.

Tip 七上八下 가슴이 두근두근하다, 안절부절하다

1404

5급 •••
期待
qīdài

图 기대하다 图 기대

期待你的好消息。 너의 좋은 소식을 기대한다.

父母对孩子的期待太大了，给孩子很大压力。
부모가 아이에게 너무 큰 기대를 하면, 아이에게 매우 큰 스트레스를 준다.

1405

5급 ••
期间
qījiān

图 기간

高考期间要一心一意学习。 대학 입시 기간에는 오로지 공부만 해야 한다.

1406

2급 ••
妻子
qīzi

图 부인, 아내 (↔ 丈夫 zhàngfu 남편)

妻子是我一生的伴侣。 부인은 내 일생의 동반자이다.

1407

3급 ••
骑
qí

图 타다

以前人们都是骑自行车上班，现在都是开车上班了。
이전에 사람들은 모두 자전거를 타고 출근했는데, 요즘은 다 운전을 해서 출근한다

Tip 骑는 '타다'라는 의미로, 두 발을 벌리고 타는 교통수단이 목적어로 쓰입니다.
骑自行车 자전거를 타다 | 骑马 말을 타다 | 骑摩托车 오토바이를 타다

1408

4급 ••
其次
qícì

图 그 다음, 버금

我觉得在人生中，最重要的首先是健康，其次才是钱。
나는 인생에서 가장 중요한 것이 첫 번째는 건강이고, 그 다음에야 돈이라고 생각한다.

3급 •••
其实 qíshí

뿐 사실

其实我爱的是你的朋友，不是你。
사실 내가 사랑하는 사람은 너의 친구이다, 네가 아니다.

3급 ••
其他 qítā

대 기타, 다른 사람

你先把这件事做好，其他事情以后再说。
너는 먼저 이 일을 다 하고, 그 밖의 일은 나중에 다시 얘기하자.

5급 ••
其余 qíyú

대 나머지, 남은 것

这些钱我打算先给父母买份礼物，其余的钱存进银行。
이 돈을 나는 먼저 부모님께 드릴 선물을 사고, 남은 돈은 은행에 저축할 계획이다.

4급 ••
其中 qízhōng

명 그 중, 그 속

经历了那么艰难的事情，其中的辛苦只有他自己知道。
그렇게 힘든 일을 겪었지만, 그 중의 고생스러움은 단지 그 자신만 안다.

3급 ••
奇怪 qíguài

형 이상하다

他总有些奇怪的想法。 그는 항상 조금 이상한 생각을 가지고 있다.

5급 •••
奇迹 qíjì

명 기적

长城是世界七大奇迹之一吗?
만리장성은 세계 7대 기적 중의 하나입니까?

2급 •
起床 qǐchuáng

동 일어나다 (↔ 睡觉 shuìjiào 자다)

你每天几点起床? 너 매일 몇 시에 일어나니?

4급 •
起飞 qǐfēi

동 이륙하다 (↔ 降落 jiàngluò 착륙하다)

飞机就要起飞了，请大家系好安全带。
비행기가 곧 이륙하오니, 모두 안전벨트를 매어주십시오.

4급 ••
起来 qǐlái

동 기상하다, 일어서다

孩子摔倒了要自己爬起来。 아이가 넘어지면 스스로 일어나야 한다.

启发 qǐfā 5급 ••

몡 깨우침, 영감 동 일깨우다, 깨우치다, 계발하다

我听了他的话之后，从那儿得到启发。
나는 그의 말을 듣고, 거기에서 깨우침을 얻었다.

他的一番话启发了我。 그의 말이 나를 깨우쳤다.

企图 qǐtú 5급 •••

동 의도하다, 바라다 몡 의도

她企图掩盖事实真相。 그녀는 사실의 진상을 덮기를 바랐다.

他的企图很明显，一下儿就被我们看穿了。
그의 의도는 매우 분명했지만, 단번에 우리가 알아차렸다.

企业 qǐyè 5급 ••

몡 기업

他才20岁就经营了　家大企业。
그는 겨우 20살인데 대기업을 경영한다.

气氛 qìfēn 5급 ••

몡 분위기

上课时活泼的气氛很重要。
수업 때 활발한 분위기는 매우 중요하다.

气候 qìhòu 4급 ••

몡 기후

夏威夷的气候非常好。 하와이의 기후는 정말 좋다.

汽油 qìyóu 5급 ••

몡 가솔린, 휘발유

汽油价格一天比一天高。 휘발유 가격이 나날이 높아진다.

牵 qiān 5급 •••

동 끌다, 잡아 끌다, 움직이게 하다

女孩子牵着小狗去散步。
여자 아이가 강아지를 데리고 산책한다.

千 qiān 2급 •

수 1000, 천

应届毕业生每月工资在千元左右。
이번 기 졸업생은 매달 월급이 1000위안 정도이다.

4급 •••
千万
qiānwàn

图 절대, 아무쪼록, 제발

你千万得记住我的话。 너 아무쪼록 나의 말을 기억해야 해.

请您千万不要说。 절대 아무 말도 하지 마세요.

3급 •
铅笔
qiānbǐ

명 연필

万一写错了怎么办，你先用铅笔写吧。
만일 잘못 쓰면 어떡해요, 먼저 연필로 쓰세요.

Tip 一支铅笔 연필 한 자루

5급 ••
谦虚
qiānxū

형 겸허하다 (↔ 骄傲 jiāo'ào 교만하다)

谦虚使人进步，骄傲使人落后。
겸손함은 사람을 발전하게 하고, 거만함은 사람을 낙후되게 한다.

4급 ••
签证
qiānzhèng

명 비자

我去大使馆办签证。 나는 대사관 가서 비자를 만든다.

Tip 办签证 비자를 만들다 | 办护照 여권을 만들다

5급 ••
签字
qiānzì

동 서명하다, 사인하다

这是合同，请您签字。 이건 계약서입니다, 당신이 서명해주세요.

1급 •
钱
qián

명 돈

钱并不是万能的。 돈은 절대 만능이 아니다.

1급 ••
前面
qiánmiàn

명 앞

银行就在学校食堂前面。 은행은 바로 학교 구내식당의 앞에 있다.

5급 ••
前途
qiántú

명 앞날, 미래

为了自己的前途要努力学习。
자신의 미래를 위해 열심히 공부해야 한다.

浅
qiǎn
5급 •

[형] 옅다 (↔深 shēn 짙다), 얕다, 쉽다, 좁다

我喜欢浅蓝色。 나는 옅은 파란색을 좋아한다.

欠
qiàn
5급 ••

[동] 빚지다, 부족하다, 하품하다

他欠我一万块钱。 그는 나에게 만 위안을 빚졌다.

上课的时候，他经常打哈欠。
수업할 때, 그는 자주 하품을 한다.

枪
qiāng
5급 ••

[명] 창, 총

警察向小偷打了一枪。 경찰은 도둑에게 총 한 발을 쏘았다.

Tip 一支于枪 권총 한 자루

墙
qiáng
4급 •

[명] 벽

墙上挂着我们全家人的照片。 벽에는 우리 가족 사진이 걸려 있다.

Tip 一面墙 벽 한 면

强调
qiángdiào
5급 •••

[동] 강조하다

这个生词很重要，老师已经强调很多次了。
이 단어는 매우 중요해서, 선생님이 이미 여러 번 강조하셨다.

强烈
qiángliè
5급 •••

[형] 강렬하다

公司职员们强烈要求涨工资。
회사 직원들이 월급 인상을 강하게 요구한다.

Tip 强烈와 자주 사용되는 단어 조합입니다
主张强烈 주장이 강하다 | 感情强烈 감정이 강렬하다
对比强烈 대비가 강하다 | 色彩强烈 색채가 강렬하다

抢
qiǎng
5급 ••

[동] 빼앗다, 탈취하다

她抢走了我的男朋友。 그녀는 나의 남자친구를 빼앗아 갔다.

Q

4급 •

敲
qiāo

동 노크하다, 두드리다, 치다, 때리다

有人在敲门，你出去看看吧。 누가 노크한다, 너 가서 좀 봐봐.

5급 ••

悄悄
qiāoqiāo

형 조용하다, 소리가 낮다

妈妈在睡觉，孩子悄悄地走进房间。
엄마가 주무시고 계셔서, 아이는 조용히 방으로 걸어 들어간다.

4급 ••

桥
qiáo

명 다리, 교량

世界上最长的是什么桥？ 세계에서 가장 긴 것은 무슨 다리입니까?

Tip 一座桥 다리 하나

5급 ••

瞧
qiáo

동 보다

他总是瞧不起别人，其实他自己的能力也不强。
그는 항상 다른 사람을 무시한다, 사실 그 자신의 능력도 좋지 않다.

Tip 瞧不起 · 看不起 얕보다, 무시하다

4급 ••

巧克力
qiǎokèlì

명 초콜릿

吃巧克力有改善心情的效果。
초콜릿을 먹으면 기분이 좋아지는 효과가 있다.

Tip 一块巧克力 초콜릿 한 조각

5급 ••

巧妙
qiǎomiào

형 교묘하다

他巧妙地解决了问题。 그는 교묘하게 문제를 해결했다.

5급 ••

切
qiē

동 자르다, 썰다

把这个西瓜切成八块。 이 수박을 여덟 조각으로 자르세요.

Tip 切 뒤에는 다음과 같은 목적어가 올 수 있습니다.
切菜 야채를 자르다 | 切蛋糕 케이크를 자르다

Q

5급 ••
亲爱
qīn'ài

형 친애하다, 사랑하다

亲爱的妈妈，我永远爱你。
친애하는 엄마, 난 당신을 영원히 사랑합니다.

4급 ••
亲戚
qīnqi

명 친척

我有很多亲戚。 나는 친척이 매우 많이 있다.

5급 •••
亲切
qīnqiè

형 친근하다, 친절하다

我们的老师非常亲切。 우리의 선생님은 매우 친절하다.

5급 •••
亲自
qīnzì

부 친히, 직접

这件事你亲自做比较好。 이 일은 당신이 직접 하는 게 비교적 좋겠다.

5급 ••
侵略
qīnlüè

동 침략하다

日本侵略军给中国人民带来了很大的创伤。
일본 침략군은 중국 인민에게 매우 큰 상처를 가져왔다.

5급 ••
勤奋
qínfèn

형 근면하다 (↔ 懒 lán 게으르다)

他是个勤奋的青年。 그는 근면한 청년이다.

5급 ••
勤劳
qínláo

형 근면하다, 부지런하다

勤劳的农民每天辛苦地工作着。
근면한 농민은 매일 힘들게 일하고 있다.

5급 •
青
qīng

형 푸르다, (나이가) 젊다

夏天了，到处都是青草。 여름이다. 도처가 다 푸른 풀들이다.

5급 ••
青春
qīngchūn

명 청춘

女生的青春是最美的时光。 여성의 청춘은 가장 아름다운 시절이다.

Q

5급 ●●
青少年
qīngshàonián

명 청소년

青少年禁止入内 청소년 입장 금지

4급 ●●
轻
qīng

형 가볍다 (↔ 重 zhòng 무겁다)

他轻轻地摸了一下儿我的头。
그는 가볍게 나의 머리를 한 번 쓰다듬어주었다.

5급 ●●●
轻视
qīngshì

동 경시하다 (↔ 重视 zhòngshì 중시하다)

不要轻视自己，每个人都有自己的潜力。
자신을 경시하지 마라, 모든 사람에겐 자신만의 잠재력이 있다.

4급 ●●●
轻松
qīngsōng

형 가볍다, 가뿐하다, 수월하다

他很轻松地完成了任务。 그는 매우 간단하게 임무를 완수했다.

3급 ●●●
清楚
qīngchu

동 이해하다, 알다   형 명백하다, 명료하다 (↔ 模糊 móhu 희미하다, 모호하다)

我已经清楚了，你别再跟我解释了。
나는 이미 알고 있으니, 너는 다시 나에게 설명하지 마라.

5급 ●●
清淡
qīngdàn

형 담백하다

韩国菜比较清淡。 한국 음식은 비교적 담백하다.

2급 ●●
晴
qíng

형 개다, 맑다 (↔ 阴 yīn 흐리다)

我喜欢晴天，因为晴天我的心情很好。
나는 맑은 날을 좋아하는데, 왜냐하면 맑은 날엔 기분이 매우 좋기 때문이다.

5급 ●●
情景
qíngjǐng

명 광경, 정경

结婚时的情景我到现在也忘不了。
결혼할 때의 광경을 난 지금도 잊을 수 없다.

Q

4급 ••
情况
qíngkuàng

몡 상황

我还不了解现在是什么情况。
나는 아직 지금이 어떤 상황인지 이해 못했다.

5급 ••
情绪
qíngxù

몡 기분, 정서

分手以后他的情绪一直不太好。
헤어진 이후 그의 기분은 계속 그다지 좋지 않다.

1급 ••
请
qǐng

동 청하다, 부탁하다

请您来回答这个问题。 당신이 이 문제에 대답해주세요.

4급 ••
请假
qǐngjià

동 휴가를 신청하다

因为母亲生病了，所以他向领导请了两天假。
어머니가 병이 나셔서, 그는 상사에게 이틀의 휴가를 신청했다.

Tip 请假는 이합사로 시간이 글자 사이에 들어갑니다.
请一个星期假 일주일간 휴가를 내다 | 请三天假 3일간 휴가를 내다

4급 •••
请客
qǐngkè

동 한턱내다, 초대하다

今天我请客，大家随便吃。 오늘 내가 한턱낼게, 모두 맘껏 먹어.

Tip 请客는 이합사로, 뒤에 목적어가 올 수 없습니다.
我想请客。 내가 대접하고 싶어.

5급 ••
请求
qǐngqiú

몡 부탁, 요청 동 부탁하다, 의뢰하다

请答应我的请求。 내 부탁을 승낙해주세요.

5급 ••
庆祝
qìngzhù

동 경축하다, 축하하다

为了庆祝我们的成功，今天开宴会吧。
우리의 성공을 축하하기 위해서, 오늘 파티를 열자.

4급 •
穷
qióng

혱 가난하다 (↔ 富 fù 부유하다)

家里很穷，都没饭吃了。 집이 매우 가난해서, 밥도 못 먹는다.

Tip 穷人 가난한 사람 ↔ 富人(= 有钱人) 부자

Q

3급 •• # 秋 qiū	몡 **가을** 韩国**秋**天的枫叶非常漂亮。 한국의 가을은 낙엽이 매우 예쁘다. **Tip** 秋高气爽 가을 하늘은 높고 공기는 맑다 (가을 날씨를 형용)

5급 •• # 球迷 qiúmí	몡 **구기광, 축구팬** 我是韩国棒球队的**球迷**。 나는 한국 야구팀의 광팬이다.

4급 •• # 区别 qūbié	몡 **차이** 동 **구별하다, 구분하다** 这个和那个有什么**区别**? 이것과 저것은 어떤 차이가 있니? 根据学生水平的高低，要**区别**对待每个学生。 학생 수준의 높고 낮음에 따라, 각 학생을 대하는 데 구분을 두어야 한다.

5급 •• # 趋势 qūshì	몡 **추세, 경향** 韩国的经济有上升的**趋势**。 한국의 경제는 상승의 추세이다.

5급 •• # 娶 qǔ	동 **장가가다, 신부를 맞이하다** (↔ 嫁 jià 시집가다) 你什么时候**娶**我为妻? 당신은 언제 나를 부인으로 맞을 거예요?

5급 •• # 取 qǔ	동 **가지다, 찾다, 받다, 얻다, 손에 넣다** 我要去银行**取**钱，你在这儿等我一下。 나 은행 가서 돈을 찾으려고 해, 너는 여기서 좀 기다려. **Tip** 取钱·提钱 돈을 인출하다 ↔ 存钱 돈을 저축하다

5급 •• # 取消 qǔxiāo	동 **취소하다** 这次的会议**取消**了。 이번 회의는 취소되었다.

1급 •• # 去 qù	동 **가다** 你**去**哪儿? 너 어디 가니? 这本书我不用了，你拿**去**吧。 이 책 나는 안 쓰니까, 네가 가져가.

去年 qùnián · 2급 ·

몡 작년

去年我在中国生活了。 작년에 나는 중국에서 생활을 했다.

去世 qùshì · 5급 ··

동 세상을 떠나다

他的奶奶去世了。 그의 할머니는 세상을 떠났다.

圈 quān · 5급 ··

몡 둘레, 주변, 구역, 주위, 고리, 테, 범위

他在朋友圈中很受欢迎。 그는 친구 무리에서 인기가 매우 많다.

全部 quánbù · 4급 ··

몡 전부, 모두

这是我全部的积蓄。 이것은 내 재산의 전부이다.

全面 quánmiàn · 5급 ···

혱 전면적이다 (↔ 片面 piànmiàn 편파적이다, 단편적이다)

青少年应该全面发展。 청소년은 전면적으로 발전시켜야 한다.

权力 quánlì · 5급 ··

몡 권력, 권한

每个党派都有自己的权力。 모든 당파는 다 자신의 권력이 있다.

权利 quánlì · 5급 ··

몡 권리

孩子有受教育的权利。 아이는 교육을 받을 권리가 있다.

劝 quàn · 5급 ··

동 권고하다, 권하다

我劝你早点结婚。 나는 너에게 조금 일찍 결혼하기를 권한다.

4급 ••
缺点
quēdiǎn

몡 결점, 단점 (↔ 优点 yōudiǎn 장점)

每个人都有缺点，你的缺点是什么?
모든 사람에겐 단점이 있어, 너의 단점은 뭐야?

5급 ••
缺乏
quēfá

통 모자라다, 결핍되다, 결여되다

年轻人缺乏经验。젊은 사람은 경험이 부족하다.

Tip 缺乏知识 지식이 없다 | 缺乏经验 경험이 없다

4급 ••
缺少
quēshǎo

통 부족하다

那些孩子缺少父母的关心。그 아이들은 부모의 관심이 부족하다.

4급 •••
却
què

믜 도리어, 반대로

我却没想到他拒绝我。
나는 오히려 그가 날 거절할 거라고는 생각지도 못했다.

5급 •••
确定
quèdìng

통 명확히 하다, 확정하다 혱 명확하다, 확정적이다

你确定你的想法是正确的? 당신은 당신의 생각이 맞다고 확신합니까?

5급 ••
确认
quèrèn

통 확인하다

请确认一下你的银行账户。당신의 은행 계좌를 한번 확인해보세요.

Tip 确认 뒤에는 다음과 같은 목적어가 올 수 있습니다.

确认名字 이름을 확인하다 | 确认顺序 순서를 확인하다

确认合同 계약을 확인하다 | 确认金额 금액을 확인하다

4급 •••
确实
quèshí

믜 확실히, 정말로 (= 的确 díquè) 혱 확실하다

他确实尽自己最大的努力了。
그는 확실히 자신의 최선을 다해 노력하였다.

4급 ••
群
qún

몡 무리, 군중 양 무리, 떼

一群孩子在胡同里打打闹闹。
한 무리의 아이들이 골목에서 소란을 피운다.

Tip 一群孩子 한 무리의 아이들 | 一群羊 한 무리의 양떼

3급 ••

裙子
qúnzi

명 치마

她穿裙子更迷人。 그녀는 치마를 입는 것이 더욱 매력적이다.

Tip 一条裙子 치마 한 장 | 超短裙 · 迷你裙 미니스커트 | 连衣裙 원피스

✓ 신 HSK 쓰기 제2영역 처방전 9

원고지 사용법 2~3

2

한자 한 글자는 기본적으로 원고지 한 칸에 씁니다. 문장부호도 원칙적으로 한 칸을 차지합니다. 절의 구분은 쉼표(,)로, 문장의 구분은 마침표(。)로 하며, 기본적으로 띄어쓰기는 없습니다.

3.

원고지의 맨 앞칸에는 문장부호가 올 수 없습니다. 따라서 문장부호가 맨 앞칸에 오게 될 경우에는 윗줄의 맨 마지막 한자와 같은 칸에 처리해줍니다.

R

1498

4급 •••

然而
rán'ér

접 그러나, 하지만

我想帮助他，**然而**他却不接受。
나는 그를 도와주고 싶지만, 그는 도리어 받아들이지 않는다.

1499

3급 •••

然后
ránhòu

접 그러고 나서, 그후

我们先去东大门，**然后**去明洞。
우리 먼저 동대문에 갔다가, 그러고 나서 명동에 가자.

Tip 동작의 선후를 나타낼 때 다음과 같은 순서로 사용합니다.
「首先 A 然后 B 最后 C」A를먼저, 그러고 나서 B, 마지막으로 C하다

1500

5급 ••

燃烧
ránshāo

동 연소하다, 타다

大伙整整**燃烧**了三个小时。
큰불이 세 시간이나 꼬박 탔다.

1501

5급 ••

嚷
rǎng

동 떠들다, 고함을 지르다, 부르짖다

孩子**嚷**着要去公园玩儿。 아이들이 공원에 가서 놀자고 떠든다.

1502

2급 ••

让
ràng

동 ～시키다, 양보하다　전 ～로 하여금 ～하게 하다

妈妈**让**我努力学习。 엄마는 나에게 열심히 공부하라고 시킨다.

1503

5급 ••

绕
rào

동 돌아가다, 빙빙 돌다, 둘둘 감다, 뒤얽히다

此路正在维修，请**绕**行。 이 길은 지금 보수 중이니, 돌아가주세요.

1504

1급 •

热
rè

형 덥다 (↔ 冷 lěng 춥다)

天气越来越**热**了。 날씨가 점점 더워진다.

1505	
5급 •• **热爱** rè'ài	동 매우 좋아하다, 애착을 가지다 我**热爱**自己的祖国。 나는 나의 조국을 매우 사랑한다.
1506	
5급 •• **热烈** rèliè	형 열렬하다 他们**热烈**欢迎我们。 그들은 열렬히 우리를 환영한다.
1507	
4급 • **热闹** rènao	형 번화하다, 북적거리다 (↔ 安静 ānjìng 안정되다) 圣诞节的时候市内很**热闹**。 성탄절 때 시내는 매우 북적거린다.
1508	
3급 • **热情** rèqíng	형 친절하다, 열정적이다 (↔ 冷淡 lěngdàn 부관심하다) 中国人很**热情**地对待客人。 중국인은 손님을 매우 친절하게 대한다.
1509	
5급 • **热心** rèxīn	형 인정이 많다, 온화하다 他是个**热心**的人，经常帮助有困难的人。 그는 인정이 많은 사람이어서, 항상 어려운 사람을 돕는다.
1510	
1급 • **人** rén	명 사람 每**人**都有自己的梦想。 모든 사람은 모두 자신의 꿈이 있다.
1511	
5급 • **人才** réncái	명 인재 中国正在发展，最需要的就是**人才**。 중국은 지금 발전 중인데, 가장 필요한 것은 바로 인재이다.
1512	
5급 • **人口** rénkǒu	명 인구 这个城市**人口**过多，导致交通、住房情况紧张。 이 도시의 인구는 지나치게 많아서, 교통과 주택의 부족 현상을 초래한다.
1513	
5급 • **人类** rénlèi	명 인류 动物是我们**人类**的好朋友。 동물은 우리 인류의 좋은 친구이다.

4급 •
人民币
rénmínbì

몡 인민폐

最近**人民币**的汇率比较高。 최근 인민폐의 환율이 비교적 높다.

5급 •
人生
rénshēng

몡 인생

人生是短暂的，我们要抓紧时间。
인생은 짧아서, 우리는 시간을 아껴야 한다.

5급 ••
人事
rénshì

몡 인사

我们公司今年有一次**人事**调动。
우리 회사는 올해 한 차례 인사 이동이 있다.

5급 ••
人物
rénwù

몡 인물

电影里的**人物**都是假的，不是现实生活中存在的。
영화 속의 인물은 모두 가짜이다, 현실 생활에 존재하지 않는 것이다.

5급 ••
人员
rényuán

몡 인원, 요원

工作**人员**都应该穿西装。
일하는 직원은 모두 마땅히 정장을 입어야 한다.

5급 •••
忍不住
rěnbuzhù

동 견딜 수 없다 (↔ 忍得住 rěndezhù 참을 수 있다, 견딜 수 있다)

我**忍不住**冲他发脾气。 나는 참지 못하고 그에게 화를 냈다.

4급 •••
任何
rènhé

형 어떠한, 무슨

任何事情都不能告诉别人。
무슨 일이라도 다른 사람에게 알려서는 안 된다.

4급 ••
任务
rènwu

몡 임무

这是上司给我的**任务**，我早就完成了。
이건 상사가 내게 준 임무인데, 나는 진작에 끝냈다.

认识 1급 ••
rènshi
동 알다, 인식하다
我们已经**认识**十多年了。 우리는 이미 안 지 10년이 넘었다.

认为 3급 ••
rènwéi
동 ~라고 생각하다, 여기다
我**认为**这是对的。 나는 이것이 맞다고 생각한다.

认真 3급 ••
rènzhēn
형 성실하다, 진지하다 동 진담으로 받아들이다
学生应该**认真**学习。 학생은 마땅히 성실히 공부해야 한다.

扔 4급 •
rēng
동 버리다, 던지다
请不要随地**扔**垃圾。 쓰레기를 아무 데나 버리지 마세요.

仍然 4급 •••
réngrán
부 여전히 (= 还是 háishi, 依然 yīrán, 依旧 yījiù, 仍旧 réngjiù)
他都五十岁了，但**仍然**很年轻。
그는 이미 50세나 되었지만, 여전히 매우 젊다.

日 1급 •
rì
명 날, 일
日子过得真快。 날짜 가는 것이 정말 빠르다.

日常 5급 ••
rìcháng
형 일상의, 일상적인
去中国出差得先学习**日常**用语。
중국으로 출장 가려면 일상적인 용어를 먼저 공부해야 한다.

日程 5급 ••
rìchéng
명 일정, 스케줄
明星们的**日程**都是满的。 스타들의 스케줄은 모두 꽉 찼다.

日记 4급 •
rìjì
명 일기
我每天都写**日记**。 나는 매일 일기를 쓴다.

日历 rìlì
5급 •

명 일력, 달력, 캘린더

我把所有重要的事都写在日历上，提醒自己别忘了。
나는 모든 중요한 일을 달력에 써두고, 스스로 상기시켜 잊지 않도록 한다.

日期 rìqī
5급 •••

명 기일, 기한, 날짜

出国日期不能再推迟了。 출국 날짜는 더 이상 늦출 수 없다.

日用品 rìyòngpǐn
5급 ••

명 일상용품

这些都是日用品，价格很便宜。
이건 모두 일상용품인데, 가격이 매우 싸다.

融化 rónghuà
5급 ••

동 용해하다, 녹다

天气越来越暖和，雪开始融化了。
날씨가 점점 따뜻해져서, 눈이 녹기 시작했다.

荣幸 róngxìng
5급 ••

형 영광스럽다

见到你我感到很荣幸。 당신을 만나서 나는 매우 영광입니다.

荣誉 róngyù
5급 ••

명 영예

公司的荣誉比什么都重要。 회사의 영예는 무엇보다도 중요하다.

容易 róngyì
3급 ••

형 쉽다

看起来容易做起来难啊。 보기에는 쉽지만 직접 하면 어렵다.

如果 rúguǒ
3급 •••

접 만일 (= 要是 yàoshi, 万一 wànyī, 假如 jiǎrú)

如果能年轻十岁，我一定努力学习。
만약에 10살만 젊어질 수 있다면, 나는 꼭 열심히 공부할 것이다.

如何 rúhé
5급 •••

대 어떻게, 어떤, 왜, 어떠한가

发生了这样的事情你如何解释?
이런 일이 일어난 것을 넌 어떻게 해명할 거니?

R

5급 ••
如今
rújīn

명 현재, 요즘

如今的年轻人和以前可不一样。
요즘의 젊은이들은 이전과 매우 다르다.

4급 ••
入口
rùkǒu

명 입구 (↔ 出口 chūkǒu 출구)

这是入口，那是出口。 이건 입구이고, 저건 출구이다.

4급 ••
软
ruǎn

형 부드럽다 (↔ 硬 yìng 딱딱하다)

老人喜欢吃软的东西。 노인은 부드러운 음식 먹는 것을 좋아한다.

5급 ••
软件
ruǎnjiàn

명 소프트웨어, 프로그램

网上有各种各样的软件。 인터넷엔 각양각색의 소프트웨어가 있다.

5급 ••
弱
ruò

형 약하다 (↔ 强 qiáng 강하다)

他做手术以后体力变得非常弱。
그는 수술한 이후에 체력이 많이 약해졌다.

Tip 体力弱 체력이 약하다 | 势力弱 세력이 약하다

우공이산 (愚公移山 Yúgōng yíshān)

愚公(우공 , 사람 이름) 移(이 옮기다) 山(산 산)
우공이 산을 옮기다. 다른 사람들이 보기에는 어리석고 불가능한 일처럼 보이나,
끝까지 밀고 나가면 이룰 수 있다는 의미임.

제1부분 다음 단어들을 이용해 문장을 완성하세요.

1 电视上　　这是　　偶然　　看到的　　在

2 每个　　我都　　公园　　去　　跑步　　周末

3 不能　　再　　推迟了　　出国日期

4 孩子的　　期待　　太大　　了　　父母　　对

5 要求　　工资　　涨　　强烈　　职员们　　公司

6 是　　世界　　长城　　七大奇迹　　之一　　吗?

7 偶尔　　会　　去　　公园　　散步　　她

제2부분 다음 단어들을 모두 결합하여, 80자 내외의 작문 한 편을 완성하세요.

公司　　　扩大　　　信心　　　服务　　　谦虚

▶ 원고지에 직접 답안을 적어보세요.

MEMO

1545

5급 •••

洒
sǎ

동 엎지르다

把酒弄洒了。 술을 엎질렀다.

1546

1급 •

三
sān

수 3, 셋

他有三个孩子。 그는 세 명의 아이가 있다.

1547

3급 •

伞
sǎn

명 우산

下雨了，快把伞打开。 비가 와요, 빨리 우산을 펴세요.

Tip 一把伞 우산 한 개 | 太阳伞 양산 | 雨伞 우산

1548

4급 ••

散步
sànbù

동 산책하다, 산보하다

老人喜欢去公园散步。 노인은 공원에 가서 산책하는 것을 좋아한다.

1549

5급 ••

嗓子
sǎngzi

명 목구멍, 목소리

老师们嗓子都不太好。 선생님들 목은 모두 그다지 좋지 않다.

1550

4급 ••

森林
sēnlín

명 삼림, 숲

森林里有各种各样的动物。 삼림 안에는 각양각색의 동물이 있다.

Tip 一片森林 빽빽한 삼림

1551

5급 •

杀
shā

동 죽이다

他杀死了那个人。 그는 그 사람을 죽였다.

4급 ••
沙发
shāfā

명 소파

这套真皮沙发是从意大利进口的，所以非常昂贵。
이 진짜 가죽 소파는 이태리에서 수입한 것이어서, 매우 비싸다.

Tip 一套沙发 소파 한 세트

5급 ••
沙漠
shāmò

명 사막

沙漠里的植物比较少。 사막 안의 식물은 비교적 적다.

Tip 一片沙漠 드넓은 사막

5급 ••
沙滩
shātān

명 백사장, 모래사장

人们躺在沙滩上晒太阳。 사람들이 백사장에 누워서 일광욕을 한다.

5급 •
傻
shǎ

형 어리석다

你怎么这么傻啊? 넌 왜 이렇게 어리석니?

Tip 傻子·傻瓜 바보

5급 •••
晒
shài

동 햇볕에 말리다, 햇볕을 쬐다

女生都不喜欢晒太阳，因为怕被晒黑。
여성은 모두 햇볕 쬐는 것을 싫어한다, 왜냐하면 햇볕에 검게 타는 것을 걱정하기 때문이다.

5급 •••
删除
shānchú

동 삭제하다, 지우다

我把笔记本里的文件删除了。 나는 노트북 안의 문서를 삭제했다.

Tip 删除文件 문서를 삭제하다 | 删除资料 자료를 삭제하다

5급 ••
闪电
shǎndiàn

동 번개가 번쩍이다 명 번개

速度太快了，像闪电一样。
속도가 매우 빨라서, 번개가 번쩍이는 것 같다.

5급 ••
善良
shànliáng

형 선량하다 (↔ 邪恶 xié'è 사악하다)

我喜欢温柔善良的女人。 나는 따뜻하고 상냥한 여자가 좋다.

S

善于
shànyú
5급 ••

통 ~에 뛰어나다, ~를 잘하다 (= 擅长 shàncháng)

我们夫妻两个人都善于做不同的事情，我善于管理钱财，我爱人善于交际。 우리 부부 두 사람은 서로 다른 일을 잘한다, 나는 재테크에 능하고, 나의 배우자는 사교력이 좋다.

扇子
shànzi
5급 •

명 부채

人们最原始扇风的工具是扇子，后来发展成了电风扇，现在大家都用空调了。 사람들이 가장 원시에 바람을 부치던 도구는 부채였다, 나중에 발전해서 선풍기가 되었고, 현재는 모두가 에어컨을 사용한다.

Tip 一把扇子 부채 하나 | 扇扇子 부채질하다

商店
shāngdiàn
1급 •

명 상점

明洞有很多服装商店。 명동에는 매우 많은 옷 가게가 있다.

Tip 一家商店 상점 한 곳

商量
shāngliang
4급 ••

통 상의하다

我们得好好儿商量商量怎么解决问题。 우리는 문제를 어떻게 해결할 것인지 잘 상의해야 한다.

商品
shāngpǐn
5급 ••

명 상품

这儿的商品质量都比较好。 이 상품의 품질은 모두 비교적 좋다.

商业
shāngyè
5급 ••

명 상업

这是韩国最有名的商业区。 여긴 한국의 가장 유명한 상업지역이다.

伤心
shāngxīn
4급 ••

통 상심하다, 슬퍼하다

妈妈伤心地哭了。 엄마는 상심하여 울었다.

上
shàng
1급 •

명 위, 위쪽

书在桌子上，你拿去吧。 책은 책상 위에 있으니, 너는 가져가라.

Tip 上班 출근하다 | 上学 등교하다 | 上课 수업하다

上班
shàngbān
2급 •

동 출근하다 (↔ 下班 xiàbān 퇴근하다)

上下班时间经常堵车。 출퇴근 시간에는 자주 차가 막힌다.

上当
shàngdàng
5급 ••

동 속다, 속임수에 걸리다, 사기를 당하다

我又上当了。 나는 또 속았다.

上网
shàngwǎng
3급 ••

동 인터넷을 하다

休息时间我经常上网聊天儿。
휴식 시간에 난 항상 인터넷에서 채팅을 한다.

上午
shàngwǔ
1급 •

명 오전 (↔ 下午 xiàwǔ 오후)

上午你有时间吗? 오전에 너 시간 있니?

稍微
shāowēi
4급 ••

부 조금, 약간

这篇文章应该再稍微修改一下。
이 문장은 마땅히 조금 더 고쳐야 한다.

Tip 「稍微 + 동사 + 一下 · 一会儿 · 一点儿」의 형식으로 사용됩니다.

勺子
sháozi
5급 ••

명 숟가락, 국자

孩子小的时候都不会用筷子吃饭，所以都用勺子。
아이들이 어렸을 때는 젓가락으로 밥을 먹지 못해서, 다들 숟가락을 사용한다.

Tip 筷子 젓가락

少
shǎo
1급 •

형 적다, 부족하다 (↔ 多 duō 많다) 동 모자라다, 빠지다

少说话多干活。 말을 삼가고 일을 많이 해라.

蛇
shé
5급 •

명 뱀

这是一条毒蛇。 이건 독사이다.

Tip 一条蛇 뱀 한 마리

S

5급 ••
舌头
shétou

명 혀

吃饭的时候不小心咬到舌头了。
밥 먹을 때 조심하지 않아서 혀를 깨물었다.

5급 •••
舍不得
shěbude

형 섭섭하다, 차마 ~ 못하다 (↔ 舍得 shěde 기꺼이 하다, 아까워하지 않다)

花那么多钱买一件衣服我舍不得。
그렇게 많은 돈을 써서 옷 한 벌 사는 건 난 차마 못한다.

5급 •••
设备
shèbèi

명 장치, 설비 동 갖추다, 설비하다

我经常去大医院看病，因为那里的医疗设备齐全，值得相信。 나는 자주 큰 병원에 가서 진찰을 받는데, 그곳의 의료시설은 완비되어 있기 때문에, 믿을 만하다.

Tip 设备齐全 장비를 완전히 갖추다

5급 ••
设计
shèjì

동 설계하다, 디자인하다

他自己设计了一件衣服。 그는 스스로 옷 한 벌을 디자인했다.

5급 ••
设施
shèshī

명 시설, 설비

不要破坏公共设施。 공공시설을 망가뜨리면 안 된다.

4급 •
社会
shèhuì

명 사회

大学生活和社会生活完全不一样。
대학생활과 사회생활은 완전히 다르다.

5급 ••
射击
shèjī

명 사격

中国的射击选手水平很高。 중국의 사격선수 실력은 매우 높다.

5급 ••
摄影
shèyǐng

동 (사진, 영화를) 촬영하다

我的爱好是摄影。 나의 취미는 촬영이다.

Tip 摄影은 사진과 동영상을 모두 포함합니다.

谁
shéi
1급 •

때 누구

你是谁? 당신은 누구십니까?

伸
shēn
5급 ••

동 (신체의 일부를) 내밀다, 뻗다

伸出你的右手。 너의 오른손을 내밀어라.

深
shēn
4급 •

형 깊다 (↔ 浅 qiǎn 얕다)

这里水深两米，请大家小心。
이곳 수심은 2미터이니, 모두 조심하세요.

深刻
shēnkè
5급 •••

형 (인상이) 깊다, (느낌이) 매우 강렬하다

他精彩的表演给评委留下了深刻的印象。
그의 훌륭한 연기는 심사위원단에게 깊은 인상을 남겼다.

身材
shēncái
5급 ••

명 몸매, 몸

每个人都羡慕你的身材，你是怎么保持你的身材的?
모든 사람이 당신의 몸매를 부러워하는데, 당신은 어떻게 몸매를 유지하세요?

身份
shēnfèn
5급 ••

명 신분, 지위, 품위, 체면

他是有身份的人。 그는 품위 있는 사람이다.

身体
shenti
2급 ••

명 신체, 몸

最近身体不健康。 최근 몸이 건강하지 않다.

申请
shēnqǐng
4급 •••

동 신청하다

她成绩很好，想申请奖学金。
그녀는 성적이 매우 좋아서, 장학금을 신청할 생각이다.

S

神话
shénhuà
5급 ••

명 신화

这只是一个神话故事，你怎么能相信呢？
이것은 단지 신화 이야기야, 어떻게 믿을 수가 있어?

Tip 神话故事 신화 이야기

神经
shénjīng
5급 ••

명 신경

大脑和脊椎组成了我们人体最重要的神经系统。
대뇌와 척추는 우리 인체의 가장 중요한 신경계통을 구성한다.

神秘
shénmì
5급 ••

형 신비하다, 신비롭다

你最近挺神秘的，有什么事儿吗？
너는 최근 아주 신비로워 보여, 무슨 일 있어?

什么
shénme
1급 •

대 어떤, 무슨, 무엇

你打算选什么专业? 너는 어떤 전공을 선택할 계획이야?

甚至
shènzhì
4급 •••

부 심지어 ~까지도

这件事他没告诉任何人，甚至他最亲密的朋友。
이 일은 그가 아무에게도 알리지 않았다, 심지의 그의 가장 친한 친구에게까지도.

升
shēng
5급 ••

동 상승하다 (↔ 降 jiàng 하강하다)

他的血压又升高了。 그의 혈압이 또 상승했다.

生病
shēngbìng
2급 •

동 병나다

他生病住院了。 그는 병이 나서 입원했다.

生产
shēngchǎn
5급 •

동 생산하다

这些电子产品都是中国生产的。
이 전자상품들은 모두 중국산이다.

生动
shēngdòng
5급

형 생동감 있다

这堂课生动有趣。 이 수업은 생동감 있고 재미있다.

生活
shēnghuó
4급

명 생활

人们都是为了过上好的生活而努力工作。
사람들은 모두 최고의 생활을 하기 위해 열심히 일한다.

生命
shēngmìng
4급

명 생명

我们应该珍惜生命、热爱生命。
우리는 마땅히 생명을 소중히 하고, 생명을 사랑해야 한다.

生气
shēngqì
3급

동 화내다 (= 发脾气 fā píqi, 发火 fāhuǒ)

他动不动就生气。 그는 걸핏하면 화를 낸다.

生日
shēngrì
2급

명 생일

这是送给你的生日礼物。 이건 너에게 주는 생일 선물이다.

声调
shēngdiào
5급

명 성조

学习汉语时，对外国人来说声调是最难的。
중국어를 공부할 때, 외국인의 입장에서 말하자면 성조가 가장 어렵다.

声音
shēngyīn
3급

명 소리

什么声音？你出去看看。 무슨 소리지? 너 나가서 봐봐.

绳子
shéngzi
5급

명 노끈, 끈, 밧줄

用这条粗的绳子把他绑起来。 이 굵은 밧줄로 그를 묶어라.

Tip 一条绳子 노끈 한 줄

S

4급 ••
省
shěng

동 절약하다

坐地铁更省时间。 지하철을 타면 시간이 더욱 절약된다.

5급 ••
省略
shěnglüè

동 생략하다

不重要的地方就省略，重点大家要背下来。
중요하지 않은 부분은 생략하고, 중점은 모두가 외웁시다.

4급 •••
剩
shèng

동 남다

这些给我，剩下的都给你吧。
이것들은 나에게 줘라, 남은 것은 모두 너 줄게.

5급 ••
胜利
shènglì

명 승리 동 승리하다

胜利是属于我们的。 승리는 우리 것이다.

5급 ••
诗
shī

명 시

李白是中国古代著名诗人。 이백은 중국 고대의 유명한 시인이다.

Tip 一首诗 시 한 수

4급 ••
失败
shībài

명 실패, 패배 동 실패하다 (↔ 成功 chénggōng 성공하다)

一次考试失败没什么大不了的。 한 번의 시험 실패는 별거 아니야.

4급 ••
失眠
shīmián

동 잠을 못 이루다

我最近经常失眠。 나는 최근에 계속 잠을 못 이룬다.

Tip 失眠症 불면증

5급 ••
失去
shīqù

동 잃다

由于违反了比赛规则，所以这位运动员失去了竞赛的资格。 경기 규칙을 위반했기 때문에, 이 운동선수는 경기 자격을 잃었다.

Tip 失去资格 자격을 잃다 ｜ 失去理智 이성을 잃다

4급 ••
失望
shīwàng

동 실망하다

妈妈对不努力学习的孩子失望了。
엄마는 열심히 공부하지 않은 아이에게 실망했다.

Tip 对···失望 ~에 대해 실망하다 | 大失过望 크게 실망하다

5급 ••
失业
shīyè

동 실업하다, 직업을 잃다

国家经济不好，失业的人也越来越多，失业率不断上
升。 국가의 경제가 좋지 않아서, 실업하는 사람 또한 점점 많아지니, 실업률이
부단히 상승한다.

4급 ••
师傅
shīfu

명 기술자, 사부

这路车的司机师傅很热情。 이 버스 운전기사님은 매우 친절하시다.

4급 ••
湿润
shīrùn

형 축축하다, 촉촉하다

他的眼睛湿润了。 그의 눈이 촉촉해졌다.

4급 ••
狮子
shīzi

명 사자

小狮子出生以后，一般由母狮子来抚养。
새끼 사자는 태어난 이후, 보통 엄마 사자가 기른다.

Tip 一头狮子 사자 한 마리 | 一头大象 코끼리 한 마리

1급 •
十
shí

수 10, 열

这件事百分之九十是你的错，百分之十是我的错。
이 일의 90%는 당신의 잘못이고, 10%는 나의 잘못이다

4급 ••
十分
shífēn

부 매우, 대단히

老师对我的成绩十分满意。 선생님은 나의 성적에 매우 만족해하신다.

5급 ••
时代
shídài

명 시대

我老了，跟不上时代了。
나는 나이를 먹어서, 시대를 따라가지 못하겠다.

1급 •
时候
shíhou

명 때, 시각, 시간, 무렵

你打算什么时候结婚? 당신은 언제 결혼할 생각입니까?

2급 •
时间
shíjiān

명 시간

时间就是金钱，不要浪费时间。
시간은 금이다, 시간을 낭비하지 마라.

5급 ••
时刻
shíkè

명 시각, 시점, 순간

现在是重要时刻，大家要打起精神。
지금은 중요한 시점이다, 모두 정신 차려야 한다.

5급 ••
时髦
shímáo

형 유행이다 (↔ 过时 guòshí 유행에 뒤떨어지다)

你穿得太时髦了。 너는 유행에 걸맞게 입었다.

5급 ••
时期
shíqī

명 시기

战争时期，人们的生活很艰难。
전쟁 시기에는, 사람들의 생활이 매우 힘들다.

5급 ••
时尚
shíshàng

명 시대적 유행, 유행, 풍조

他是个追求时尚的人。 그는 유행을 추구하는 사람이다.

5급 ••
实话
shíhuà

명 사실 이야기, 참말 (↔ 假话 jiǎhuà 거짓말)

说实话你长得真不漂亮。 사실을 말하면 너는 정말 못생겼어.

4급 ••
实际
shíjì

형 실질적이다

实际效果比想象的要好。 실질적인 효과는 상상보다 더 낫다.

实践
shíjiàn
5급 ••

몡 실천, 실행, 실습　동 실천하다, 이행하다

实践比理论重要。 실천은 이론보다 중요하다.

实习
shíxí
5급 •

동 실습하다

新职员都有三个月的实习期。
새 직원은 모두 3개월의 실습기간이 있다.

实现
shíxiàn
5급 •

동 실현시키다, 달성하다

我什么时候能实现我的梦想?
나는 언제 나의 꿈을 실현시킬 수 있을까?

实行
shíxíng
5급 ••

동 실행하다

我们公司打算今年开始实行海外营销计划。
우리 회사는 올해 해외 영업 계획의 실행을 시작할 계획이다.

Tip 实行 뒤에는 다음과 같은 목적어가 올 수 있습니다.

实行政策 정책을 실행하다 | **实行计划** 계획을 실행하다

实行措施 대책을 실행하다 | **实行方案** 방안을 실행하다

实验
shíyàn
5급 ••

몡 실험　동 실험하다

科学实验证明地球有吸引力。
과학 실험은 지구가 흡인력이 있다는 것을 증명했다.

Tip 做实验 실험하다 | 科学实验 과학실험 | 实验室 실험실

实用
shíyòng
5급 ••

혱 실용적이다　동 실제로 쓰다

花瓶很好看，但是没有实用性。
화병은 예쁘지만, 실용성이 없다.

实在
shízài
4급 ••

閉 정말로, 참으로　혱 진실하다, 거짓이 없다

我实在是不想再见他。 나는 정말로 그를 다시 만나고 싶지 않다.

他是一个很实在的人，值得相信。
그는 진실한 사람이다, 믿을 만하다.

S

4급 • **食品** shípǐn	명 식품 他经营一家食品工厂。 그는 식품공장 하나를 경영한다.

5급 • **食物** shíwù	명 음식물 狮子正在寻找食物。 사자는 지금 음식을 찾고 있다.

5급 • **石头** shítou	명 돌, 바위 最近博物馆里展出一些奇形怪状的石头。 최근 박물관 안에 기이한 모양의 돌이 전시되었다. **Tip** 一块石头 돌 한 덩어리

3급 ••• **使** shǐ	동 ~에게 ~하게 하다 这次经验使我更加努力工作。 이번 경험은 나를 더욱 열심히 일하게 했다.

5급 •• **使劲儿** shǐjìnr	동 힘을 내다 使劲儿把门打开。 힘을 내서 문을 열어라.

4급 ••• **使用** shǐyòng	동 사용하다 他工作的时候，一直使用电脑。 그는 일할 때, 계속 컴퓨터를 사용한다.

5급 ••• **始终** shǐzhōng	부 시종일관, 끝내 你始终就没相信过我。 넌 시종일관 나를 믿은 적이 없다.

1급 • **是** shì	동 ~이다 我是来中国留学的韩国学生。 나는 중국에 와서 유학하는 한국 학생이다.

S

5급 ••
是否
shìfǒu

[부] ~인지 어떤지, ~인가 ~이 아닌가

我还不知道是否能出国留学。
나는 출국해서 유학할 수 있는지 없는지 아직 모른다.

4급 •
试
shì

[동] 시험해보다, 시도해보다

我们可以试试看。 우리는 시험 삼아 해봐도 된다.

5급 ••
试卷
shìjuàn

[명] 시험지

请打开试卷。 시험지를 펼쳐주세요.

5급 ••
士兵
shìbīng

[명] 사병

他是一名士兵。 그는 한 명의 사병이다.

4급 ••
市场
shìchǎng

[명] 시장

我们公司已经进入中国市场。
우리 회사는 이미 중국 시장에 진입했다.

5급 ••
似的
shìde

[조] ~와 같다, ~와 비슷하다

他长得像外国人似的。 그는 외국인처럼 생겼다.

4급 ••
适合
shìhé

[동] 적합하다, 알맞다, 어울린다

这件红色的衣服很适合你。 그 빨간 옷은 너에게 매우 잘 어울린다.

4급 •••
适应
shìyìng

[동] 적응하다

应届毕业生应该尽快适应社会生活。
금년 졸업생은 최대한 빨리 사회생활에 적응해야 한다.

4급 ••
世纪
shìjì

[명] 세기

新世纪，新挑战，二十一世纪充满着无限挑战。
신세기, 새로운 도전, 21세기는 무한한 도전이 넘친다.

3급 ••
世界
shìjiè

몡 세계

全世界的人都知道他是谁。 전 세계의 사람은 모두 그가 누구인지 안다.

2급 ••
事情
shìqing

몡 일

不管发生什么事情你都要勇敢面对。
어떤 일이 일어나든 상관하지 말고 넌 용감히 직면해야 한다.

Tip 一件事情 한 가지 일

5급 ••
事实
shìshí

몡 사실

这是事实，你应该相信。 이것은 사실이다, 넌 마땅히 믿어야 한다.

5급 ••
事物
shìwù

몡 사물

任何事物都有存在的价值。 어떠한 사물이든 다 존재의 가치가 있다.

5급 ••
事先
shìxiān

몡 사전, 미리 (↔ 事后 shìhòu 일이 끝난 뒤, 사후)

你应该事先准备好。 넌 마땅히 사전 준비를 잘해야 한다.

4급 •
收
shōu

동 (물건을) 받다, 거두어들이다

昨晚我收到了一条奇怪的短信。
어제 저녁에 나는 한 통의 이상한 문자메시지를 받았다.

下雨了，把衣服收起来。 비 온다, 옷을 걷어라.

5급 ••
收获
shōuhuò

동 수확하다 몡 수확, 성과

秋天是收获的季节。 가을은 수확의 계절이다.

我今年最大的收获就是得到HSK六级。
내가 올해 얻은 가장 큰 성과는 바로 HSK 6급을 획득한 것이다.

5급 ••
收据
shōujù

몡 영수증, 인수증, 수취증

买东西时的收据要好好保管。 물건 살 때의 영수증은 잘 보관해야 한다.

4급 ••
收入
shōurù

명 수입

他的月收入远远超过我。 그의 월수입은 나보다 훨씬 많다.

4급 ••
收拾
shōushi

동 정리하다, 치우다

明天要去中国出差，现在得收拾行李。
내일 중국으로 출장 가야 해서, 지금 짐을 챙겨야 한다.

Tip 收拾 뒤에는 다음과 같은 목적어가 옵니다.

收拾行李 짐을 꾸리다 | 收拾桌子 책상을 정리하다

收拾房间 방을 정리하다 | 收拾房子 집을 수리하다

2급 ••
手表
shǒubiǎo

명 손목시계

我没有戴手表的习惯。 나는 손목시계를 차는 습관이 들지 않았다.

Tip 一块手表 손목시계 한 개

5급 ••
手工
shǒugōng

명 수공

这个东西是手工制作的，很高价值。
이 물건은 수공품이어서, 매우 가치가 있다.

2급 •••
手机
shǒujī

명 휴대전화

手机是人们日常生活中不可缺少的通讯工具。
휴대전화는 우리 일상생활에서 빠질 수 없는 통신수단이다.

Tip 一部手机 휴대전화 한 대

5급 ••
手术
shǒushù

명 수술

最近在街上没有不做整容手术的。
요즘 길거리에는 성형수술을 안 한 사람이 없다.

Tip 做手术・动手术 수술하다

5급 ••
手套
shǒutào

명 장갑

冬天冷的时候我就戴皮手套出门。
겨울에 추울 때 나는 가죽 장갑을 끼고 외출한다.

Tip 一副手套 장갑 한 쌍 | 戴手套 장갑을 끼다

S

5급 ••
手续
shǒuxù

명 수속, 절차

他最近忙着办出国**手续**。 그는 최근 출국 수속으로 바쁘다.

Tip 办**手续** 수속을 하다

5급 ••
手指
shǒuzhǐ

명 손가락

这个孩子的**手指**很长，适合弹钢琴。
이 아이의 손가락은 매우 길어서, 피아노를 치기에 적합하다.

4급 ••
首都
shǒudū

명 수도

北京是中国的**首都**。 베이징은 중국의 수도이다.

4급 ••
首先
shǒuxiān

부 가장 먼저, 우선 대 우선, 첫째로

找男朋友**首先**要考虑的是性格，其次是经济条件。
남자친구를 찾을 때 가장 먼저 고려해야 할 것은 성격이고, 그 다음이 경제 조건이다.

3급 ••
瘦
shòu

형 마르다 (↔ 胖 pàng 살찌다)

那个高个子，**瘦瘦**的女生是我妹妹。
저 큰 키에, 마른 여자가 내 여동생이다.

4급 ••
受不了
shòubuliǎo

동 못 견디다 (↔ 受得了 shòudeliǎo 참을 수 있다)

我**受不了**这个打击。 나는 이 충격을 견딜 수 없다.

4급 ••
受到
shòudào

동 ~을 받다

经历了这次失败他**受到**了强烈的打击。
이번 실패를 겪고 그는 강한 충격을 받았다.

Tip **受到**打击 충격을 받다 | **受到**委屈 억울함을 당하다

5급 ••
受伤
shòushāng

동 부상당하다, 다치다

他的头部**受**重**伤**了。 그의 머리는 중상을 입었다.

S

4급 ••
售货员
shòuhuòyuán

명 점원

售货员的服务态度很重要。 점원의 서비스 태도는 매우 중요하다.

5급 ••
寿命
shòumìng

명 수명

中国古代的皇帝为了延长寿命寻找各种各样的方法，但都以失败告终。 중국 고대의 황제는 수명 연장을 위해 각종 방법을 찾았으나, 모두 실패로 끝났다.

1급 •
书
shū

명 책

这是我最喜欢的一本书，作为礼物送给你吧。
이것은 내가 가장 좋아하는 책인데, 선물로 너에게 줄게.

Tip 一本书 책 한 권

5급 •
书架
shūjià

명 책장, 책꽂이

看完书以后把书放在书架上。
책을 다 본 후에는 책을 책장 위에 두어라.

4급 •
输
shū

동 지다 (↔ 赢 yíng 이기다)

在这场比赛中我们队输了。 이 경기에서 우리 팀이 졌다.

Tip 输给… ~에게 지다
中国队输给日本队。 중국 팀이 일본 팀에게 졌다.

5급 ••
输入
shūrù

동 입력하다

请输入您的密码。 당신의 비밀번호를 입력해주세요.

5급 •
蔬菜
shūcài

명 야채, 채소

蔬菜中含有丰富的营养。 야채에는 풍부한 영양이 포함되어 있다.

3급 •
舒服
shūfu

형 편안하다

我今天身体不太舒服，想休息一会儿。
나는 오늘 몸이 그다지 편하지 않아서, 좀 쉬고 싶다.

5급 ••
舒适
shūshì

형 쾌적하다, 편안하다

这件衣服穿起来很舒适。 이 옷을 입으면 매우 편하다.

3급 ••
叔叔
shūshu

명 숙부, 아저씨, 삼촌

我的叔叔总是对我很热情。
나의 삼촌은 나에게 항상 친절하게 대해주신다.

5급 •
梳子
shūzi

명 빗

烫发以后不能用梳子梳头发。
파마한 이후 빗으로 머리를 빗을 수 없다.

Tip 一把梳子 빗 한 자루 | 梳头 머리를 빗다

5급 •••
熟练
shúliàn

형 숙련되다 (↔ 生疏 shēngshū 생소하다)

他可以熟练地使用这台机器。
그는 숙련되게 이 기계를 사용할 수 있다.

4급 ••
熟悉
shúxī

동 익숙하다, 잘 알다

我已经熟悉新的环境了。 나는 이미 새로운 환경에 익숙해졌다.

5급 •
鼠标
shǔbiāo

명 마우스

我买了一个无线鼠标，很方便。
나는 무선 마우스를 하나 샀는데, 무척 편리하다.

5급 •••
属于
shǔyú

동 ～에 속하다, ～의 것이다

每个人都有属于自己的回忆。
매 사람마다 자신에게 속하는 추억을 가지고 있다.

3급 •
树
shù

명 나무

韩国的枫树很美丽。 한국의 단풍나무는 매우 아름답다.

Tip 一棵树 나무 한 그루

数据
shùjù
5급 ••

명 통계, 수치, 데이터

根据数据显示，中国经济正在快速发展。
통계에 의거하면, 중국경제가 빠르게 발전하고 있다는 것이 분명히 나타난다.

数量
shùliàng
4급 •

명 수량, 양

数量够不够，你好好儿看看。
수량이 충분한지 아닌지, 네가 잘 좀 봐봐.

数码
shùmǎ
5급 ••

명 디지털

数码产品越来越受到广大群众的欢迎。
디지털 상품은 점점 많은 대중들의 환영을 받는다.

Tip 数码产品 디지털 상품 | 数码相机 디지털 카메라

数学
shùxué
3급 •

명 수학

这次数学考试成绩真让我头疼。
수학 시험 성적은 정말 나를 골치 아프게 한다.

数字
shùzì
4급 •

명 숫자

中国人喜欢八这个数字。 중국인은 숫자 8을 좋아한다.

刷牙
shuā yá
3급 ••

동 이를 닦다

吃东西以后要刷牙。 음식을 먹은 후에는 이를 닦아야 한다.

摔
shuāi
5급 ••

동 쓰러지다, 넘어지다

孩子学习走路的时候经常摔倒。
아이가 걸음마를 배울 때는 자주 넘어진다.

Tip 摔倒 넘어지다 | 摔伤 넘어져서 다치다

甩
shuǎi
5급 ••

동 내던지다, 뿌리치다, 떼버리다

我把他甩了。 내가 그를 찼다.

S

4급 • **帅** shuài	형 멋있다 (＝英俊 yīngjùn) 你长得真帅。 너는 정말 잘생겼다.

3급 • **双** shuāng	양 쌍, 짝, 켤레 这双鞋是父亲送给我的生日礼物。 이 한 쌍의 신발은 아버지께서 내게 주신 생일 선물이다. Tip 一双鞋 신발 한 쌍 | 一双袜子 양말 한 쌍 | 一只袜子 양말 한 짝

5급 •• **双方** shuāngfāng	명 쌍방 这么做对双方都有好处。 이렇게 하면 쌍방 모두에게 장점이 된다.

1급 • **水** shuǐ	명 물 水是生命之源。 물은 생명의 근원이다.

1급 • **水果** shuǐguǒ	명 과일 我最喜欢吃的水果是苹果。 내가 제일 먹기 좋아하는 과일은 사과이다.

3급 •• **水平** shuǐpíng	명 수준 如何提高汉语水平? 어떻게 중국어 수준을 올리지?

5급 • **税** shuì	명 세금 每位公民都应该纳税。 모든 국민은 모두 마땅히 세금을 내야 한다.

1급 •• **睡觉** shuìjiào	동 잠자다 我每天睡八个小时觉。 나는 매일 8시간을 잔다.

S

4급 •••
顺便
shùnbiàn

图 ～하는 김에

我去中国出差，顺便给你带中国食品。
내가 중국에 출장 가는 김에 너에게 중국 식품을 가져다줄게.

4급 ••
顺利
shùnlì

형 순조롭다

希望事情可以顺利解决。 일이 순조롭게 해결되기를 바란다.

4급 ••
顺序
shùnxù

명 순서

按顺序点名。 순서대로 이름을 부르겠습니다.

5급 •••
说不定
shuōbudìng

동 ～일지도 모르다 图 아마

他说不定今年可以升职。 그는 올해 승진할지도 모른다.

5급 •••
说服
shuōfú

동 설득하다

你的发言缺乏说服力。 너의 발언은 설득력이 부족하다.

1급 ••
说话
shuōhuà

동 말하다

请小声说话，这儿不能吵闹。
작은 소리로 이야기하세요, 여기선 소란을 피우면 안 됩니다.

4급 ••
说明
shuōmíng

동 설명하다

老师正在向学生们详细地说明。
선생님이 학생들에게 자세하게 설명해주고 있다.

4급 ••
硕士
shuòshì

명 석사

他是硕士毕业，专业知识比较丰富。
그는 석사를 졸업해서, 전문지식이 비교적 풍부하다.

5급 ••
撕
sī

동 (손으로) 찢다, 뜯다

她和男朋友分手以后，把以前的照片都撕碎了。
그녀는 남자친구와 헤어진 이후, 이전의 사진을 모두 찢어버렸다.

S

5급 ••
丝绸
sīchóu

명 비단, 견직물

丝绸的价格比较高。 비단의 가격은 비교적 높다.

5급 ••
丝毫
sīháo

명 극히, 조금, 추호

这件事非常重要，不能有**丝毫**的马虎。
이 일은 매우 중요하니, 조금이라도 건성으로 하면 안 된다.

3급 ••
司机
sījī

명 기사

这位**司机**经验丰富，你完全可以相信他。
이 기사님은 경험이 풍부하니, 너는 그를 전적으로 믿어도 된다.

5급 ••
思考
sīkǎo

동 사고하다, 사색하다

他总是认真**思考**问题。 그는 항상 열심히 문제를 사고한다.

5급 ••
思想
sīxiǎng

명 생각, 견해

我不太赞成他的**思想**。
나는 그의 생각에 그다지 찬성하지 않는다.

5급 ••
私人
sīrén

명 개인

这是**私人**问题，你管不了。
이것은 개인의 문제이니, 당신은 관여할 수 없다.

4급 •
死
sǐ

동 죽다, (생각 · 바람 따위를) 그치다, 버리다, 그만두다

我的小狗**死**了。 나의 강아지가 죽었다.

她怎么会喜欢你这样的男生呢？你就**死**了这条心吧。
그녀가 어떻게 당신 같은 남자를 좋아할 수 있겠어요? 당신이 이 마음을 접으세요.

1급 ••
四
sì

수 4, 넷

他喜欢一个人**四**处逛逛。
그는 혼자 여기저기 돌아다니는 것을 좋아한다.

Tip 四处 도처, 여러 곳

5급 ••
似乎
sìhū

图 마치 ~ 같다 (= 好像 hǎoxiàng, 好比 hǎobǐ)

他似乎听不懂老师说的话。
그는 마치 선생님의 말씀을 알아듣지 못한 것 같다.

5급 •
寺庙
sìmiào

图 사원, 절

寺庙里有很多和尚。 사원 안에는 매우 많은 승려가 있다.

Tip　一座寺庙 절 한 곳, 사찰 한 곳

2급 •••
送
sòng

图 선물하다, 주다, 배웅하다 (↔ 接 jiē 받다, 마중하다)

下午我想去机场送朋友。
오후에 나는 공항에 가서 친구를 배웅할 생각이다.

4급 ••
速度
sùdù

图 속도

我们得加快计划进行的速度了。
우리는 계획 진행의 속도를 빠르게 해야 한다.

4급 •
塑料袋
sùliàodài

图 비닐 봉투

现在超市里的塑料袋都是收费的。
현재 슈퍼마켓의 비닐봉투는 모두 돈을 받는다.

5급 ••
宿舍
sùshè

图 기숙사

中国的大学生都住在宿舍里。 중국의 대학생은 모두 기숙사에 산다.

4급 •
酸
suān

图 시다

这个菜的味道酸酸甜甜。 이 음식은 맛이 새콤달콤하나.

4급 •
算
suàn

图 계산하다, 계획하다, ~인 셈이다

这家算是比较好的饭店。 이곳은 비교적 괜찮은 호텔인 셈이다.

3급 ••
虽然
suīrán

집 비록 ~이라 할지라도 (= 虽 suī, 虽说 suīshuō, 尽管 jǐnguǎn)

虽然知道不会成功，但我还是要尽自己最大的努力。

비록 성공하지 못할 것을 알지만, 나는 그래도 최선의 노력을 해야 한다.

4급 •••
随便
suíbiàn

부 자유롭게, 마음대로

大家随便发表意见。 모두 마음껏 의견을 발표한다.

5급 ••
随时
suíshí

부 언제든지, 수시로

如果有疑问请随时联系我。

의문 나는 부분이 있으면 언제든지 나에게 연락하세요.

Tip 随时随地 언제 어디서나

4급 ••
随着
suízhe

전 ~에 따라서, ~함에 따라

随着经济的发展，人们的生活水平越来越高了。

경제 발전에 따라, 사람들의 생활 수준이 점점 높아졌다.

Tip 随着는 전치사로 뒤에 명사구가 와야 하므로, 다음과 같은 구조로 사용합니다.

「随着 + A(명사) + 的 + B(동사)」 A(명사)가 B(동사)함에 따라

随着科学的发展 과학이 발전함에 따라 | 随着年龄的增长 나이가 들어감에 따라

随着网络的普及 인터넷이 보급되어감에 따라

1급 ••
岁
suì

명 나이

你今年几岁了? 너는 올해 몇 살이니?

5급 •
碎
suì

동 부수다

他把玻璃打碎了。 그는 유리를 깼다.

4급 •
孙子
sūnzi

명 손자

爷爷奶奶看见孙子就开心。

할아버지, 할머니는 손자만 보면 기뻐하신다.

损失
sǔnshī
5급 •••

명 손실 동 손실되다, 손해보다

你应该赔偿你所造成的损失。
당신은 당신이 초래한 손실을 배상해야 합니다.

缩短
suōduǎn
5급 ••

동 단축하다 (↔ 延长 yáncháng 연장하다)

把出差时间缩短为一天。 출장 기간이 하루로 단축된다.

缩小
suōxiǎo
5급 ••

동 축소하다 (↔ 扩大 kuòdà 확대하다)

由于经济不景气，所以公司决定缩小公司的规模。
경제가 불경기라서, 회사는 규모를 축소하기로 결정했다.

Tip 缩小范围 범위를 축소하다 | 缩小市场 시장을 축소하다

锁
suǒ
5급 ••

명 자물쇠 동 잠그다

出门时把门锁上更安全。 외출할 때는 문을 잠가야 더욱 안전하다.

Tip 一把锁 자물쇠 한 개

所
suǒ
5급 •••

조 ~하는 바 양 채, 동 [학교, 병원 등 건축물을 세는 양사]

他是我所认识的人之一。 그는 내가 아는 사람 중 하나이다.

我们家对面建起一所学校。 우리 집 맞은편에 학교를 짓기 시작했다.

所谓
suǒwèi
5급 •••

형 소위, 이른바, ~라는 것은

所谓成功就是实现自己的梦想。
소위 성공이란 자신의 꿈을 실현하는 것이다.

所以
suǒyǐ
4급 •••

접 그러므로, 그래서

昨天出差了，所以没接你的电话。
어제 출장 가서, 너의 전화를 받지 못했다.

所有
suǒyǒu
4급 ••

형 모든

所有人都在学习外国语。 모든 사람이 다 외국어를 공부하고 있다.

S

제1부분 **다음 단어들을 이용해 문장을 완성하세요.**

1 　我　　　的　　　文件　　　把笔记本里　　　删除　　　了

____

2 　属于　　　每个人　　　都有　　　的　　　回忆　　　自己

____

3 　发言　　　你的　　　说服力　　　缺乏

____

4 　进入了　　　我们公司　　　已经　　　市场　　　中国

____

5 　以后　　　放在　　　看完书　　　把　　　书架上　　　书

____

6 　学习　　　摔倒　　　经常　　　走路　　　的时候　　　孩子

____

7 　中国出差　　　给你　　　中国食品　　　带　　　顺便　　　我去

제2부분 다음 단어들을 모두 결합하여, 80자 내외의 작문 한 편을 완성하세요.

宿舍　　　开心　　　老实　　　感谢　　　帮助

▶ 원고지에 직접 답안을 적어보세요.

MEMO

1751

1급 •
他
tā

대 그

他是北京大学数学系的学生。
그는 베이징대학의 수학과 학생이다.

1752

1급 •
她
tā

대 그녀

她是我们学校的校花。 그녀는 우리 학교의 퀸카이다.

1753

2급 •
它
tā

대 그것, 저것, 그, 저(사람 이외의 것)

它是我最喜欢的宠物。 그것은 내가 가장 좋아하는 애완동물이다.

1754

5급 •
塔
tǎ

명 탑

在南山公园有首尔最高的塔。
남산 공원에는 서울에서 가장 높은 탑이 있다.

Tip 一座塔 탑 한 개 | 铁塔 철탑 | 佛塔 불탑

1755

4급 ••
抬
tái

동 들어올리다

你把这个东西抬起来。 당신이 이 물건을 들어올리세요.

1756

4급 ••
台
tái

양 대 [가전제품을 세는 양사]

我想买一台时尚的冰箱。
나는 유행하는 냉장고 한 대를 사고 싶다.

Tip 一台车 자동차 한 대 | 一台电视 텔레비전 한 대

1757

5급 ••
台阶
táijiē

명 계단, 층계

上下台阶时要小心。 계단을 오르내릴 때는 조심해야 한다.

1급 •
太
tài

图 지나치게, 매우

济州岛的风景太美了。 제주도의 풍경은 매우 아름답다.

5급 •
太极拳
tàijíquán

명 태극권

打太极拳对身体很好。 태극권을 하면 몸에 매우 좋다.

Tip 打·练 + 太极拳 태극권을 하다

5급 ••
太太
tàitai

명 부인, 아내

这位是我太太。 이 사람은 나의 아내이다.

3급 ••
太阳
tàiyáng

명 태양

太阳已经落山了。 해가 이미 졌다.

4급 ••
态度
tàidu

명 태도

这位老师的态度很亲切。 이 선생님의 태도는 매우 친절하다.

4급 ••
谈
tán

동 이야기하다

找个时间和我谈谈这个难题。
시간을 내서 나와 이 어려운 문제를 이야기하자.

5급 •
谈判
tánpàn

동 담판하다, 회담하다, 협상하다 명 대화, 이야기

我们公司最近有一场贸易谈判。
우리 회사는 최근 한 차례 무역협상이 있다.

4급 •
弹钢琴
tán gāngqín

동 피아노를 치다

这个小女孩弹钢琴弹得很好。
이 여자아이는 피아노를 매우 잘 친다.

5급 •••
坦率
tǎnshuài

[형] 솔직하다, 정직하다

坦率地说，我不想和你合作。
정직하게 말해서, 난 너와 협력할 생각이 없다.

4급 ••
汤
tāng

[명] 탕, 국

韩国人喜欢喝汤。 한국인은 국 마시는 것을 좋아한다.

3급 •
糖
táng

[명] 사탕

白色情人节，男生应该送女生糖。
화이트데이에는, 남자가 마땅히 여자에게 사탕을 줘야 한다.

4급 •
躺
tǎng

[동] 눕다

我累了，我想躺一会儿。 난 피곤해서, 좀 눕고 싶다.

5급 •
烫
tàng

[형] 뜨겁다

汤很烫，小心点儿喝。 국이 매우 뜨거우니, 조심해서 드세요.

4급 •••
趟
tàng

[양] 번, 차례 [왕복의 의미]

我最近打算去一趟中国。 나는 조만간 중국에 한 차례 갈 생각이다.

5급 •
桃
táo

[명] 복숭아

桃花开了，非常漂亮。 복숭아꽃이 피었다, 정말 예쁘다.

Tip 摘桃子 복숭아를 따다 | 洗桃子 복숭아를 씻다

5급 ••
逃
táo

[동] 도주하다, 도망가다

逃学是不好的行为。 무단 결석은 좋지 않은 행동이다.

Tip 逃学 무단 결석하다 | 逃课 수업을 빼먹다, 땡땡이치다

5급 ••
逃避
táobì

동 도피하다

别逃避了，面对现实吧。 도피하지 말고, 현실을 직면해라.

Tip 逃避困难 곤란에서 도피하다 | 逃避现实 현실을 도피하다
逃避问题 문제를 피하다 | 逃避责任 책임을 회피하다

4급 ••
讨论
tǎolùn

동 토론하다 명 토론

我们讨论讨论接下来怎么做。
우리는 이어서 어떻게 할지 토론해보자.

4급 ••
讨厌
tǎoyàn

동 싫어하다, 미워하다 (↔ 喜欢 xǐhuan 좋아하다) 형 싫다, 얄밉다

我讨厌撒谎的孩子。 나는 거짓말하는 아이를 싫어한다.

5급 •
套
tào

양 벌, 조, 질, 세트 [세트를 세는 양사]

我打算买一套漂亮的家具。
나는 예쁜 가구 한 세트를 구입할 생각이다.

Tip 一套公寓 아파트 한 채 | 一套家具 가구 한 세트

3급 •••
特别
tèbié

부 특별히 형 특별하다 (↔ 普通 pǔtōng 보통이다)

我特别喜欢她的笑脸。 나는 그녀의 웃는 얼굴을 특별히 좋아한다.
你的想法很特别。 너의 생각은 매우 특별하다.

4급 ••
特点
tèdiǎn

명 특징

这个产品没什么特点。 이 상품은 어떤 특별한 점이 없다.

5급 ••
特殊
tèshū

형 특수하다, 특별하다

如果你有特殊的理由可以向老师请假。
만약 네가 특수한 이유가 있다면 선생님께 조퇴를 요청할 수 있다.

5급 •
特意
tèyì

부 특별히 (= 专门 zhuānmén)

这是我特意为你准备的礼物。
이것은 내가 특별히 널 위해 준비한 선물이야.

T

5급 ·
特征
tèzhēng

명 특징

你还记得那个犯人的外貌特征吗?
넌 아직 그 범인의 외모 특징을 기억하니?

3급 ··
疼
téng

형 아프다 동 몹시 사랑하다

我头疼得很厉害。 나는 머리가 엄청 아프다.

妈妈疼你呀! 엄마는 너를 정말 사랑해!

5급 ··
疼爱
téng'ài

동 매우 사랑하다

父母都疼爱最小的孩子。 부모는 모두 막내를 가장 애지중지한다.

2급 ·
踢足球
tī zúqiú

축구를 하다

小男孩都喜欢踢足球。 어린 남자아이는 모두 축구 하는 것을 좋아한다.

5급 ·
提
tí

동 들다, 끌어올리다, 이야기를 꺼내다

提起那件事，我就伤心。 그 일 얘기만 꺼내면 나는 속상하다.

5급 ··
提倡
tíchàng

동 제창하다

我提倡大家学习普通话。 나는 모두 표준어 배우기를 제창한다.

5급 ··
提纲
tígāng

명 요강, 개요

这是这次考试的提纲。 이것은 이번 시험의 요강이다.

3급 ···
提高
tígāo

동 향상되다, 향상시키다

因为老师的帮助，我的汉语水平提高了很多。
선생님의 도움 덕분에, 나의 중국어 수준이 많이 향상되었다.

4급 ••
提供
tígōng

동 제공하다

这里免费提供各种服务。 여기는 무료로 각종 서비스를 제공한다.

4급 •••
提前
tíqián

동 (예정보다 시간을) 앞당기다 (= 提早 tízǎo ↔ 推迟 tuīchí 미루다, 연기하다)

我们得提前做旅行的准备。
우리는 여행 준비를 앞당겨야 한다.

5급 •
提问
tíwèn

동 질문하다 명 질문

学生向老师提问。 학생이 선생님께 질문 한다.

4급 •••
提醒
tíxǐng

동 일깨우다, 알리다

我提醒你，你得减肥了。
내가 너한테 말하는데, 너는 다이어트를 해야 한다.

2급 •
题
tí

명 문제

做阅读题时时间总是不够。
독해 문제를 풀 때는 시간이 항상 부족하다.

Tip 一道题 한 문제

5급 ••
题目
tímù

명 문제, 제목

这次的作文题目有点儿难。 이번 작문 문제는 조금 어렵다.

Tip 题目는 '제목, 문제'라는 두 가지 의미를 가지고 있습니다.

5급 ••
体会
tǐhuì

동 느끼다, 몸소 느끼다

孩子不能体会父母的心情。
아이들은 부모의 마음을 몸소 느낄 수가 없다.

5급 •
体积
tǐjī

명 부피, 면적

这个箱子的体积是多少? 이 상자의 부피는 얼마나 됩니까?

5급 ••
体贴
tǐtiē

형 자상하다

她是温柔体贴的女人。 그녀는 부드럽고 자상한 여인이다.

5급 ••
体现
tǐxiàn

동 구현하다.

这个摄影展通过战争照片，体现了爱国精神。
이 사진전은 전쟁 사진을 통해, 애국 정신을 구현했다.

5급 •••
体验
tǐyàn

동 체험하다

孩子应该亲身体验农村生活。
아이는 농촌 생활을 몸소 체험해야 한다.

3급 ••
体育
tǐyù

명 체육

我积极参加体育运动。 나는 적극적으로 체육활동에 참가한다.

5급 ••
天空
tiānkōng

명 하늘

我喜欢秋天的天空。 나는 가을 하늘을 좋아한다.

1급 •••
天气
tiānqì

명 날씨

天气原因导致物价上涨。 날씨 원인이 물가 상승을 가져왔다.

5급 ••
天真
tiānzhēn

형 천진하다, 단순하다

他还是个天真的孩子。 그는 역시 천진한 아이이다.

3급 •
甜
tián

형 달다

吃甜食容易胖, 平时小心点儿。
단 것을 먹으면 살찌기 쉬우니, 평소에 좀 조심해야 한다.

4급 ••
填空
tiánkòng

동 빈칸을 채우다

你在这张表格上填空吧。 당신은 이 양식의 빈칸을 채우세요.

5급 ••
田野
tiányě

명 들판

展现在眼前的是一片广阔的田野。
지금 눈앞에 펼쳐진 것은 광활한 들판이다.

3급 •
条
tiáo

양 가늘고 긴 것에 대한 양사

两条河汇成一条巨流。
두 개의 하천이 하나의 거대한 흐름을 이룬다.

Tip 一条裤子 바지 한 벌 | 一条蛇 뱀 한 마리 | 一条鱼 물고기 한 마리

4급 ••
条件
tiáojiàn

명 조건

这个男生的条件比较好。 이 남자의 조건은 비교적 좋다.

5급 •••
调皮
tiáopí

형 말썽을 부리다, 장난치다

这个小男孩真调皮。 이 남자아이는 정말 말썽꾸러기다.

5급 •••
调整
tiáozhěng

동 조정하다, 조절하다

目前是关键时期，要好好调整心态。
지금은 중요한 시기다, 마음 상태를 잘 조절해야 한다.

5급 ••
挑战
tiǎozhàn

명 도전 동 도전하다

新政府面临诸多挑战。
새 정부는 많은 도전에 직면하고 있다.

Tip 向世界纪录挑战 세계기록에 도전하다 | 面临挑战 도전에 직면하다

2급 ••
跳舞
tiàowǔ

동 춤을 추다

他跳舞跳得不错。 그는 춤을 아주 잘 춘다.

1급 •
听
tīng

동 듣다

我听见有人唱歌。 나는 어떤 사람이 노래 부르는 것을 들었다.

4급 ••

停止
tíngzhǐ

동 정지하다, 멈추다

停止播放音乐。 음악 방송하는 것을 멈추세요.

4급 ••

挺
tǐng

부 매우

他的条件挺好的。 그의 조건은 매우 좋다.

Tip 挺…的 매우 ~하다

5급 ••

通常
tōngcháng

명 통상, 보통 형 보통이다, 일반적이다

通常情况下他都会迟到。 일반적인 상황에서 그는 지각을 한다.

4급 ••

通过
tōngguò

동 통과하다 전 ~을 통해서

我通过面试了。 나는 면접에 통과했다.

通过这次考试，我感觉到了很多东西。

이번 시험을 통해서, 나는 많은 것을 깨달았다.

5급 ••

通讯
tōngxùn

명 통신 동 통신하다

他在一家通讯公司工作一年了。

그는 통신 회사에서 근무한 지 일 년이 되었다.

4급 ••

通知
tōngzhī

동 통지하다 명 통보문, 통지

请通知每位同学这个消息。 모든 학생에게 이 소식을 통지해주세요.

请你把这个通知贴上去。 이 통보문을 붙여주세요.

5급 •

铜
tóng

명 동

滑冰运动员得了铜牌。 스케이트 운동선수는 동메달을 땄다.

Tip 金牌 금메달 | 银牌 은메달 | 铜牌 동메달

5급 ••

同情
tóngqíng

동 동정하다 명 동정

我同情没钱上学的孩子。 나는 학교에 갈 돈이 없는 아이를 동정한다.

T

5급 ••
同时
tóngshí

뮈 동시에 몡 동시 접 그리고, 게다가

两个计划同时进行。 두 개의 계획은 동시에 진행된다.

3급 ••
同事
tóngshì

몡 직장 동료

我跟同事们的关系很好。
나는 직장 동료들과의 관계는 매우 좋다.

1급 ••
同学
tóngxué

몡 반 친구, 급우, 동창

他和我是小学同班同学。 그와 나는 초등학교 같은 반 친구이다.

3급 •
同意
tóngyì

동 동의하다 (↔ 反对 fǎnduì 반대하다)

我同意你的想法。 나는 당신의 생각에 동의합니다.

5급 ••
统一
tǒngyī

동 통일되다, 통일하다

统一中国是中国人的梦想。 중국 통일은 중국인의 꿈이다.

5급 ••
统治
tǒngzhì

동 통치하다

东北三省被日本统治了很多年。
동북 삼성은 일본에 의해 오랫동안 통치되었다.

5급 •
痛苦
tòngkǔ

형 고통스럽다

那是一种痛苦的经历。 그것은 고통스러운 경험이었다.

5급 ••
痛快
tòngkuài

형 통쾌하다, 기분 좋다

你就痛痛快快地答应吧。 네가 시원스럽게 승낙해라.

T

3급 •
头发
tóufa

몡 머리카락, 두발

男生喜欢长头发的女生。 남자는 긴 머리의 여자를 좋아한다.

Tip 一根头发 머리카락 한 올

5급 ••
投资
tóuzī

몡 투자 동 투자하다

投资股票有一定的风险的。 주식 투자는 어느 정도 위험이 있다.

5급 •
透明
tòumíng

혱 투명하다

整件事情的经过都是透明的，没有隐瞒。
모든 사건의 과정은 모두 투명하다, 숨기는 것은 없다.

5급 ••
突出
tūchū

혱 돌출하다, 튀어나오다, 돋보이다, 뛰어나다

这个孩子具有突出的才能。 이 아이는 뛰어난 재능을 가지고 있다.

3급 •••
突然
tūrán

閉 갑자기, 돌연히 혱 갑작스럽다

他突然向我提出了分手。 그는 갑자기 나에게 헤어지자고 했다.

3급 •
图书馆
túshūguǎn

몡 도서관

请在图书馆里保持安静。 도서관에서는 조용히 해주세요.

5급 •
土地
tǔdì

몡 토지, 땅

在未来五年里，这片土地会变成高楼大厦。
미래의 5년 안에, 이 땅은 고층 건물이 될 것이다.

5급 •
土豆
tǔdòu

몡 감자

土豆里含有丰富的营养。 감자는 풍부한 영양을 함유하고 있다.

吐
tù

동 토하다, 게워내다

他喝了太多酒，都吐了。 그는 술을 너무 많이 마셔서, 모두 게워냈다.

Tip 把它吐出来 그것을 (의식적으로) 뱉어내다

5급 ••

兔子
tùzi

명 토끼

这个兔子很可爱。 이 토끼는 매우 귀엽다.

Tip 一只兔子 토끼 한 마리

5급 ••

团
tuán

명 단체, 그룹, 조직 양 뭉치, 덩어리, 덩이 [덩어리를 세는 양사]

参团旅行既方便又便宜。
패키지 여행에 참여하면 편리하기도 하고 싸기도 하다.

Tip 一团饭 모여서 먹는 식사

5급 •

推
tuī

동 밀다 (↔ 拉 lā 끌어당기다)

把他推出去，吵死了。 그를 밀어내라, 시끄러워 죽겠다.

4급 ••

推迟
tuīchí

동 연기하다, 뒤로 미루다 (↔ 提前 tíqián 앞당기다)

会议推迟到下个月再举行。 회의가 연기되어 다음 달에 다시 거행된다.

4급 ••

推辞
tuīcí

동 거절하다, 사양하다 (↔ 接受 jiēshòu 받아들이다)

他推辞了我的好意。 그는 나의 호의를 거절했다.

5급 •••

推广
tuīguǎng

동 보급하다

中国教育部门正在大力推广普通话。
중국 교육부는 대대적으로 표준어를 보급하고 있다.

5급 ••

推荐
tuījiàn

동 추천하다

我推荐你去中国云南旅行。
나는 당신이 중국 윈난으로 여행 가기를 추천합니다.

5급 ••

T

3급 •

腿
tuǐ

뗑 다리

他的腿受伤了。 그는 다리를 다쳤다.

5급 •

退
tuì

동 물러서다, 빠지다

他退出了比赛。 그는 경기에서 빠졌다.

5급 •••

退步
tuìbù

동 퇴보하다 (↔ 进步 jìnbù 진보하다)

最近不努力学习，成绩退步了许多。
최근에 열심히 공부하지 않아서, 성적이 많이 떨어졌다.

5급 •••

退休
tuìxiū

동 퇴직하다

他六十岁了，到了退休的年龄了。
그는 예순이어서, 퇴직할 나이가 되었다.

4급 •

脱
tuō

동 벗다 (↔ 穿 chuān 입다)

脱下衣服准备睡觉。 옷을 벗고 잠잘 준비를 하세요.

✓ 신 HSK 성어 처방전 2

수주대토 (守株待兔 shǒu zhū dài tù)

守(수 지키다) 株(주 나무 그루터기) 待(대 기다리다) 兔(토 토끼)
나무 그루터기를 지켜보며 토끼가 나오기를 기다린다. 요행만을 바라며 새로운
변화에 순응하지 못하는 것을 가리킴.

新 HSK 기출 2500 VOCA

1852

4급 •

袜子
wàzi

명 양말

他喜欢穿白色的袜子。 그는 하얀색 양말 신는 것을 좋아한다.

Tip 一双袜子 양말 한 켤레 | 一只袜子 양말 한 짝

1853

5급 ••

歪
wāi

형 비뚤다, 기울다, 옳지 않다, 바르지 않다

照片贴歪了。 사진이 비뚤게 붙여졌다.

这是歪道儿，不适合像我这样堂堂正正的人。
이건 잘못된 방법이다, 나같이 정정당당한 사람에게는 어울리지 않는다.

1854

2급 ••

外
wài

명 바깥 (↔ 里 lǐ, 内 nèi 안)

外面很吵闹，好象发生什么事情似的。
밖이 매우 소란스럽다, 무슨 일이 생긴 것 같다.

1855

5급 ••

外交
wàijiāo

명 외교

由于一些政治问题，两国的外交关系处于紧张状态。
정치 문제 때문에, 양국의 외교 관계는 긴장 상태에 처해 있다.

1856

5급 ••

弯
wān

형 완만하다, 구부러져 있다 동 구부리다 (↔ 直 zhí 곧다) 명 굽이, 모퉁이

弯弯的月亮真好看。 동그란 달이 매우 예쁘다.

1857

2급 ••

完
wán

동 끝내다, 완성하다

我翻译完了这本书。 나는 이 책을 다 번역했다.

1858

3급 •••

完成
wánchéng

동 완성하다, 끝마치다

他完成这部小说花了十年。
그는 이 소설을 완성하는 데 십 년 걸렸다.

5급 •••
完美
wánměi

[형] 완벽하다

世界上没有绝对完美的理论。 세상에 절대적으로 완벽한 이론은 없다.

Tip 完美主义者 완벽주의자 | 追求完美 완벽을 추구하다

4급 ••
完全
wánquán

[부] 완전히, 절대로 [형] 완전하다, 완벽하다

他完全不理解我的心情。
그는 완전히(전혀) 내 마음을 이해하지 못한다.

5급 ••
完善
wánshàn

[형] 완벽하다

这个国家的社会保障制度很完善。
이 나라의 사회보장제도는 매우 완벽하다.

世界上哪儿有这么完善的机构?
세상 어디에 이렇게 완벽한 기구가 있을까?

5급 ••
完整
wánzhěng

[형] 완벽하다, 완전하다

孩子需要的是完整的家庭。
아이들이 필요로 하는 것은 온전한 가정이다.

2급 ••
玩
wán

[동] 놀다

我的孩子特别喜欢玩电脑游戏。
우리 아이는 컴퓨터게임 하는 것을 특별히 좋아한다.

5급 ••
玩具
wánjù

[명] 완구, 장난감

玩玩具可以提高孩子的智商。
완구를 가지고 놀면 아이들의 지능 지수(IQ)를 높일 수 있다.

3급 •
碗
wǎn

[명] 그릇 [양] 그릇, 공기, 사발

他一顿就吃了三碗饭。 그는 한 끼에 세 그릇을 먹었다.

Tip 饭碗 밥그릇, 밥공기

2급 ••
晚上
wǎnshang

[명] 저녁 (↔ 早上 zǎoshang 아침)

晚上我们出去喝酒吧。 저녁에 우리 나가서 술 마시자.

W

3급 •
万
wàn

㊲ 10,000, 만

这里是一**万**块钱。 여기 일만 위안입니다.

5급 •••
万一
wànyī

㊱ 만약, 만일 (= 如果 rúguǒ, 要是 yàoshi, 假如 jiǎrú)

带着雨伞吧，**万一**下雨怎么办呢。
우산을 가져가라, 만에 하나라도 비가 오면 어떡하니.

5급 ••
王子
wángzǐ

㊳ 왕자

我的白马**王子**还没出现。 나의 백마 탄 왕자님은 아직 나타나지 않았다.

4급 ••
往
wǎng

㊲ ~를 향하여, ~로

往前走一百米，就是汉语补习班。
앞으로 백 미터만 가면, 바로 중국어학원이다.

5급 •
往返
wǎngfǎn

㊴ 왕복하다

他经常出差，**往返**于北京和首尔之间。
그는 자주 출장을 간다, 베이징과 서울 사이를 왕복한다.

4급 ••
往往
wǎngwǎng

㊵ 자주, 종종

女人**往往**是被男人的甜言蜜语所骗。
여자는 자주 남자의 감언이설에 속는다.

4급 ••
网球
wǎngqiú

㊳ 테니스

我的爱好是打**网球**。 나의 취미는 테니스를 치는 것이다

4급 ••
网站
wǎngzhàn

㊳ 홈페이지, 사이트

这个**网站**对学习英语很有用。 이 사이트는 영어공부에 매우 유용하다.

3급 ••
忘记
wàngjì

㊴ 잊다

我已经**忘记**了你说的话。 나는 이미 네가 한 말을 잊었어.

W

5급 ••
危害
wēihài

명 손상, 손해 동 해가 되다, 해를 끼치다

空气中的有害物质对我们的身体有危害。
공기 중의 유해물질은 우리 신체에 해가 된다.

4급 ••
危险
wēixiǎn

형 위험하다 (↔ 安全 ānquán 안전하다)

别做这种危险的行为。 이런 위험한 행동은 하지 마세요.

5급 •
微笑
wēixiào

동 미소를 짓다 명 미소

经常微笑可以给别人留下好印象。
자주 미소를 짓는 것은 다른 사람에게 좋은 인상을 줄 수 있다.

5급 ••
威胁
wēixié

동 위협하다

他用自己的权力威胁别人。
그는 자신의 권력을 이용해서 다른 사람을 위협한다.

5급 ••
违反
wéifǎn

동 위반하다 (↔ 遵守 zūnshǒu 준수하다)

美国运动员违反了比赛规则。 미국 운동선수는 경기 규칙을 위반했다.

5급 •
维护
wéihù

동 지키다, 수호하다

作为中国人，应该维护国家主权。
중국인으로서, 나라의 주권을 지켜야 한다.

5급 •
围巾
wéijīn

명 목도리, 스카프

冬天要围围巾。 겨울에는 목도리를 착용해야 한다.

Tip 一条围巾 목도리 한 장

5급 ••
围绕
wéirào

동 둘러싸다

他们讨论的话题是围绕结婚的。
그들이 토론하는 화제는 결혼을 둘러싼 것이다.

W

5급 ••
唯一
wéiyī

[형] 유일하다

你是我唯一在乎的人。 당신은 내가 유일하게 신경 쓰는 사람입니다.

5급 ••
尾巴
wěiba

[명] 꼬리

小狗朝主人摇了摇尾巴。 강아지는 주인에게 꼬리를 흔들었다.

5급 •••
伟大
wěidà

[형] 위대하다

鲁迅是在中国文学历史上很伟大的人物。
루쉰은 중국 문학 역사상 매우 위대한 인물이다.

5급 •••
委屈
wěiqu

[형] 억울하다, 분하다

今天被老师批评了，觉得很委屈，其实不是我的错。
오늘은 선생님한테 혼났는데, 매우 억울하다, 사실 내 잘못이 아니기 때문이다.

5급 •
委托
wěituō

[동] 위탁하다, 의뢰하다

这件事我就委托给你了。 이 일은 내가 당신에게 의뢰하겠습니다.

Tip 把…委托给… ～을 ～에게 의뢰하다

1급 •
喂
wéi l wèi

[wéi] [감] 야, 어이, 여보세요 [wèi] [동] 먹이를 주다, 기르다

喂，您好，我是小高的朋友，他在家吗?
여보세요, 안녕하세요, 나는 샤오가오의 친구입니다, 샤오가오 있어요?

妈妈喂小孩儿吃饭。 엄마는 아이가 밥을 먹도록 음식을 준다.

5급 •
胃
wèi

[명] 위

我常常胃疼。 나는 자주 위가 아프다.

3급 •••
为
wèi

[전] ～을 위해서, ～ 때문에

我经常抽烟，为此女朋友和我分手了。
나는 자주 담배를 피는데, 이것 때문에 여자친구는 나와 헤어졌다.

3급 ●●●
为了
wèile

접 ~을 위해서

为了我们的友谊，干杯! 우리의 우정을 위해서, 건배!

2급 ●●
为什么
wèi shénme

대 왜, 어째서

你**为什么**不听我的话? 당신은 왜 내 말을 듣지 않나요?

3급 ●
位
wèi

양 분 [사람을 세는 양사]　명 자리, 곳, 위치

你们是几**位**? 我来带路。 몇 분이세요? 제가 안내해드릴게요.

5급 ●●●
位置
wèizhi

명 위치

在自己的**位置**上坐好。 자신의 위치에서 제대로 앉으세요.

5급 ●●●
未必
wèibì

부 꼭 ~한 건 아니다 (= 不一定 bù yídìng, 不见得 bú jiànde)

今天他**未必**会来。 오늘 그가 꼭 올 수 있는 것은 아니다.

5급 ●●
未来
wèilái

명 미래

美好的**未来**用自己的双手创造。
아름다운 미래는 자신의 두 손으로 창조한다.

4급 ●●●
味道
wèidào

명 맛, 냄새

这道菜的**味道**很独特。 이 요리의 맛은 매우 독특하다.

5급 ●●
卫生间
wèishēngjiān

명 화장실 (= 洗手间 xǐshǒujiān, 厕所 cèsuǒ)

百货商店里的**卫生间**很干净。 백화점의 화장실은 매우 깨끗하다.

4급 ●
温度
wēndù

명 온도

这个房间里的**温度**太高了，需要调节温度。
이 방의 온도는 너무 높다, 온도 조절이 필요하다.

W

5급 •
温暖
wēnnuǎn

[형] 따뜻하다

温暖的春天快要来了。 따뜻한 봄이 곧 온다.

5급 ••
温柔
wēnróu

[형] 다정하다, 부드럽다, 온화하다

她是又温柔又善良的女人。 그녀는 온화하고 착한 여자이다.

5급 •
闻
wén

[동] 냄새를 맡다, 듣다

百合花闻起来真香。 백합 냄새를 맡아보니 정말 향기롭다.

Tip 闻 뒤에는 다음과 같은 보어가 올 수 있습니다.

闻到 · 闻见 냄새를 맡다

3급 •
文化
wénhuà

[명] 문화

各个国家之间都存在着文化差异。

각 국가 간에는 모두 문화 차이가 존재한다.

5급 •
文件
wénjiàn

[명] 문건, 서류

还有一些文件要处理，看来今天得加班了。

처리해야 할 문건이 더 있어서, 보아하니 오늘 야근해야겠다.

5급 •
文具
wénjù

[명] 문구

这家文具店的文具质量很好。

이 문구점의 문구는 품질이 매우 좋다.

5급 •
文明
wénmíng

[명] 문명 [형] 교양이 있다

现在是文明社会，你怎么还做这么不文明的行为呢?

현재는 문명사회입니다, 당신은 어째서 이렇게 교양 없는 행동을 하십니까?

5급 •
文学
wénxué

[명] 문학

原来他是搞文学的，怪不得说话与众不同。

원래 그는 문학하는 사람이었구나, 어쩐지 말하는 것이 좀 다르더라니.

W

4급 ••
文章
wénzhāng

[명] 문장, 글

这篇文章很感人。 이 글은 매우 감동적이다.

Tip 一篇文章 글 한 편

5급 ••
吻
wěn

[동] 입맞춤을 하다

男孩轻轻地吻了一下儿女生。
남자 아이는 가볍게 여자에게 입맞춤을 한 번 했다.

5급 ••
稳定
wěndìng

[형] 안정되다

我希望找到一份稳定的工作，挣多少钱不重要。
나는 안정적인 직업을 찾고 싶다, 얼마를 버는지는 중요하지 않다.

Tip 稳定은 다음과 같은 단어와 같이 사용합니다.
病情稳定 병세가 안정되다 | 工作稳定 일이 안정되다
情绪稳定 기분이 안정되다 | 物价稳定 물가가 안정되다

2급 •
问
wèn

[동] 묻다

有问题一定要问老师。 질문이 있으면 선생님께 물어야 한다.

5급 ••
问候
wènhòu

[동] 안부를 묻다

请你替我问候你的父母。
나를 대신해서 당신 부모님께 안부 전해주세요.

2급 ••
问题
wèntí

[명] 질문, 문제

我有很多问题想问你。 나는 묻고 싶은 질문이 매우 많아요.

1급 ••
我
wǒ

[대] 나

我是个三好学生。 나는 모범생이다.

1급 •
我们
wǒmen

[대] 우리들

我们是好朋友。 우리는 좋은 친구이다.

W

卧室
wòshì
5급 ••

명 침실

这间是我的卧室，那间是客厅。
여기는 내 침실이고, 저기는 거실이다.

握手
wòshǒu
4급 •

동 악수하다, 손을 잡다

我跟韩国总统握过手。 나는 한국 대통령과 악수해본 적이 있다.

污染
wūrǎn
4급 ••

명 오염　동 오염되다, 오염시키다

环境污染越来越严重了。 환경오염은 점점 심각해진다.

屋子
wūzi
5급 ••

명 방

妈妈总是把屋子打扫得干干净净。
엄마는 항상 방을 깨끗하게 청소한다.

无
wú
4급 •••

동 없다 (↔ 有 yǒu 있다)

这件事真的与我无关。 이 일은 정말 나와 무관하다.

无聊
wúliáo
4급 ••

형 무료하다, 심심하다, 따분하다

周末自己在家看电视很无聊。
주말에 혼자 집에서 텔레비전을 보는 것은 매우 무료하다.

无论
wúlùn
4급 •••

접 ~에 상관없이, ~에 관계없이 (= 不管 bùguǎn, 不论 búlùn)

无论结果如何，我都要坚持下去。
결과가 어떻든지, 나는 계속해 나가려 한다.

Tip　无论…都·也… ~에 관계없이 다 ~하다

无奈
wúnài
5급 •••

동 어찌할 수 없다 (= 无可奈何 wúkěnàihé)

他无奈地笑了。 그는 어쩔 수 없이 웃었다.

W

无数
wúshù
5급 ••

형 무수하다, 셀 수 없다

无数的年轻人都想成为明星。
무수한 젊은이들이 스타가 되고 싶어한다.

五
wǔ
1급 ••

수 다섯, 5

再过**五**天就要考试了，得抓紧时间复习。
5일이 지나면 곧 시험이다, 시간을 잘 잡아서 복습해야 한다.

这里的商品真是**五**花八门。
이곳의 상품은 오색찬란하다.

武器
wǔqì
5급 ••

명 무기

放下**武器**，出来投降。 무기를 내려놓고, 나와서 항복하라.

武术
wǔshù
5급 •

명 무술

无数外国人迷上了中国**武术**。
무수한 외국인이 중국 무술에 빠져 있다.

雾
wù
5급 •

명 안개

下**雾**时开车很危险。 안개가 끼어 있을 때 운전하면 매우 위험하다.

误会
wùhuì
4급 •••

동 오해하다 명 오해

别**误会**，我只是想和你交朋友。
오해하지 마세요, 나는 단지 당신과 친구가 되고 싶었습니다.

物理
wùlǐ
5급 •

명 물리

水变成冰是**物理**现象。 물이 얼음이 되는 것은 물리현상이다.

物质
wùzhì
5급 •

명 물질

对我来说，精神上的满足比**物质**上的满足更重要。
나에게 있어서, 정신적인 만족은 물질적인 만족보다 훨씬 중요하다.

W

제1부분   다음 단어들을 이용해 문장을 완성하세요.

1   特意   为你   我   这是   准备的   礼物

2   可以   提高   玩玩具   智商   孩子的

3   天气原因   导致   上涨   物价

4   权力   借着   他   自己的   威胁   别人

5   免费   服务   提供   这里   各种

6   没有   绝对   世界上   的   理论   完美

7   成为   年轻人   明星   都   无数的   想

제2부분 다음 그림을 보고, 80자 내외의 작문 한 편을 완성하세요.

기출

MEMO

▶ 원고지에 직접 답안을 적어보세요.

1933

3급 •
西
xī

명 서, 서쪽

太阳从东边升起，从西边落下。
태양은 동쪽에서 떠서, 서쪽으로 진다.

1934

2급 •
西瓜
xīguā

명 수박

我最喜欢吃的水果是西瓜。
내가 가장 먹기 좋아하는 과일은 수박이다.

1935

4급 •
西红柿
xīhóngshì

명 토마토

西红柿含有丰富的维生素C。
토마토는 풍부한 비타민 C를 함유하고 있다.

1936

5급 •
吸收
xīshōu

동 흡수하다, 빨아들이다

树吸收太阳的能量。 나무는 태양 에너지를 흡수한다.

1937

4급 •••
吸引
xīyǐn

동 빨아당기다, 끌어당기다, 매료시키다

这个男生深深地吸引了我。 이 남자는 나를 깊이 매료시켰다.

1938

2급 •••
希望
xīwàng

동 희망하다, 바라다 명 희망

我希望我们能成为好朋友。
나는 우리가 좋은 친구가 될 수 있기를 희망한다.

1939

3급 •••
习惯
xíguàn

명 습관 동 습관이 되다, 익숙해지다

经常洗手是好习惯。 자주 손을 씻는 것은 좋은 습관이다.

我习惯了这样早睡早起的生活。
나는 이렇게 일찍 자고 일찍 일어나는 생활에 익숙해졌다.

Tip 好习惯 좋은 습관 | 坏习惯 나쁜 습관

2급 ••

洗
xǐ

동 씻다, 빨다

应该养成经常洗手的习惯。 자주 손 씻는 습관을 길러야 합니다.

Tip 洗衣服 빨래를 하다 | 洗碗 설거지를 하다

3급 ••

洗手间
xǐshǒujiān

명 화장실 (= 卫生间 wèishēngjiān, 厕所 cèsuǒ)

我去一下儿洗手间。 저 화장실 좀 다녀올게요.

4급 ••

洗衣机
xǐyījī

명 세탁기

最近洗衣机的种类很多。 요즘 세탁기의 종류가 매우 많다.

3급 •••

洗澡
xǐzǎo

동 목욕하다

每天回家以后第一件事就是洗澡。
매일 집에 돌아간 후에 첫 번째 하는 일은 목욕하는 것이다.

Tip 洗澡는 이합사로, 동작의 횟수를 나타내는 동량보어가 글자 사이에 들어갑니다.
我一天洗两次澡。 나는 하루에 두 번 샤워한다.

1급 •

喜欢
xǐhuan

동 좋아하다

我喜欢个子高的男生。 나는 키가 큰 남자를 좋아한다.

5급 ••

系
xì | jì

[xì] 명 ~과(전공) [jì] 동 매다, 묶다

我是中文系毕业的。 나는 중문과를 졸업했다.

你的鞋带开了，赶快系上吧。
당신 신발끈 풀렸어요, 빨리 묶으세요.

X

5급 ••

系统
xìtǒng

명 계통, 시스템

电脑系统被病毒破坏了。 컴퓨터 시스템이 바이러스에 의해 망가졌다.

5급 ••

细节
xìjié

명 세부 상황, 세부 줄거리

告诉我整件事情的细节。 나에게 전체 사건의 세부 내용을 알려주세요.

5급 ••
戏剧
xìjù

몡 희극, 연극

戏剧是中国的传统表演。 연극은 중국의 전통 공연이다.

5급 •
瞎
xiā

동 눈이 보이지 않다, 실명하다　뷔 함부로, 되는대로

他是个瞎子。 그는 시각장애인이다.

你有证据吗? 别瞎说。 당신 증거 있어요? 헛소리하지 마세요.

5급 ••
吓
xià

동 놀래키다, 놀라게 하다, 놀라다

你吓了我一跳。 너는 나를 깜짝 놀래켰다.

3급 ••
夏
xià

몡 여름

我最喜欢的季节是夏天。 내가 가장 좋아하는 계절은 여름이다.

1급 ••
下
xià

동 내려가다　몡 아래, 다음　양 차례, 번, 회

你们先下车吧，我下一站下车。
당신들 먼저 내리세요, 저는 다음 역에서 내려요.

Tip 下车 차에서 내리다 | 下机 비행기에서 내리다 | 下船 배에서 내리다

1급 •
下午
xiàwǔ

몡 오후 (↔ 上午 shàngwǔ 오전)

下午你干什么? 오후에 너 뭐 할 거야?

1급 •••
下雨
xià yǔ

동 비가 오다

昨天下了一场大雨。 어제 한 차례 큰 비가 내렸다.

Tip 下雨 비가 오다 | 下雪 눈이 오다 | 下雾 안개가 끼다 | 下冰雹 우박이 내리다

5급 •
下载
xiàzài

동 다운로드하다 (↔ 上传 shàngchuán 업로드하다)

在这个网站上传下载电影是免费的。
이 사이트에서 영화를 업로드하고 다운받는 것은 무료이다.

3급 ••
先
xiān

[부] 먼저

你先回家吧，我一会儿再回去。
당신 먼저 집에 가세요, 나는 조금 이따가 갈게요.

1급 •
先生
xiānsheng

[명] ~씨, 미스터 ~ [성인 남자에 대한 호칭]

这位老先生是一位非常了不起的人。
이 남자분은 매우 대단한 사람이다.

5급 ••
鲜艳
xiānyàn

[형] 선명하다

老人喜欢鲜艳的颜色。 노인은 선명한 색을 좋아한다.

4급 •
咸
xián

[형] 짜다

菜太咸了，给我一杯水。 음식이 너무 짜요, 물 한 잔 주세요.

Tip 酸 시다 | 甜 달다 | 苦 쓰다 | 辣 맵다

5급 ••
显得
xiǎnde

[동] ~처럼 보이다

你穿这件衣服显得很胖。 너 이 옷을 입으니까, 매우 뚱뚱해 보인다.

5급 ••
显然
xiǎnrán

[형] 명백하다, 분명하다, 뚜렷하다

他显然是个骗子。 그는 분명히 사기꾼이다.

5급 ••
显示
xiǎnshì

[동] 드러내다, 나타내다

通过这件事可以显示出他的能力。
이번 일을 통해서 그의 능력이 드러날 수 있다.

5급 •
县
xiàn

[명] 현 [행정구역 단위]

我的家乡是一个小县，所以比较穷。
내 고향은 작은 마을이어서, 비교적 가난하다.

4급 • 现代 *xiàndài*

명 현대 (↔ 古代 gǔdài 고대)

现代社会竞争很激烈。 현대 사회는 경쟁이 매우 치열하다.

5급 • 现金 *xiànjīn*

명 현금

这儿不能刷卡，只收现金。
여기는 카드로 결제할 수 없습니다, 단지 현금만 받습니다.

5급 • 现实 *xiànshí*

명 현실　형 현실적이다

现实是残酷的，你要做好心理准备。
현실은 참혹하니, 당신은 마음의 준비를 잘하셔야 합니다.

5급 • 现象 *xiànxiàng*

명 현상

现代社会经常出现不好的现象。
현대 사회에는 자주 좋지 않은 현상이 나타난다.

1급 • 现在 *xiànzài*

명 현재

现在你有什么打算？ 현재 너는 무슨 계획이 있니?

4급 •• 羡慕 *xiànmù*

동 부러워하다

我羡慕他的才能。 나는 그의 재능이 부럽다.

4급 ••• 限制 *xiànzhì*

명 한계, 제약, 제한　동 제약하다

这部电影有年龄限制。 이 영화는 나이 제한이 있다.

X

4급 • 香 *xiāng*

형 향기롭다, 냄새가 좋다, 맛있다

这菜真香！ 이 요리 참 냄새가 좋다.

3급 •
香蕉
xiāngjiāo

명 바나나

每天早上吃一根香蕉对身体很好。
매일 아침 바나나 하나를 먹으면 몸에 매우 좋다.

Tip 一根香蕉 바나나 한 개 | 一串香蕉 바나나 한 송이

5급 ••
相处
xiāngchǔ

동 서로 알고 지내다, 함께 살다

他的性格很奇怪，和他相处很难。
그의 성격은 매우 이상해서, 그와 지내기가 매우 어렵다.

Tip 和…相处 ～와 서로 알고 지내다

5급 ••
相当
xiāngdāng

형 상당하다 부 상당히, 꽤

你唱歌的水平相当于专业歌手。
그의 노래 실력은 전문 가수에 상당하다.

他的汉语水平相当高。
그의 중국어 수준은 상당히 높다.

5급 ••
相对
xiāngduì

형 상대적이다 (↔ 绝对 juéduì 절대적이다)

他找到了一份相对稳定的工作。
그는 상대적으로 안정적인 일을 찾았다.

4급 ••
相反
xiāngfǎn

동 상반되다 (↔ 相同 xiāngtóng 서로 같다)

我的想法和你正好相反。 나의 생각은 너와 정반대이다.

5급 ••
相关
xiāngguān

동 서로 관련되다

和法律相关的问题你应该问律师。
법률과 관련된 문제는 마땅히 변호사에게 물어봐야 한다.

5급 ••
相似
xiāngsì

형 서로 비슷하다

他们夫妻两个人的性格很相似，所以生活得很幸福。
그들 부부 두 사람의 성격은 서로 비슷하다, 그래서 아주 행복하게 생활한다.

X

3급 •
相同
xiāngtóng

형 서로 같다

我们有着相同的目标。 우리는 서로 같은 목표를 가지고 있다.

3급 •
相信
xiāngxìn

동 믿다

要相信自己是最棒的。 자신이 가장 훌륭하다는 것을 믿어야 한다.

4급 ••
详细
xiángxì

형 자세하다, 상세하다 (↔ 简略 jiǎnlüè 간략하다)

你可以详细地说一下事情的经过吗?
당신은 사건의 경위를 자세히 좀 말해줄 수 있나요?

4급 •
响
xiǎng

동 울리다　형 소리가 크다

手机响了。 휴대전화가 울렸다.

1급 ••
想
xiǎng

조동 ~할 생각이다 [계획이나 바람]　동 그리워하다, 보고 싶다

我想去中国留学。 나는 중국으로 유학 가고 싶다.

我很想在国外生活的朋友们。
나는 외국에서 생활하는 친구들이 매우 보고 싶다.

5급 ••
想念
xiǎngniàn

동 그리워하다

我想念在中国的家人。 나는 중국에 있는 가족이 그립다.

5급 ••
想象
xiǎngxiàng

동 상상하다　명 상상

我不敢想象我老以后的样子。
나는 나의 늙은 모습을 감히 상상할 수 없다.

5급 ••
享受
xiǎngshòu

동 향유하다, 누리다

我很享受现在的生活。 나는 현재의 생활을 매우 즐긴다.

向 xiàng 2급 ••

전 ~을 향해서, ~로, ~에게

我们要向有经验的人学习。
우리는 경험이 있는 사람에게 배워야 한다.

像 xiàng 3급 •

동 닮다, 비슷하다

他长得很像他爸爸。 그는 생긴 것이 그의 아빠랑 매우 닮았다.

项 xiàng 5급 •

양 항 [항목으로 나눠진 것에 대한 양사]

这项任务由你来完成。 이 임무는 네가 완성한다.

项链 xiàngliàn 5급 •

명 목걸이

这条项链是爸爸送我的生日礼物。
이 목걸이는 아빠가 나에게 주신 생일 선물이다.

Tip 一条项链 목걸이 한 줄 | 一串珍珠项链 진주 목걸이 한 줄

项目 xiàngmù 5급 ••

명 프로젝트, 항목, 종목

这个项目是由我们公司负责的。
이 프로젝트는 우리 회사가 책임지는 것이다.

橡皮 xiàngpí 5급 ••

명 지우개

可以借我你的橡皮吗? 나에게 너의 지우개를 빌려줄 수 있니?

象棋 xiàngqí 5급 ••

명 장기, 바둑

你会下象棋吗? 당신은 바둑을 둘 수 있나요?

象征 xiàngzhēng 5급 ••

명 상징

玫瑰花象征着爱情。 장미꽃은 애정을 상징한다.

5급 •••
消费
xiāofèi

동 소비하다 명 소비

这种手机主要针对老年消费者。
이 휴대전화는 주로 노년층 소비자를 겨냥한다.

5급 ••
消化
xiāohuà

명 소화 동 소화하다

最近消化不良，所以瘦了。 요즘 소화불량이라서, 말랐어.

5급 •••
消灭
xiāomiè

동 소멸하다

消灭害虫。 해충을 박멸하다.

5급 •••
消失
xiāoshī

동 없어지다, 소실되다

他从我的视线里消失了。 그는 나의 시선에서 사라졌다.

5급 ••
销售
xiāoshòu

동 판매하다, 팔다 (= 销 xiāo, 售 shòu, 卖 mài)

这个季度的销售额还不错。 이번 분기의 판매액은 그럭저럭 팬찮다.

4급 ••
消息
xiāoxi

명 소식

我有一个好消息要告诉你。 나는 너에게 알려줄 좋은 소식이 있다.

Tip 好消息 좋은 소식 | 坏消息 나쁜 소식

1급 •
小
xiǎo

형 작다, 어리다 (↔ 大 dà 크다, 나이가 많다)

这件衣服有点儿小，有大一点儿的吗?
이 옷은 조금 작아요, 좀 더 큰 건 없나요?

5급 ••
小吃
xiǎochī

명 간식 거리, 간단한 먹거리

台湾小吃各种各样，都非常好吃。
타이완 먹거리는 종류가 다양하고, 모두 매우 맛있다.

5급 ● 小伙子
xiǎohuǒzi

명 젊은 청년, 젊은 남자

这个小伙子的条件不错，你可以考虑让他做你的男朋友。
이 젊은이의 조건이 괜찮으니, 넌 그를 남자친구로 삼는 것을 고려해봐도 되겠다.

1급 ● 小姐
xiǎojiě

명 아가씨

请问，您是李小姐吗？ 실례합니다, 당신이 미스 리인가요?

5급 ● 小麦
xiǎomài

명 소맥, 밀

这块地里种的都是小麦。 이 땅에 심은 것은 모두 다 밀입니다.

5급 ● 小气
xiǎoqi

형 인색하다, 소심하다 (↔ 大方 dàfang 대범하다)

你一个大男人怎么这么小气？
넌 남자가 어쩌면 이렇게 소심하니?

2급 ● 小时
xiǎoshí

명 시간

从首尔到釜山大概要四五个小时。
서울에서 부산까지 대략 4~5시간 걸린다.

Tip '한 시간'이라는 표현은 다음과 같이 다양하게 할 수 있습니다.
一个小时・一小时・一个钟头 한 시간

4급 ● 小说
xiǎoshuō

명 소설

这位作家写的每部小说都是经典。
이 작가가 쓴 소설은 다 걸작이다.

Tip '소설'에 대한 양사는 部와 篇, 두 가지 다 가능합니다.
一部小说・一篇小说 소설 한 편 (일반적으로 部는 장편, 篇은 단편을 나타냅니다)

5급 ● 小偷
xiǎotōu

명 도둑

这条街上人很复杂，你要注意小偷。
이 길은 사람이 매우 복잡하니, 너는 도둑을 조심해라.

3급 ● 小心
xiǎoxīn

동 조심하다

最近天气不好，小心感冒。 최근 날씨가 좋지 않으니, 감기 조심해.

2급 •

笑
xiào

동 웃다 (↔ 哭 kū 울다)

有什么好事儿? 笑得这么开心。
무슨 좋은 일 있어? 이렇게 기분 좋게 웃다니.

4급 ••

笑话
xiàohua

명 우스갯소리, 재밌는 이야기 동 비웃다

你看起来不开心，我给你讲个笑话吧。
너 기분이 안 좋아 보여, 내가 너에게 재밌는 이야기 하나 해줄게.

他笑话我走路很慢。 그는 내 걸음이 매우 느리다고 비웃는다.

4급 ••

效果
xiàoguǒ

명 효과

这个药的效果不错，而且没有什么副作用。
이 약은 효과가 좋다, 게다가 이런 부작용도 없다.

5급 ••

效率
xiàolǜ

명 효율

韩国人的工作效率非常高，所以社会发展得这么快。
한국인의 일 효율은 매우 높다, 그래서 사회 발전이 이렇게 빠른 것이다.

5급 ••

孝顺
xiàoshun

동 효도하다, 효성스럽다

我要找一个懂得孝顺父母的女朋友。
나는 부모님께 효도할 줄 아는 여자친구를 찾을 거다.

3급 •

校长
xiàozhǎng

명 교장

我们学校的校长是一位值得尊敬的人。
우리 학교의 교장선생님은 존경할 만한 분이시다.

1급 •

些
xiē

양 약간, 조금

这些钱是我辛辛苦苦打工挣来的，你不能乱花。
이 돈은 내가 고생스럽게 아르바이트해서 번 것이니, 당신은 함부로 쓰지 마세요.

5급 ••

歇
xiē

동 쉬다 (= 休息 xiūxi)

工作太累了，我们先歇一会儿吧。
일이 너무 힘들어요, 우리 먼저 좀 쉽시다.

斜
xié

형 기울다, 비스듬하다　동 기울(어지)다

由于工程质量出现问题，整栋楼倾斜了。

공사의 질에 문제가 생겨서, 건물 전체가 기울었다.

Tip 倾斜 경사지다, 기울어지다 | 斜对面 대각선 방향

3급 •

鞋
xié

명 신발

这双鞋质量不好，我在运动的时候把脚崴了。

이 신발은 품질이 좋지 않아서, 나는 운동할 때 발을 삐었다.

5급 ••

协调
xiétiáo

동 조화롭게 하다, 어울리게 하다　형 어울리다, 조화롭다

人事部要协调各个部门的工作，丰富大家的业余生活。

인사부는 각 부서의 일을 조절하여, 모두의 여가생활을 풍요롭게 해주어야 한다.

1급 •

写
xiě

동 쓰다

写报告是最让我头疼的事。

보고서를 쓰는 것은 나에게 가장 머리 아픈 일이다.

1급 •

谢谢
xièxie

동 감사하다, 고맙다

谢谢你对我的大力支持。

저를 전폭적으로 지지해주셔서 감사합니다.

2급 •

新
xīn

형 새롭다

新的一年开始了，我们一起努力学习汉语吧。

새로운 1년이 시작되었으니, 우리 함께 열심히 중국어를 공부하자.

3급 ••

新闻
xīnwén

명 뉴스

爸爸每天晚上看国际新闻，我每天晚上看娱乐新闻。

아버지는 매일 저녁 국제뉴스를 보시고, 나는 매일 저녁 연예가 뉴스를 본다.

Tip 新闻의 우리말 독음은 '신문'이지만 중국어로는 '뉴스'라는 뜻이고, 신문은 报 혹은 报纸라고 합니다.

3급 ••

新鲜
xīnxiān

형 신선하다

你看这些水果多新鲜，我们买点吧。

너 이 과일들이 얼마나 신선한지 좀 봐, 우리 좀 사자.

4급 •••
 辛苦
 xīnkǔ

휑 고생스럽다, 수고스럽다

今天辛苦了，大家回去好好休息吧。

오늘 고생하셨습니다, 모두 돌아가서 푹 쉬세요.

5급 ••
 心理
 xīnlǐ

명 심리, 마음

父母离婚给孩子心理上带来的伤害是非常大的。

부모의 이혼이 아이들의 심리에 가져오는 상처는 매우 크다.

4급 •
 心情
 xīnqíng

명 심정, 기분

祝你每天有个好心情。　당신이 매일 즐거운 기분이길 바랍니다.

5급 •
 心脏
 xīnzàng

명 심장

有心脏病的人不能玩儿危险的游戏。

심장병이 있는 사람은 위험한 놀이를 할 수 없다.

5급 ••
 欣赏
 xīnshǎng

동 맘에 들다, 좋아하다, 감상하다

我很欣赏你的才华，但我们公司现在不需要新职员。

나는 당신의 재능이 매우 맘에 들지만, 우리 회사는 현재 새 직원이 필요 없습니다.

3급 •
 信
 xìn

명 편지

以前和朋友们联系经常写信，现在发电子邮件。

이전엔 친구들과 항상 편지로 연락했지만, 지금은 e-mail을 보낸다.

Tip 一封信 편지 한 통

5급 •
 信封
 xìnfēng

명 편지 봉투

送钱给别人的时候不能直接把钱给别人，要把钱放在信封里。　다른 사람에게 돈을 보낼 때, 직접 돈을 다른 사람에게 주어서는 안 되고, 돈을 편지봉투 안에 넣어야 한다.

5급 •
 信号
 xìnhào

명 신호

因为是郊区，所以这儿的手机信号不太好。

교외라서, 이곳의 휴대전화 신호는 그다지 좋지 않다.

X

信任 xìnrèn　4급 •

동 믿다, 신임하다

你应该信任你的爱人，这样才会幸福长久地生活下去。
너는 배우자를 믿어야 한다, 이렇게 해야 행복하게 오랫동안 생활해 나갈 수 있다.

信息 xìnxī　5급 •

명 정보, 소식

在网站上可以知道很多信息，所以网络成为了我们交流的主要工具。인터넷상에서 많은 정보를 알 수 있다, 그래서 인터넷은 교류의 중요한 수단이 되었다.

信心 xìnxīn　4급 ••

명 자신, 자신감, 신념, 믿음

连你自己都对自己没有信心，何况别人呢?
너 자신조차도 스스로에게 믿음이 없는데, 하물며 다른 사람은 어떻겠느냐?

Tip　对…有信心 ～에 대해 자신 있다

信用卡 xìnyòngkǎ　4급 ••

명 신용카드

信用卡是现代生活中必不可少的东西。
신용카드는 현대 생활 중에서 결코 없어서는 안 될 물건이다.

Tip　一张信用卡 신용카드 한 장 | 办卡 신용카드를 만들다

兴奋 xīngfèn　4급 ••

형 흥분하다, 기쁘다

听到这个消息他兴奋得跳了起来。
이 소식을 듣고 그는 기뻐서 펄쩍펄쩍 뛰었다.

星期 xīngqī　1급 •

명 주, 요일 (= 礼拜 lǐbài)

这个星期休假，我打算去济州岛旅行。
이번 주 휴가에, 난 제주도로 여행 갈 계획이다.

行 xíng　4급 ••

형 좋다, 된다

你这样做是不行的，再想一个办法吧。
너 이렇게 하면 안 돼, 다시 방법 하나를 생각해봐.

行动 xíngdòng　5급 ••

동 행동하다

做好了计划那就赶快行动吧。
계획을 다 세웠으니, 그럼 빨리 행동으로 옮기자.

3급 •

行李箱
xínglixiāng

명 짐가방

请你帮我拿一下行李箱。 짐가방 드는 것 좀 도와주세요.

5급 ••

行人
xíngrén

명 행인

我不太熟悉这儿的环境，我们得向行人问问路。
내가 이곳 환경에 그다지 익숙하지 않으니, 우리는 행인에게 길을 좀 물어봐야겠다.

5급 ••

行为
xíngwéi

명 행동, 행위

见到长辈不打招呼是不礼貌的行为。
연장자를 만났을 때 인사를 하지 않는 것은 예의 없는 행동이다.

5급 ••

形成
xíngchéng

동 형성하다

他的设计慢慢形成了自己独有的风格。
그녀의 디자인은 천천히 자신의 독특한 스타일을 형성했다.

5급 ••

形容
xíngróng

동 형용하다

我太高兴了，不知道怎么形容现在的心情。
나는 너무 기뻐서, 어떻게 지금의 마음을 형용해야 할지 모르겠다.

5급 •

形式
xíngshì

명 형식

考试只是一种形式，并不代表一个学生的真实成绩。
시험은 일종의 형식일 뿐, 결코 한 학생의 진실한 성적을 나타내지 못한다.

5급 ••

形势
xíngshì

명 형세, 정세, 형편, 상황

现在中国在国际上的形势越来越好了。
현재 중국은 국제적으로 정세가 점점 좋아지고 있다.

5급 •••

形象
xíngxiàng

명 형상, 이미지　형 생동감이 넘치다

明星都很在乎自己的形象。
배우는 모두 자신의 이미지에 신경을 쓴다.

X

5급 ••
形状
xíngzhuàng

명 형태, 모양

这个图案的形状有点奇怪，但是很有个性。
이 도안의 모양은 조금 이상하지만, 매우 개성 있다.

4급 •
醒
xǐng

동 깨다, 깨어나다

你都睡了十个小时了，还没睡醒吗?
너는 이미 10시간이나 잤는데, 아직도 잠이 안 깨니?

2급 •
姓
xìng

명 성, 성씨 동 성이 ~이다

在韩国，姓李、姓金、姓朴的人特别多。
한국에는 이씨, 김씨, 박씨가 특히 많다.

4급 •
性别
xìngbié

명 성별

虽然是现代社会，但还是存在性别歧视。
비록 현대 사회지만, 아직도 성차별은 존재한다.

4급 •
性格
xìnggé

명 성격 (= 脾气 píqi)

她的性格很内向，不善于交际。
그녀의 성격은 매우 내성적이어서, 교제에 능숙하지 못하다.

Tip 内向 내성적이다 | 外向 외향적이다

5급 •
性质
xìngzhì

명 성질

他一点儿也不了解我的工作性质。
그는 내 일의 성질을 조금도 알지 못한다.

4급 ••
幸福
xìngfú

형 행복하다

和家人在一起幸福地生活是我的梦想。
가족과 함께 행복하게 생활하는 것이 나의 꿈이다.

5급 •••
幸亏
xìngkuī

부 다행히 (= 好在 hǎozài)

幸亏有你帮助我才这么快解决问题。
다행히 네가 도와줘서 나는 비로소 이렇게 빨리 문제를 해결할 수 있었다.

X

5급 ••
幸运
xìngyùn

형 운이 좋다

今天我很幸运，捡到了十万元。
오늘 나는 운이 매우 좋다, 10만 위안을 주웠다.

Tip 幸运儿 행운아, 운 좋은 사람

3급 ••
兴趣
xìngqù

명 흥미

我最近慢慢开始对滑冰感兴趣了。
최근에 나는 차츰 스케이트에 흥미를 가지기 시작했다.

Tip 对…感兴趣 ~에 흥미가 있다

5급 •
胸
xiōng

명 가슴

女孩靠在男孩的胸口，脸上露出了幸福的笑容。
여자아이가 남자아이의 가슴에 기대더니, 얼굴에 행복한 웃음을 지었다.

5급 •
兄弟
xiōngdì

명 형제

我们是好兄弟，别说这么见外的话。
우리는 좋은 형제이다, 이렇게 남 같은 말은 하지 말아라.

3급 ••
熊猫
xióngmāo

명 판다

熊猫是中国的国宝。 판다는 중국의 국보이다.

Tip 一只熊猫 판다 한 마리

5급 •
雄伟
xióngwěi

형 웅대하다, 웅장하다

你去过雄伟的长城吗？ 너는 거대한 만리장성에 가봤니?

4급 ••
修
xiū

동 수리하다

小王是电脑专家，如果你的电脑出现问题你可以找他
帮你修修。 샤오왕은 컴퓨터 전문가이다, 만약 컴퓨터에 문제가 생기면 넌
그를 찾아가 수리해달라고 하면 된다.

5급 ••
修改
xiūgǎi

동 고치다, 수정하다

这篇文章有点问题，你可以帮我修改一下吗？
이 글이 문제가 조금 있는데, 당신이 고치는 것을 좀 도와줄 수 있습니까?

X

休息
xiūxi
2급 ••

동 쉬다 (= 歇 xiē)

你看起来很累，快去休息休息吧。
너 매우 피곤해 보여, 빨리 가서 좀 쉬어.

休闲
xiūxián
5급 ••

형 한가하다, 레저 활동을 하다

我最近很休闲，你随时都可以找我。
난 요즘 매우 한가하니까, 너는 아무 때나 날 찾아와도 돼.

虚心
xūxīn
5급 ••

형 겸손하다 (= 谦虚 qiānxū ↔ 骄傲 jiāo'ào 거만하다)

你别太骄傲，应该虚心向别人学习。
너 너무 거만하게 굴지 마, 겸손하게 다른 사람에게 배워야 하는 거야.

需要
xūyào
3급 ••

동 필요하다 명 수요, 필요, 요구

你需要什么尽管跟我说。
너 필요한 게 무엇인지 마음껏 나에게 이야기해봐.

你有什么需要吗? 너 뭐 필요한 것이 있어?

许多
xǔduō
4급 ••

형 아주 많은, 대단히 많은

现在有许多人都要去中国做生意。
지금 수많은 사람이 중국에 가서 사업하려고 한다.

叙述
xùshù
5급 ••

동 서술하다

请你用简单的语句来叙述这篇文章的内容。
당신은 간단한 문구를 사용해서 이 글의 내용을 서술해주세요.

宣布
xuānbù
5급 •••

동 선포하다

1949年，毛泽东在天安门广场上宣布中华人民共和国成立了。 1949년, 모택동은 톈안먼 광장에서 중화인민공화국 성립을 선포했다.

宣传
xuānchuán
5급 ••

동 선전하다, 광고하다

广告的宣传效果非常好，所以很多公司不惜花那么多钱来拍广告。 광고의 선전 효과는 매우 좋아서, 많은 회사가 그렇게 많은 돈을 들여 광고 찍는 것을 아까워하지 않는다.

选举
xuǎnjǔ
5급 ••

동 선거하다, 선출하다

人民要选举出自己满意的总统。
국민은 스스로가 만족하는 대통령을 뽑아야 한다.

选择
xuǎnzé
3급 •

동 선택하다

继续读书还是找工作，你会如何选择？
계속해서 공부를 할 것인지 일을 찾을 것인지, 당신은 어떤 선택을 할 건가요?

学期
xuéqī
5급 •

명 학기

这个学期我选了七门课。 이번 학기에 나는 7과목을 선택했다.

Tip 上学期 지난 학기 | 下学期 다음 학기

学生
xuésheng
1급 •

명 학생

他是一个认真学习的好学生。
그는 열심히 공부하는 좋은 학생이다.

学术
xuéshù
5급 •

명 학술

最近在北京大学有一个学术研讨会。
최근 베이징대학에서 학술 연구 토론회가 있다.

学问
xuéwen
5급 •••

명 학문

这位教授很有学问，你要向他好好学习。
이 교수님은 학문이 풍부하니, 너는 그분에게 잘 배워야 한다.

学习
xuéxí
1급 •••

동 공부하다, 학습하다 명 공부, 학습

我们要学习从对方的角度看问题。
우리는 상대방의 각도에서 문제를 보는 법을 배워야 한다.

学校
xuéxiào
1급 •

명 학교

我每天早上七点就去学校，晚上十点才回家。
나는 매일 아침 7시에 학교에 가서, 저녁 10시에야 귀가한다.

2급 •
雪
xuě

명 눈

今年冬天经常下大雪。 올해 겨울에는 자주 큰 눈이 내린다.

Tip 一场雪 한 차례의 눈

4급 •
血
xiě | xuè

명 피

他被车撞了，头部流了很多血。
그는 차에 부딪혀서, 머리에 피가 많이 흘렀다.

他的血型是A型。 그의 혈액형은 A형이다.

Tip 血型 혈액형

5급 ••
询问
xúnwèn

동 물어보다, 알아보다

老师向学生们询问学习情况。
선생님은 학생들에게 학습 상황을 물어봤다.

Tip 向…询问 ～에게 물어보다

5급 ••
寻找
xúnzhǎo

동 찾다, 구하다

机会是自己寻找的，不是从天上掉下来的。
기회는 스스로 찾는 것이지, 하늘에서 뚝 떨어지는 것이 아니다.

5급 ••
训练
xùnliàn

명 훈련 동 훈련하다

金研儿通过艰苦的训练才获得世界冠军。
김연아는 고된 훈련을 거쳐서 비로소 세계 우승을 차지했다.

5급 ••
迅速
xùnsù

형 신속하다, 재빠르다

这里发生了火灾，请大家迅速离开现场。
이곳에 화재가 발생했습니다, 모두 신속하게 현장을 떠나주세요.

✔ 신 HSK 성어 처방전 3

각주구검 (刻舟求剑 kè zhōu qiú jiàn)

刻(각 새기다) 舟(주 배) 求(구 구하다) 剑(검 칼)
배에 새겨서 칼을 찾다. 현실에 맞지 않는 낡은 생각을 고집하는 어리석음을 의미함.

제1부분　다음 단어들을 이용해 문장을 완성하세요.

1　被　　电脑　　病毒　　破坏了　　系统

2　要学习　　我们　　对方的角度　　从　　问题　　看

3　一个学生的　　考试　　并不　　真实成绩　　代表

4　学习　　向学生们　　询问　　情况　　老师

5　自己满意的　　要　　选举出　　总统　　人民

6　都　　现在　　有许多人　　要去中国　　做生意

7　老年　　消费者　　这种手机　　主要　　针对

제2부분 다음 그림을 보고, 80자 내외의 작문 한 편을 완성하세요.

MEMO

▶ 원고지에 직접 답안을 적어보세요.

2089

4급 •••
压力
yālì

명 압력, 스트레스

在公司工作有很大压力。
회사에서의 일은 스트레스가 매우 크다.

Tip 반드시 알아야 할 단어 조합입니다.

压力大 스트레스가 크다 | 缓解压力 스트레스를 완화시키다

减轻压力 스트레스를 줄이다 | 承受压力 스트레스를 감당하다

2090

4급 •
牙膏
yágāo

명 치약

我喜欢用薄荷口味的牙膏。 나는 박하향 치약을 좋아한다.

Tip 一管牙膏 치약 한 개 | 挤牙膏 치약을 짜다

2091

4급 •
亚洲
Yàzhōu

고유 아시아

日本是亚洲最发达的国家。
일본은 아시아에서 가장 발달한 나라이다.

Tip 欧洲 유럽 | 美洲 미주, 아메리카주 | 非洲 아프리카

2092

4급 •
呀
ya

감 아, 야 (놀람을 나타냄)

你到底想干什么呀? 너는 도대체 무엇을 하고 싶니?

2093

4급 •
盐
yán

명 소금

吃盐太多对身体不好。 소금을 많이 먹으면 몸에 좋지 않다.

Tip 一袋盐 소금 한 포대

Y

2094

5급 ••
延长
yáncháng

동 연장하다

由于双方水平相差不大，打了个平手，所以裁判决定
延长比赛时间。 쌍방의 수준 차이가 크지 않아서 비겼다. 그래서 심판은 경
기 시간을 연장하기로 결정했다.

4급 •••
严格
yángé

[형] 엄격하다

老师平时对我们要求严格，所以我们班的学生成绩都很好。 선생님은 평소에 우리에게 요구가 엄격하셔서, 우리 반 학생들의 성적은 다 매우 좋다.

5급 ••
严肃
yánsù

[형] 엄숙하다

发生了什么事儿？他的表情很严肃。
무슨 일이 생긴 거야? 그의 표정이 아주 엄숙하네.

Tip 기억해야 할 단어 조합입니다.

表情严肃 표정이 엄숙하다 | **气氛严肃** 분위기가 엄숙하다

4급 •••
严重
yánzhòng

[형] 심각하다

他病得很严重，应该赶快去医院治疗。
그의 병은 매우 심각해서, 반드시 빨리 병원에 가서 치료를 받아야 한다.

4급 •
研究生
yánjiūshēng

[명] 연구생, 대학원생

他虽然是中文专业的研究生，但汉语说得不太好。
그는 비록 중국어 전공의 대학원생이지만, 중국어를 그다지 잘하지 못한다.

2급 •
颜色
yánsè

[명] 색깔

虽然我是年轻人，但我喜欢鲜艳的颜色。
비록 나는 젊은이지만, 화려한 색깔을 좋아한다.

4급 ••
演出
yǎnchū

[명] 공연 [동] 공연하다

感谢明星们的精彩演出，我们再次为他们鼓掌。
스타들의 훌륭한 공연에 감사하면서, 다시 그들에게 박수를 부탁 드립니다.

4급 •
演员
yǎnyuán

[명] 배우, 연기자

你最喜欢的韩国女演员是谁？
당신이 가장 좋아하는 한국 여배우는 누구입니까?

Tip **一名演员** 배우 한 명 | **主角** 주연 | **配角** 조연

Y

3급 •
眼镜
yǎnjìng

명 안경

戴眼镜的人看起来都很斯文。
안경을 쓴 사람은 모두 매우 고상해 보인다.

Tip 一副眼镜 안경 하나 | 配眼镜 안경을 맞추다

2급 •
眼睛
yǎnjing

명 눈

她长了一双又圆又大的眼睛，非常迷人。
그녀는 둥글고 큰 눈을 가지고 있어서, 아주 매력적이다.

5급 •
宴会
yànhuì

명 연회

我每年都会参加公司举办的宴会。
나는 매년 회사에서 개최하는 연회에 참가한다.

4급 •
阳光
yángguāng

명 햇빛

外面阳光明媚，我们出去逛逛吧。
밖에는 햇빛이 밝다, 우리 나가서 좀 돌아다니자.

2급 •
羊肉
yángròu

명 양고기

你吃过羊肉火锅吗? 당신 양고기 샤브샤브를 먹어봤나요?

Tip 羊肉串 양고기 꼬치

5급 •
阳台
yángtái

명 베란다, 발코니

我家的阳台上养了很多漂亮的鲜花。
우리 집 베란다에 예쁜 생화를 많이 길렀다.

5급 •
痒
yǎng

형 가렵다, 근질근질하다

看见漂亮的衣服我就心里痒痒。
예쁜 옷을 보면 나는 사고 싶어 마음이 근질근질하다.

Tip 挠痒痒儿 간지러운 데를 긁다 | 手痒 손이 근질근질하다 (무언가가 하고 싶다)

4급 •••
养成
yǎngchéng

동 기르다, 형성하다

孩子要从小养成良好的习惯。
아이들은 어릴 때부터 좋은 습관을 길러야 한다.

Tip 养成…习惯 습관을 기르다 | 形成…习惯 습관을 형성하다

Y

5급 ••
样式
yàngshì

명 양식, 스타일

你喜欢什么样式的家具? 당신은 어떤 스타일의 가구를 좋아하세요?

4급 •
样子
yàngzi

명 모양

我还记得他年轻时候的样子。
나는 아직 그의 젊은 시절의 모습을 기억한다.

5급 •
腰
yāo

명 허리

他经常运动，所以腰不好，经常腰疼。
그는 늘 운동을 해서, 허리가 좋지 않아, 자주 허리가 아프다.

4급 ••
邀请
yāoqǐng

동 초청하다, 초대하다

我邀请你参加我的婚礼，记得一定要来参加啊。
당신을 저의 결혼식에 초대합니다, 꼭 참석하셔야 하는 것을 기억해주세요.

Tip 接受邀请 초대를 받아들이다 ｜ 邀请客人 손님을 초대하다

3급 ••
要求
yāoqiú

동 요구하다 명 요구

老师要求我们多练习。
선생님은 우리에게 많이 연습하라고 요구한다.

你有什么要求尽管提。 요구사항이 있으시면 얼마든지 말씀하세요.

5급 •
摇
yáo

동 흔들다

小狗看见喜欢的人会一直摇尾巴。
강아지는 좋아하는 사람을 보면 계속해서 꼬리를 흔든다.

5급 •
咬
yǎo

동 베어 물다, 물다

他被蛇咬了一口，现在处于非常危险的状态。
그는 뱀에게 물려서, 지금 매우 위험한 상태에 처해 있다.

2급 •
药
yào

명 약

感冒了要及时吃药，这样才会好得快。
감기에 걸리면 즉시 약을 먹어야 한다, 이렇게 해야 빨리 좋아질 수 있다.

要
yào
2급 ••

조동 ~해야 한다, ~하려고 하다　동 요구하다, 원하다

人要有自己的理想，这样活得才有意义。
사람은 자신의 이상이 있어야 한다, 이래야 살아야 하는 의의가 있다.

你到底要什么? 당신은 도대체 무엇을 원합니까?

要不
yàobù
5급 •••

접 그렇지 않으면 (= 要不然, 否则, 不然, 要不然的话, 不然的话)

快努力学习吧，要不考不上大学了。
빨리 열심히 공부해라, 그렇지 않으면 대학에 못 들어간다.

要是
yàoshi
5급 •••

접 만약 (= 如果 rúguǒ, 假如 jiǎrú, 假设 jiǎshè, 万一 wànyī)

要是有很多钱和时间就好了。
만약 돈과 시간이 많았다면 좋았을걸.

钥匙
yàoshi
4급 •

명 열쇠

这把是家钥匙，这把是车钥匙。
이것은 집 열쇠, 이것은 차 열쇠입니다.

Tip 一把钥匙 열쇠 한 개 | 一串钥匙 열쇠 한 꾸러미

爷爷
yéye
3급 •

명 할아버지

虽然我爷爷年纪很大，但是身体很健康。
우리 할아버지는 연세가 많으시지만, 몸은 건강하십니다.

也
yě
2급 ••

부 ~도

别人做得到，当然我们也做得到。
다른 사람이 할 수 있으면, 당연히 우리도 할 수 있습니다.

也许
yěxǔ
4급 •••

부 어쩌면, 아마도

也许再过两年你就会成功了，别放弃。
아마도 2년이 더 지나면 당신은 성공할 것입니다, 포기하지 마세요.

Y

页
yè
4급 •

명 페이지, 쪽

请同学们把书翻到一百页。 여러분 책 100페이지를 펴세요.

5급 •

夜
yè

명 밤

夜里很安静，但到处都是危险，我们要小心。
밤은 조용하지만, 여기저기가 다 위험하니, 우리는 조심해야 한다.

5급 •

液体
yètǐ

명 액체

汽油是液体燃料，也是易燃物质。
석유는 액체 연료이고, 쉽게 연소되는 물질이다.

Tip 固体 고체 | 气体 기체

5급 ••

业务
yèwù

명 업무

在我们公司，数他的业务成绩最高。
우리 회사에서, 그의 업무성적이 가장 높다.

5급 •••

业余
yèyú

형 비전문의, 아마추어의 (↔ 专业 · 职业 프로의, 전문적인) 명 여가

她是一名业余演员。 그녀는 아마추어 연기자이다.

我业余时间都在学习汉语。 나는 여가시간에 중국어를 공부하고 있다.

4급 •

叶子
yèzi

명 잎

秋天到了，叶子变黄了。 가을이 되니, 단풍이 든다.

Tip 一片叶子 나뭇잎 한 장

1급 •

一
yī

수 1, 하나

一年又过去了，新的一年又要开始了。
한 해가 또 지나갔고, 새로운 한 해가 또 시작되었다.

1급 •

衣服
yīfu

명 옷

古代穿衣服是为了保暖，现在穿衣服是为了美观。
고대에 옷 입는 것은 보온 때문이었는데, 지금 옷 입는 것은 아름다움 때문이다.

5급 •

依然
yīrán

부 여전히, 변함없이 (= 依旧, 仍然, 仍, 仍旧, 还是)

虽然结婚那么多年了，但是他依然爱自己的妻子。
결혼한 지 그렇게 수년이 지났지만, 그는 여전히 자신의 부인을 사랑한다.

Y

1급 ●

医生
yīshēng

명 의사

我的梦想是成为一名儿科医生。

나의 꿈은 소아과 의사가 되는 것이다.

1급 ●

医院
yīyuàn

명 병원

这所医院是首尔最好的医院。

이 병원은 서울에서 가장 좋은 병원이다.

Tip 一所医院 병원 한 곳

5급 ●●

一辈子
yíbèizi

명 한평생, 일생

妈妈辛辛苦苦工作了一辈子，现在也该享享福了。

엄마는 한평생 고생스럽게 일을 하셨디, 지금은 행복을 누리셔야 한다.

5급 ●●●

一旦
yídàn

부 일단

一旦发烧，就得去医院，小心甲型流感。

일단 열이 나면, 병원에 가야 한다, 신종플루를 조심해야 하니까.

Tip 一旦…就… 일단 ~하면, 곧 ~하다

3급 ●●

一定
yídìng

부 꼭, 반드시 형 규정되어 있다, 일정하다

你一定要记得你说的话，履行自己的诺言。

너는 반드시 네가 한 말을 기억하고, 스스로의 약속을 이행해라.

3급 ●●

一共
yígòng

부 전부, 합계 (= 总共 zǒnggòng)

我们班一共有20名学生。 우리 반에는 전부 20명의 학생이 있다.

3급 ●●

一会儿
yíhuìr

명 잠시, 잠깐

我现在有点忙，一会儿再给你打电话。

내가 지금 조금 바쁘니까, 좀 이따가 너에게 다시 전화할게.

Y

5급 ●

一路平安
yílù píng'ān

동 편안한 여행 되세요

祝你这次去中国出差一路平安。

당신의 이번 중국 출장이 평안하기를 바랍니다.

4급 ••
一切
yíqiè

때 일체, 전부, 모든 것

孩子就是父母的一切，但父母不是孩子的一切。
아이는 부모의 전부이지만, 부모는 아이의 전부가 아니다.

3급 ••
一样
yíyàng

혱 같다, 동일하다

我们的爱好是一样的，都是打高尔夫球。
우리의 취미는 같습니다, 모두 골프를 칩니다.

5급 ••
一致
yízhì

혱 일치하다 휜 함께, 같이

这次会议上我们的意见一致，真是难得。
이번 회의에서 우리의 의견이 일치했다, 진짜 쉽지 않은 일이다.

5급 ••
移动
yídòng

동 이동하다

由于北方没有优势，所以大军开始向南移动。
북방에 우세가 없어서, 대군은 남으로 이동하기 시작했다.

5급 ••
移民
yímín

동 이민 가다

为了让孩子受到良好的教育，他们决定移民去美国。
아이로 하여금 좋은 교육을 받게 하기 위해서, 그들은 미국 이민을 결정했다.

5급 •••
遗憾
yíhàn

혱 유감스럽다, 섭섭하다

听到这个不幸的消息，我感到很遗憾。
이 불행한 소식을 듣고, 나는 매우 유감스러웠다.

5급 ••
疑问
yíwèn

명 의문

如果你有什么疑问，可以随时问我。
만약 무슨 의문이 있으면, 수시로 저에게 물어보세요.

Y

5급 •
乙
yǐ

명 을 [천간(天干) 의 두 번째]

作为合同的乙方，我有权利解除合约。
계약서의 을 측으로, 나는 계약을 파기할 권리가 있다.

4급 •••
以
yǐ

[전] ~로써, ~으로

以你的外貌不可能当明星，你就别作梦了。
당신의 외모로는 스타가 되는 것이 불가능하니까, 꿈도 꾸지 마세요.

3급 ••
以后
yǐhòu

[명] 이후 (↔ 以前 yǐqián 이전)

结婚以后的生活让他很失望。
결혼 이후의 생활은 그를 매우 실망시켰다.

5급 •••
以及
yǐjí

[접] 그리고, 및

他已经计划好了未来的生活，上大学、结婚以及什么
时候生孩子。 그는 이미 미래의 생활을 계획해놓았다, 대학을 가고 결혼을
하고, 그리고 언제 아이를 낳을지.

5급 ••
以来
yǐlái

[명] 이래, 동안

十年以来他一直努力学习，终于当上了教授。
10년 동안, 그는 쭉 열심히 공부해서, 마침내 교수가 되었다.

3급 ••
以前
yǐqián

[명] 이전, 과거, 예전

吃饭以前应该洗手，这样才可以防止细菌从口腔进入
体内。 밥 먹기 전에 반드시 손을 씻어야 한다, 이렇게 해야 세균이 입을 통해
체내로 들어가는 것을 방지할 수 있다.

3급 ••
以为
yǐwéi

[동] 여기다, ~일 줄 알다

我以为你是中国人，原来你是韩国人啊。
나는 당신이 중국인인 줄 알았는데, 알고 보니 한국인이시네요.

2급 •••
已经
yǐjing

[부] 이미

你已经四十岁了，该结婚了。
당신은 이미 40세입니다, 결혼해야지요.

1급 •
椅子
yǐzi

[명] 의자

请在自己的椅子上坐好。 자신의 의자에 착석하세요.

Tip 一把椅子 의자 한 개

Y

2158

4급 •
亿
yì

수 억

中国已经有十五亿人口了，但现在还在持续增长。
중국은 이미 15억 인구이지만, 지금도 여전히 지속해서 증가하고 있다.

2159

3급 ••
一般
yìbān

형 일반적이다 부 일반적으로

她只是一个一般的女生。그녀는 단지 일반적인 여성이다.

我一天一般吃三顿饭。나는 하루에 일반적으로 세 끼의 식사를 한다.

2160

3급 ••
一边
yìbiān

부 ~하면서 한편으로 ~하다 명 한쪽, 한편

一边看电视一边吃饭是不好的习惯。
텔레비전을 보면서 밥을 먹는 것은 좋지 않은 습관이다.

Tip 一边…一边… ~하면서 ~하다 (동시 동작)

2161

2급 •••
一起
yìqǐ

부 함께, 같이

家里有什么小事由我决定，重要的事儿由两个人一起决定。집 안의 작은 일은 내가 결정하고, 중요한 일은 두 사람이 함께 결정한다.

2162

3급 •••
一直
yìzhí

부 쭉, 계속해서

从早上到晚上一直学习。아침부터 저녁까지 계속 공부한다.

2163

4급 ••
意见
yìjiàn

명 의견

对这件事你有什么意见吗? 이 일에 대해서 무슨 의견이 있나요?

2164

2급 ••
意思
yìsi

명 재미, 의미, 뜻

这部电影非常有意思，你有机会一定要去看。
이 영화는 매우 재미있으니, 당신 기회가 되면 꼭 가서 보세요.

我还是听不懂你是什么意思。
나는 여전히 당신의 뜻을 이해할 수 없어요.

2165

5급 ••
意外
yìwài

형 의외의, 뜻밖의 명 의외의 사고

他的行为让我感到很意外。
그의 행동은 나로 하여금 의외라는 생각을 하게 했다.

意义 yìyì
5급 ••

명 의의, 의미, 뜻

这是一件很有意义的事儿。 이것은 매우 의미가 있는 일이다.

议论 yìlùn
5급 •••

동 의논하다, 논의하다　명 의견

最近公司里都在议论这件事。
최근 회사에서는 모두 이 일을 논의한다.

Tip　议论纷纷 의견이 분분하다 | 议论激烈 논의가 격렬하다

艺术 yìshù
4급 ••

명 예술

穿衣服是一门艺术，穿得漂亮并不是一件容易事。
옷을 입는 것도 하나의 예술로서, 예쁘게 입는 것은 실로 쉬운 일이 아니다.

义务 yìwù
5급 ••

명 의무

抚养孩子是家长们的义务。 아이를 부양하는 것은 부모의 의무이다.

Tip　尽义务 의무를 다하다 | 履行义务 의무를 이행하다

阴 yīn
2급 •

형 흐리다 (↔ 晴 qíng 맑다)

天很阴，看来要下雨了。
날이 어두워요, 보아하니 곧 비가 올 것 같아요.

因此 yīncǐ
4급 ••

접 그래서, 따라서

由于性格不合，所以他们经常吵架，因此分手了。
성격이 다르기 때문에, 그들은 자주 싸웠는데, 이 때문에 헤어졌다.

因而 yīn'ér
5급 ••

접 그래서, 그리하여

下大雪，因而交通堵塞了。 큰 눈이 와서, 교통이 막혔다.

因素 yīnsù
5급 ••

명 요소, 원인, 조건, 요인

坚持努力是成功的重要因素。
끝까지 노력하는 것은 성공의 중요한 조건이다.

Y

2급 •••	접 ~ 때문에

因为
yīnwèi

因为最近发胖了，所以我决定减肥。
최근에 살이 쪄서, 나는 다이어트를 하기로 결심했다.

Tip 因为…所以 ~ 때문에 ~하다

音乐
yīnyuè
3급 •

명 음악

听音乐可以缓解压力。 음악을 들으면 스트레스를 해소할 수 있다.

银
yín
5급 •

명 은

因为金饰品看起来很土，所以我更喜欢银饰品。
금 액세서리는 촌스러워 보이기 때문에, 난 은 액세서리를 더 좋아한다.

银行
yínháng
3급 ••

명 은행

很多人把钱放在家里，但那是不安全的，钱应该存在
银行里。 많은 사람이 돈을 집에 두지만, 그것은 안전하지 않으니, 돈은 반드시
은행에 두어야 한다.

Tip 一家银行 은행 한 곳

饮料
yǐnliào
4급 ••

명 음료수

碳酸饮料很容易让人发胖。
탄산음료는 쉽게 사람을 살찌게 한다.

引起
yǐnqǐ
4급 •••

동 일으키다, 야기시키다

环境的破坏引起了自然灾害。 환경파괴는 자연재해를 일으켰다.

Y

印象
yìnxiàng
4급 ••

명 인상

我对这位教授的第一印象非常深刻。
나는 이 교수님에 대한 첫인상이 매우 깊었다.

Tip 「给＋人＋留下＋深刻的印象」은 '～에게 깊은 인상을 남기다'라는 뜻의 상용 표
현입니다.

长城给我留下了深刻的印象。 만리장성은 나에게 깊은 인상을 남겼다.

3급 •••
应该
yīnggāi

[조동] 마땅히 ~해야 한다

你应该听妈妈的话，这样才是好孩子哦。
너는 엄마 말을 잘 들어야 한다, 이래야 비로소 좋은 아이이다.

5급 •
英俊
yīngjùn

[형] 잘생기다, 재능이 출중하다, 영준하다 (= 帅 shuài)

他真是一个英俊的小伙子，难怪那么多女生喜欢他。
그는 정말 잘생긴 청년이다, 어쩐지 저렇게 많은 여자들이 그를 좋아하더라니.

5급 •
英雄
yīngxióng

[명] 영웅

他是人民的英雄，受到大家的崇拜。
그는 인민의 영웅으로, 많은 사람의 숭배를 받는다.

4급 ••
赢
yíng

[동] 이기다, 따다 (↔ 输 shū 지다)

在比赛中韩国队赢了，日本队输了。
경기에서 한국 팀이 이기고, 일본 팀이 졌다.

5급 ••
迎接
yíngjiē

[동] 맞이하다

我们要做好准备，迎接新职员的到来。
우리는 준비를 잘해서, 새로운 직원을 맞이합시다.

5급 •••
营养
yíngyǎng

[명] 영양

拌饭的营养丰富，所以韩国人都非常喜欢。
비빔밥의 영양은 풍부해서, 한국인 모두가 매우 좋아한다.

5급 •
营业
yíngyè

[동] 영업하다 [명] 영업

我们公司全年营业，不休息。
우리 회사는 일 년 내내 영업하고, 쉬지 않는다.

3급 •••
影响
yǐngxiǎng

[명] 영향 [동] 영향을 미치다

他的一句话比谁的话都有影响力。
그의 한마디 말은 누구의 말보다도 영향력이 있다.

Tip 对…有影响 ~에 영향을 미치다

Y

5급 ••
影子
yǐngzi

몡 그림자

路灯下我的**影子**看起来很高很瘦。
가로등 밑의 내 그림자는 크고 말라 보인다.

4급 •
硬
yìng

혱 딱딱하다 (↔ 软 ruǎn 부드럽다)

这块面包太**硬**了，我不喜欢吃。
이 빵이 너무 딱딱해서, 저는 먹기 싫어요.

5급 ••
硬币
yìngbì

몡 금속 화폐, 동전

我想把这些**硬币**换成纸币。
저는 이 동전을 지폐로 바꾸고 싶습니다.

5급 ••
硬件
yìngjiàn

몡 하드웨어

这家学校的**硬件**设施不错。 이 학교의 하드웨어 설비는 좋다.

Tip **软件** 소프트웨어 | **硬件系统** 하드웨어 시스템

5급 •••
应付
yìngfu

동 대처하다, 대응하다

你准备如何**应付**这么困难的问题？
당신은 어떻게 이렇게 어려운 문제를 극복할 계획입니까?

5급 ••
应聘
yìngpìn

동 지원하다

我明天要去公司**应聘**，穿什么衣服好呢？
나는 내일 회사에 지원하러 가려는데, 무슨 옷을 입어야 좋을까요?

5급 ••
应用
yìngyòng

동 응용하다

把学习到的知识**应用**到实际生活中。
배운 지식은 마땅히 실제 생활에 응용해야 한다.

5급 ••
拥抱
yōngbào

동 포옹하다, 껴안다

西方人见面的时候都用**拥抱**来表达自己的感情。
서양인은 만날 때 모두 포옹으로 자신의 감정을 표현한다.

Y

5급 •••
拥挤
yōngjǐ

[형] 붐비다, 혼잡하다

在明洞到处都是拥挤的人群。
명동은 도처가 사람들로 붐빈다.

4급 •••
勇敢
yǒnggǎn

[형] 용감하다

遇到困难我们要勇敢面对，不能妥协。
어려움을 만나면 우리는 용감하게 맞서야지, 타협해서는 안 된다.

5급 ••
勇气
yǒngqì

[명] 용기

你有勇气和喜欢的男生告白吗?
당신은 좋아하는 남성에게 고백할 용기가 있습니까?

Tip 有勇气 용기가 있다 | 鼓起勇气 용기를 내다

4급 ••
永远
yǒngyuǎn

[부] 영원히, 언제나, 항상

要是能永远保持幸福就好了。
만약 영원히 행복을 유지할 수 있다면 좋겠다.

3급 •
用
yòng

[동] 사용하다

你想用什么办法来解决问题?
당신은 어떤 방법으로 문제를 해결하고 싶습니까?

5급 ••
用途
yòngtú

[명] 용도

你知道这个工具的用途吗? 당신은 이 도구의 용도를 압니까?

4급 ••
优点
yōudiǎn

[명] 장점 (↔ 缺点 quēdiǎn 결점)

这个孩子身上有很多优点，但孩子的父母只看到了缺点。
이 아이에게는 많은 장점이 있는데, 아이의 부모는 단지 단점만 본다.

5급 ••
优惠
yōuhuì

[형] 특별 우대하다, 싸게 해주다

看起来你很喜欢这件衣服，我可以给你优惠点儿。
손님께서 이 옷을 좋아하시는 것 같은데, 제가 좀 싸게 해드릴게요.

Y

5급 ••
优美
yōuměi

형 아름답다

春天济州岛的风景非常优美。 봄의 제주도 풍경은 매우 아름답다.

Tip 다음과 같은 단어들과 같이 사용합니다.

风景优美 풍경이 아름답다 | 身材优美 몸매가 아름답다

声音优美 목소리가 아름답다 | 歌声优美 노랫소리가 아름답다

5급 •••
优势
yōushì

명 우세

这次奥运会在中国举行，所以对中国运动员们来说有很大的优势。 이번 올림픽이 중국에서 거행되어서, 중국 운동선수들에게 있어 아주 큰 우세가 되었다.

Tip 占优势 우세를 차지하다

4급 ••
优秀
yōuxiù

형 우수하다

金妍儿是一位非常优秀的花样滑冰选手。
김연아는 매우 우수한 피겨 스케이팅 선수이다.

5급 •••
悠久
yōujiǔ

형 오래되다

中国有着悠久的历史，被大家称为文明古国。
중국은 유구한 역사를 가지고 있어서, 모두에게 문명 고국으로 불린다.

4급 ••
幽默
yōumò

형 유머러스하다

幽默的男人才会讨女人的欢心。
유머러스한 남자가 비로소 여자의 환심을 산다.

Tip 幽默感 유머 감각 | 很有幽默感 매우 유머 감각이 있다

4급 ••
由
yóu

전 ~가 [동작 주체를 강조], ~에서부터

这件事由你来做，我相信你一定会做好。
이 일은 당신이 하세요, 나는 당신이 반드시 잘할 거라고 믿습니다.

4급 ••
由于
yóuyú

접 ~ 때문에, ~으로 인하여

由于天气不好，所以飞机延迟起飞了。
날씨가 좋지 않아서, 비행기 이륙이 연기되었다.

Tip 由于…所以 ~ 때문에 ~하다

Y

5급 ••

邮局
yóujú

명 우체국

我下午要去**邮局**寄包裹。
나는 오후에 우체국에 가서 소포를 부칠 것이다.

5급 •••

游览
yóulǎn

동 유람하다

我的梦想就是去中国各地**游览**。
나의 꿈은 바로 중국 각 곳을 유람하는 것이다.

3급 ••

游戏
yóuxì

명 오락, 게임

越来越多的孩子沉迷于网络**游戏**。
점점 많은 아이들이 인터넷 게임에 빠져들고 있다.

2급 ••

游泳
yóuyǒng

동 수영하다 명 수영

我小时候是**游泳**运动员，所以**游泳**游得很快。
나는 어렸을 적에 수영선수여서, 수영을 아주 빨리 한다.

Tip 游泳场 수영장 | 游泳馆 실내 수영장

4급 •••

尤其
yóuqí

부 특히, 특별히 (= 特别 tèbié, 格外 géwài)

学习汉语非常难，**尤其**是声调。
중국어 학습은 매우 어렵다, 특히 성조가.

我欣赏他的一切，**尤其**是他的声音。
나는 그의 모든 것이 마음에 드는데, 특히 그의 목소리가 그렇다.

5급 ••

犹豫
yóuyù

형 주저하다, 망설이다

别**犹豫**了，快决定吧。 주저하지 마시고, 빨리 결정하세요.

Tip 犹豫不决 주저하고 결정하지 못하다

5급 ••

油炸
yóuzhá

동 기름에 튀기다

吃**油炸**食品容易胖，而且也没有营养。
튀긴 음식을 먹으면 살이 찌기 쉽고, 게다가 영양가도 없다.

Tip 油炸食品 튀긴 식품

Y

有
yǒu
1급 •

동 있다 (↔ 没有 méiyǒu 없다)

全世界的人都有着共同的梦想，那就是世界和平。

전 세계인들이 모두 공통된 꿈을 가지고 있는데, 그것은 바로 세계 평화이다.

有利
yǒulì
5급 ••

형 유리하다 (↔ 不利 búlì 불리하다)

HSK改革了，你要抓住这个有利机会。

HSK가 바뀌었다. 당신은 이 유리한 기회를 잡아야 한다.

有名
yǒumíng
3급 ••

형 유명하다

北京烤鸭这道菜很有名，是世界三大名菜之一。

베이징 오리구이는 매우 유명하다. 세계 3대 유명한 요리 중 하나이다.

有趣
yǒuqù
4급 •••

형 재미있다 (= 有意思 yǒu yìsi)

我给你讲一个有趣的故事。

제가 당신에게 재미있는 이야기 하나 해드릴게요.

友好
yǒuhǎo
4급 ••

형 우호적이다

美国和中国一直保持着友好关系。

미국과 중국은 계속 우호관계를 유지하고 있다.

友谊
yǒuyì
4급 ••

명 우의, 우정

友谊和爱情对我来说都非常重要。

우정과 사랑은 나에게 둘 다 매우 중요하다.

又
yòu
3급 •

부 또

你怎么又迟到了？再迟到的话我只能解雇你了。

너 어떻게 또 지각이야? 또 지각하면 나는 너를 해고할 수밖에 없어.

Y

右边
yòubian
2급 •

명 오른쪽 (↔ 左边 zuǒbian 왼쪽)

坐在我右边的这位就是我们的经理。

내 오른쪽에 앉아 있는 이분은 우리 사장님입니다.

5급 •
幼儿园
yòu'éryuán

명 유치원

我的孩子已经五岁了，该去幼儿园了。
제 아이는 이미 5살입니다, 유치원에 가야 해요.

2급 •
鱼
yú

명 물고기

鱼肉中含有很多对身体有益的物质。
생선에는 몸에 유익한 물질이 많이 함유되어 있다.

Tip 一条鱼 물고기 한 마리

4급 ••
愉快
yúkuài

형 유쾌하다 (= 快乐 kuàilè, 开心 kāixīn, 高兴 gāoxìng)

祝你度过一个愉快的假期。 즐거운 방학을 보내기 바랍니다.

5급 ••
娱乐
yúlè

명 오락, 예능

平时我喜欢看娱乐节目。 평소에 나는 오락 프로그램 보는 것을 즐긴다.

Tip 娱乐活动 오락활동 | 娱乐节目 오락 프로그램

4급 •••
于是
yúshì

접 그래서 (= 所以 suǒyǐ, 因此 yīncǐ, 因而 yīn'ér)

吃完饭大家都很累，于是我们就回家了。
밥을 다 먹고 모두 지쳐서, 우리는 집으로 돌아갔다.

4급 •••
与
yǔ

전 ~와

这起事故与个人意识有关。 이 사고는 개인의 의식과 관련이 있다.

5급 •••
与其
yǔqí

접 ~하느니

与其去北京不如去上海。 베이징에 가느니 상하이에 가는 게 낫다.

Tip 与其…不如 ~하느니 (차라리) ~하는 게 낫다

Y

4급 ••
语法
yǔfǎ

명 어법

汉语语法比英语语法要复杂得多。
중국어 어법은 영어 어법보다 훨씬 복잡하다.

5급 ••
语气
yǔqì

명 어기, 말투, 억양

你怎么能用这种语气和父母说话?
너는 어떻게 이런 말투로 부모님께 말하니?

4급 ••
语言
yǔyán

명 언어

学习各国语言是了解各国文化的重要途径。
각국의 언어를 배우는 것은 각국 문화를 이해하는 중요한 경로이다.

4급 •
羽毛球
yǔmáoqiú

명 배드민턴

周末我和朋友一起去打羽毛球。
주말에 나는 친구와 함께 배드민턴을 친다.

Tip 打羽毛球 배드민턴을 치다

5급 ••
宇宙
yǔzhòu

명 우주

宇宙是个神秘的地方，没有人知道它的真正面目。
우주는 신비한 곳으로, 그것의 진정한 모습을 아는 사람은 아무도 없다.

5급 ••
预报
yùbào

명 예보 동 예보하다

每天出门之前看天气预报，了解正确的天气情况。
매일 집을 나서기 전에 일기예보를 보고, 정확한 날씨 상황을 파악한다.

5급 ••
预订
yùdìng

동 예약하다

5号座位已经被别人预订了。
5번 좌석은 이미 다른 사람이 예약했습니다.

5급 ••
预防
yùfáng

동 예방하다

经常洗手可以预防甲型流感。
자주 손을 씻으면 신종플루를 예방할 수 있다.

Tip 预防疾病 질병을 예방하다 | 预防感冒 감기를 예방하다

4급 ••
预习
yùxí

동 예습하다 (↔ 复习 fùxí 복습하다)

上课之前预习会提高学习效果。
수업하기 전 예습은 학습 효과를 향상시킬 것이다.

Y

3급 ••
遇到
yùdào

동 만나다, 부딪히다

逛街时遇到了老同学。 거리를 거닐다가 옛 동창을 만났다.

在工作中会经常遇到各种困难。
일할 때 자주 각종 어려움에 부딪힌다.

5급 •
玉米
yùmǐ

명 옥수수

玉米是我最喜欢的食物之一。
옥수수는 내가 가장 좋아하는 음식 중 하나다.

Tip 玉米粒 옥수수알 | 爆米花 팝콘

4급 •
圆
yuán

형 둥글다

他最近吃得太多，脸都变圆了。
그는 최근에 많이 먹어서, 얼굴이 동그래졌다.

Tip 圆形 원형

2급 •
元
yuán

양 위안 [중국 화폐 단위] 형 제일의, 으뜸의, 시작의

这件衣服才三十元，太便宜了。
이 옷은 겨우 30위안이다, 매우 싸다.

5급 •
元旦
Yuándàn

고유 원단 [양력 1월 1일]

马上就要到元旦了，你准备回故乡吗?
곧 양력 1월 1일이다, 너는 고향에 돌아갈 계획이니?

5급 ••
缘故
yuángù

명 원인, 연고, 이유

他最近没米上课，不知道是什么缘故。
그는 최근 수업에 오지 않았는데, 무슨 이유인지 모르겠다.

Tip 无缘无故 아무런 이유도 없이

4급 •••
原来
yuánlái

부 원래는, 알고 보니

我原来不喜欢学汉语，但是现在越来越喜欢了。
나는 원래 중국어 배우는 것을 좋아하지 않았지만, 지금은 점점 좋아진다.

Y

4급 ••

原谅
yuánliàng

[동] 용서하다

他已经向你道歉了，你就原谅他吧。
그가 이미 너에게 사과했으니, 너는 그를 용서해라.

5급 ••

原料
yuánliào

[명] 원료

你知道这道菜的原料是什么吗?
당신은 이 요리의 원료가 무엇인지 아십니까?

4급 ••

原因
yuányīn

[명] 원인

不认真是他考试失败的主要原因。
열심히 하지 않은 것이 그가 시험에 실패한 주요 원인이다.

5급 ••

原则
yuánzé

[명] 원칙

这是我做人的原则，不管发生什么事都不会改变的。
이것이 내가 행동한 원칙이다, 어떤 일이 발생해도 바뀌지 않을 것이다.

2급 •

远
yuǎn

[형] 멀다 (↔ 近 jìn 가깝다)

虽然现在我离我的目标还很远，但我会一直努力的，直到实现梦想的那一天。 비록 현재 나는 나의 목표에서 많이 멀지만, 나는 계속 노력할 것이다, 꿈이 실현되는 그날까지.

5급 ••

愿望
yuànwàng

[명] 바람, 소원, 희망

过生日时你许了什么愿望? 생일 때 당신은 무슨 소원을 빌었나요?

Tip 愿望实现 바람이 이루어지다 | 许愿望 소원을 빌다

3급 ••

愿意
yuànyi

[동] 원하다 (= 乐意 lèyì), 기꺼이 ~하다

你愿意嫁给我这个穷人吗? 당신은 가난한 저한테 시집오고 싶습니까?

4급 •••

约会
yuēhuì

[명] 약속 [동] 약속하다

今天我和客户有重要的约会。
오늘 나는 고객과 중요한 약속이 있다.

Tip 约会는 '만나기로 약속하다'라는 의미로, 뒤에 목적어가 올 수 없습니다.
晚上我跟男朋友(有)约会。(○) | 晚上我约会男朋友。(✕)

Y

3급 ••
越
yuè

튀 ~할수록

两人越吵越凶，谁都不服软。
두 사람은 다툴수록 사나워졌고, 누구도 양보하지 않았다.

Tip 越가 들어가는 주요 표현은 두 가지가 있습니다.

① 越…越… ~할수록 ~하다

别吃了，越吃越胖。 먹지 마세요, 먹을수록 살쪄요.

② 越来越… 점점 더, 더욱

天气越来越暖和。 날씨가 점점 따뜻해진다.

越来越는 정도의 의미를 나타내는 정도부사이므로, 또 다른 정도부사와 같이 사용할 수 없습니다.

你越来越很漂亮。(✗) | 你越来越漂亮。(○)

1급 •
月
yuè

명 월

我学汉语学了九个月了。 나는 중국어를 배운 지 9개월이 되었다.

3급 •
月亮
yuèliang

명 달

今天晚上的月亮又亮又圆。 오늘 저녁의 달은 밝고 둥글다.

4급 •
阅读
yuèdú

동 독해하다

经常阅读文章是提高阅读水平的最好方法。
글을 자주 읽는 것은 독해 수준을 향상시키는 최고의 방법이다.

5급 ••
晕
yūn | yùn

[yūn] 형 어지럽다 [yùn] 동 멀미하다

因为一直工作，不能休息。最后他晕倒了。
계속 일을 해서 쉴 수 없었다, 결국 그는 졸도했다.

我不要坐船，我一坐船就晕。
나 배 안 탈래, 나는 배만 타면 멀미해.

3급 •
云
yún

명 구름

蓝蓝的天空上飘着白白的云。
파란 하늘에 하얀 구름이 떠다닌다.

Y

允许
yǔnxǔ
4급 ••

동 허락하다, 허가하다

父母不**允许**我喝酒，但父母不在家的时候我会偷偷喝一点。 부모님은 내가 술 마시는 것을 허락하지 않지만, 부모님이 집에 계시지 않을 때 나는 몰래 조금씩 마신다.

2265

运动
yùndòng
2급 ••

동 운동하다 명 운동

经常**运动**可以提高身体免疫力，减少生病的机率。
자주 운동하는 것은 신체 면역력을 향상시킬 수 있고, 병이 나는 확률을 줄일 수 있다.

2266

运气
yùnqi
5급 ••

명 운, 운수

你今天**运气**不错，有很多漂亮女生给你打电话。
당신은 오늘 운이 좋네요, 많은 예쁜 여자들이 당신에게 전화를 하다니.

Tip 碰运气 운에 맡기다 | 走运气 운이 트이다

2267

运输
yùnshū
5급 •••

동 운송하다

这些货物被**运输**到世界各地。 이 화물은 세계 각지로 운송되었다.

2268

运用
yùnyòng
5급 ••

동 운용하다, 활용하다, 응용하다

光学习语法不行，得会实际**运用**。
단지 어법만 배우는 것은 안 된다, 실제로 활용할 줄 알아야 한다.

✓ 신 HSK 성어 처방전 4

새옹지마 (塞翁失马 sài wēng shī mǎ)

塞(새 변방) 翁(옹 노인) 失(실 잃다) 马(마 말)
변방의 노인이 말을 잃다. 인생의 길흉화복은 바뀌기 마련이므로 미리 헤아릴 수 없다는 의미임. *우리가 새옹지마(塞翁之马)라고 쓰는 것과 달리, 중국에서는 塞翁失马라고 쓰는 점에 주의합시다!

Y

 다음 단어들을 이용해 문장을 완성하세요.

1 习惯　　孩子　　要　　从小　　养成　　良好的

2 5号座位　　被　　预订了　　别的客人　　已经

3 换成　　想　　把这些硬币　　纸币　　我

4 你的　　严重的　　后果　　失误　　造成了

5 他的一句话　　比　　都　　谁的话　　有影响力

6 遇到　　会　　经常　　各种困难　　在工作中

7 要是　　能　　永远　　幸福　　好了　　就　　保持

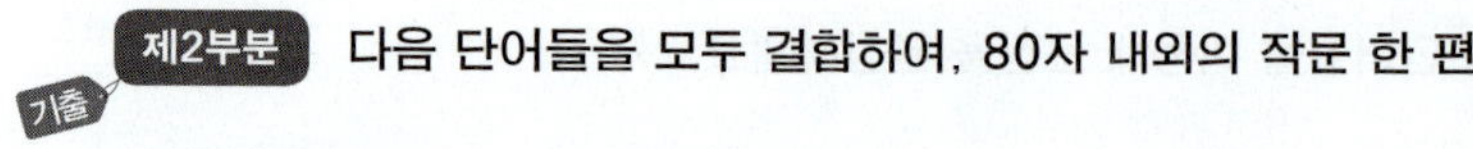

제2부분 다음 단어들을 모두 결합하여, 80자 내외의 작문 한 편을 완성하세요.

压力　　　游戏　　　偶然　　　缓解　　　乐观

▶ 원고지에 직접 답안을 적어보세요.

MEMO

2269

4급 •
杂志
zázhì

명 잡지

女生喜欢看娱乐杂志和时尚杂志。
여자는 오락잡지와 유행잡지를 좋아한다.

Tip 一本杂志 잡지 한 권

2270

5급 ••
灾害
zāihài

명 재해

自然灾害威胁人类的生命安全。
자연재해는 인류의 생명안전을 위협한다.

2271

1급 •
在
zài

전 ~에, ~에서 동 ~에 있다

你在哪儿，怎么还不来？ 당신 어디에 있어요, 왜 아직 안 와요?

2272

2급 •
再
zài

부 다시, 더

请再说一次，刚才没听清。
한 번 더 말해주세요, 아까 정확히 못 들었어요.

2273

1급 •
再见
zàijiàn

동 다시 만나자, 안녕

再见了朋友们，希望我们十年以后再见面。
안녕 친구들, 우리가 십 년 후에 다시 만나기를 바랄게.

2274

5급 •••
再三
zàisān

부 다시, 재차

妈妈再三告诉我要努力学习，但我一直没放在心上。
엄마는 재차 나에게 열심히 공부하라고 하셨지만, 나는 쭉 신경 쓰지 않았다.

2275

4급 ••
咱们
zánmen

대 우리

有时间的话咱们一起去中国旅行吧。
시간이 있으면, 우리 함께 중국 여행 가자.

Tip 我们 우리(청자 불포함) | 咱们 우리(청자를 포함)

赞成 zànchéng · 5급 ••

图 찬성하다 (↔ 反对 fǎnduì 반대하다)

我赞成你的提议，我觉得很有特色。
나는 당신의 제의를 찬성합니다, 매우 특색 있다고 생각합니다.

赞美 zànměi · 5급 ••

图 찬미하다

用诗歌来赞美我们伟大的祖国。
시가로 우리 위대한 조국을 찬미합니다.

暂时 zànshí · 4급 •••

图 잠시, 잠깐

我们暂时休息一下，一会儿再继续吧。
우리 잠시 쉬고, 좀 이따가 다시 계속하자.

脏 zāng · 4급 •

图 더럽다 (↔ 干净 gānjìng 깨끗하다)

这件衣服已经脏了，别穿了，省得让别人笑话。
이 옷은 이미 더러워졌으니, 입지 말아요, 다른 사람이 비웃지 않게.

糟糕 zāogāo · 5급 ••

图 엉망이 되다, 망치다

糟糕! 我忘了带钥匙了，瞧我这个马大哈。
야단났다! 나는 열쇠 가져오는 것을 잊었다, 이 덜렁이 같으니라고.

早上 zǎoshang · 2급 •

图 아침

我每天早上去公园运动，在那里认识了很多朋友。
나는 매일 아침 공원에 가서 운동을 하는데, 거기에서 많은 친구를 알게 되었다.

造成 zàochéng · 5급 •••

图 야기시키다, 초래하다

你的失误造成了严重的后果。
당신의 실수가 심각한 결과를 초래했다.

Tip 「造成 + 좋지 않은 결과」

造成损失 손실을 초래하다 | 造成污染 오염을 초래하다

造成损害 손해를 초래하다 | 造成危险 위험을 초래하다

则 zé
5급 •••

㉠ 곧, 즉시 (인과관계) 오히려, 도리어 (대비, 역접관계)

如果这些问题不妥善解决，后果则不堪设想。
만약 이 문제들이 제대로 해결되지 않으면, 결과는 즉시 감히 상상할 수도 없다.

他喜欢喝酒，我则不是那么喜欢。
그는 술 마시는 것을 좋아하는데, 나는 오히려 그렇게 좋아하지는 않는다.

责备 zébèi
5급 •••

동 책망하다, 혼내키다 (＝ 责怪 zéguài, 见怪 jiànguài)

老师严厉地责备不认真学习的学生。
선생님은 열심히 공부하지 않은 학생을 엄하게 혼내신다.

责任 zérèn
4급 ••

명 책임

既然这件事是由你来负责的，那你就要尽自己的责任，完成这件事。 이 일을 당신이 책임지기로 한 이상, 당신은 스스로 책임을 다해, 이 일을 완성해야 한다.

怎么 zěnme
1급 •

대 어떻게, 왜, 어째서

你怎么才来，都几点了! 너 왜 이제서야 오는 거야, 벌써 몇 신데!

怎么样 zěnmeyàng
1급 •

대 어떻다, 어떠하다

我们喝完酒去唱歌怎么样?
우리 술 마시고 노래하러 가는 게 어때?

增加 zēngjiā
4급 ••

동 증가하다 (↔ 减少 jiǎnshǎo 줄어들다)

放假了，来补习班的学生的数量又增加了。
방학을 하니, 학원에 오는 학생 수가 또 증가했다.

增长 zēngzhǎng
4급 ••

동 성장하다, 늘어나다 (↔ 减少 jiǎnshǎo 줄어들다)

中国经济正在不断增长。 중국 경제는 부단히 성장하고 있다.

摘 zhāi
5급 ••

동 벗다, 따다, 꺾다

果园里到处都是已经成熟的水果，我们去摘点儿吧。
과수원은 도처가 다 이미 익은 과일이다, 우리 가서 좀 따자.

Z

4급 •
窄 zhǎi

⃞형 좁다 (↔ 宽 kuān 넓다)

这条路太窄，我的车开不过去。
이 길은 너무 좁아서, 내 차가 지나갈 수 없다.

5급 ••
粘贴 zhāntiē

⃞동 (풀로) 붙이다

把这张照片粘贴在你的简历表上。
이 사진을 당신의 이력서에 붙이세요.

5급 ••
展开 zhǎnkāi

⃞동 펴다, 활동을 벌이다, 전개하다

在政府的鼓励下，全民展开了健身运动。
정부의 격려하에, 전 국민이 건강 운동을 전개했다.

5급 ••
展览 zhǎnlǎn

⃞동 전람하다, 전시하다

这儿展览的物品都是很珍贵的古董。
이곳에 전시된 물품은 모두 다 진귀한 골동품이다.

Tip 展览会 전람회 | 举行展览 전람회를 거행하다

3급 •
站 zhàn

⃞동 서다　⃞명 역, 정거장

学生犯了错误，老师让学生站在墙角。
학생은 실수를 했고, 선생님은 학생을 벽의 모퉁이에 세웠다.

我们得在钟路站下车。 우리는 종로역에서 내려야 한다.

5급 •
占线 zhànxiàn

⃞동 통화 중이다

奶奶家的电话一直占线。 할머니 댁의 전화가 계속 통화 중이다.

Tip 전화 통화 관련 단어입니다.

打通 전화가 연결되다 | 无人接听 받는 사람이 없다

停机 통화 서비스를 정지하다 | 空号 없는 번호

5급 ••
战争 zhànzhēng

⃞명 전쟁

中国和日本发生过战争，给人民带来了苦难。
중국과 일본 사이에 발생한 전쟁은, 국민에게 고난을 가져왔다.

Tip 一场战争 전쟁 한 차례 | 发生战争 전쟁이 발생하다

张
zhāng
2급 ••

동 열다, 펼치다 양 장 [종이 등 얇고 평평한 것에 대한 양사]

张开嘴让医生看看。 입을 벌려 의사에게 보여줘라.

Tip 一张票 표 한 장 | 张嘴 입을 벌리다

长
zhǎng
cháng
3급 ••

[zhǎng] 동 성장하다, 자라다, 나다, 생기다 명 책임자, 우두머리
[cháng] 형 길다

这个小孩儿长得真漂亮，特别招人喜欢。

이 아이는 정말 예쁘게 생겨서, 특별히 사람들의 사랑을 받는다.

Tip 长 (cháng) 에 대한 활용 예문은 180번을 참조하세요.

涨
zhǎng
5급 •

동 올라가다, 불어나다 (↔ 降 jiàng 하락하다, 떨어지다)

最近韩国经济不错，所以股票又涨了。

최근 한국 경제가 좋아서, 주가가 또 올랐다.

掌握
zhǎngwò
5급 •••

동 장악하다, 마스터하다, 정복하다

今天我们学习的语法大家都掌握了吗?

오늘 우리가 공부한 어법을 모두 이해했니?

Tip 掌握内容 내용을 마스터하다 | 掌握知识 지식을 마스터하다
掌握基础 기초를 마스터하다 | 掌握外语 외국어를 마스터하다

丈夫
zhàngfu
2급 •

명 남편 (↔ 妻子 qīzi 아내)

我丈夫是一位很细心的人，我非常爱他。

제 남편은 매우 세심한 사람입니다, 저는 그를 매우 사랑합니다.

账户
zhànghù
5급 ••

명 계좌번호

告诉我你的账户，我给你汇钱。

당신의 계좌번호를 알려주면, 제가 당신께 송금할게요.

招待
zhāodài
5급 •••

동 접대하다 (= 接待 jiēdài, 款待 kuǎndài)

她拿出了家里最贵的酒来招待客人。

그녀는 집에서 가장 귀한 술을 꺼내다가 손님을 접대했다.

Z

招聘
zhāopìn
4급 ••

동 채용하다 (↔ 应聘 yìngpìn 지원하다)

我们公司正在**招聘**新职员，如果你有意向的话可以来参加面试。 우리 회사는 새 직원을 채용하고 있는데, 만약 당신이 의향이 있으면, 면접에 참가해도 됩니다.

着急
zháojí
3급 ••

형 급하다, 조급하다

家里有急事，我**着急**回家。我们以后再见吧。
집에 급한 일이 있어서, 제가 급히 돌아가야 해요, 우리 나중에 다시 만나요.

着凉
zháoliáng
5급 ••

동 감기 걸리다, 바람을 맞다

天冷了，多穿点儿，省得**着凉**。
날이 추워졌으니, 옷을 많이 입어서, 감기 걸리지 않도록 하세요.

找
zhǎo
2급 •

동 찾다, 거슬러주다

我找钱包**找**了半天，还没**找**到。
나는 한참 동안 지갑을 찾았는데도, 찾지 못했다.

召开
zhàokāi
5급 ••

동 열다, 개최하다

由于财政状况不理想，所以公司**召开**紧急会议。
재정 상황이 만족스럽지 않아서, 회사는 긴급회의를 열었다.

照常
zhàocháng
5급 ••

부 평상시대로

虽然天气不好，但运动会还是**照常**进行了。
비록 날씨가 좋지 않았지만, 운동회는 여전히 평소대로 진행했다.

照顾
zhàogù
3급 •••

동 돌보다

妈妈很细心地**照顾**着孩子。 엄마는 세심하게 아이를 돌보고 있다.

照片
zhàopiàn
3급 •

명 사진

这些**照片**都是我小时候拍的。
이 사진들은 모두 내가 어렸을 적에 찍은 것이다.

Tip 一张照片 사진 한 장 | 洗照片 사진을 인화하다

Z

照相机
zhàoxiàngjī
3급 •

명 사진기

这家品牌的照相机质量很好，而且画面也十分清晰。
이 상표의 사진기는 품질이 매우 좋다, 게다가 화면도 매우 또렷하다.

Tip 一台照相机 사진기 한 대

哲学
zhéxué
5급 ••

명 철학

我一遇到哲学问题就头疼。
나는 철학적 문제에 부딪히면 머리가 아프다.

这(这儿)
zhè (zhèr)
1급 ••

명 여기

这就是我最爱最想念的故乡。
이곳은 내가 가장 사랑하고 가장 그리워하는 고향이다.

着
zhe
2급 •••

조 ~하고 있다 [동사 뒤에서 진행, 지속을 나타냄]

看着书，听着音乐，突然觉得生活是那么美好。
책을 보고, 음악을 듣고 있자니, 갑자기 생활이 아름답다는 생각이 들었다.

真
zhēn
2급 ••

부 진짜로, 정말로 (↔ 假 jiǎ 가짜의)

你可真胖，该减减肥了。
당신은 정말 뚱뚱해요, 다이어트를 해야 합니다.

真理
zhēnlǐ
5급 •

명 진리

实践是检验真理的唯一标准。
실천은 진리를 검증하는 유일한 기준이다.

真实
zhēnshí
5급 ••

명 진실 형 진실한, 실제의

这部电视剧是根据真实故事改编的。
이 드라마는 실제 이야기를 근거로 각색한 것이다.

真正
zhēnzhèng
4급 ••

형 진정한, 참된

你们分手的真正原因是什么?
그들이 헤어진 진짜 이유는 무엇입니까?

Z

5급 •••

针对
zhēnduì

동 겨누다, 겨냥하다

这种产品主要**针对**中老年消费者。

이 상품은 주로 중년층 소비자를 겨냥한 것이다.

5급 •••

珍惜
zhēnxī

동 아끼다, 소중히 여기다

我很**珍惜**这份礼物，因为是你在我生日的时候送给我的。

나는 이 선물을 소중히 여긴다, 왜냐하면 당신이 내 생일 때 선물해주었기 때문이다.

5급 ••

诊断
zhěnduàn

동 진단하다

医生**诊断**他得了胃癌，他无法相信这个事实。

의사는 그가 위암이라고 진단했는데, 그는 이 사실을 믿을 수가 없었다.

5급 ••

枕头
zhěntou

명 베개

枕头的好坏影响睡眠质量。

베개의 좋고 나쁨은 수면의 질에 영향을 미친다.

Tip 枕枕头 베개를 베다

5급 •

阵
zhèn

명 (~儿) 한동안, 일정한 시간　양 차례, 바탕

这**阵**儿我太忙了，忽略了女朋友。

이때 나는 너무 바빠서, 여자친구를 소홀히 했다.

Tip 一阵风 한 차례의 바람

5급 •

振动
zhèndòng

동 진동하다

会议中，请把铃声调成**振动**。

회의 중에는, 벨소리를 진동으로 바꿔주세요.

5급 ••

睁
zhēng

동 눈을 뜨다

照相的时候把眼睛**睁**大一点。

사진을 찍을 때 눈을 좀 더 크게 뜨세요.

Tip 睁开眼睛 눈을 뜨다 ↔ 闭上眼睛 눈을 감다

Z

争论
zhēnglùn
5급 ••

동 논쟁하다

他们正在争论谁对谁错。

그들은 지금 누가 맞고 누가 틀린지 논쟁하고 있다.

争取
zhēngqǔ
5급 ••

동 쟁취하다

我要争取在这次考试中取得好成绩。

나는 이번 시험에서 좋은 성적을 쟁취할 것이다.

征求
zhēngqiú
5급 •••

동 구하다

做决定之前要先征求别人的意见。

결정을 하기 선에 다른 사람의 의견을 먼저 구해야 한다.

Tip 征求…意见 ~의 의견을 구하다

整个
zhěnggè
5급 ••

형 전체의, 모든, 전부의

整个计划都是他一个人想的，很了不起。

모든 계획은 다 그 혼자서 생각한 것이다, 매우 대단하다.

整理
zhěnglǐ
4급 ••

동 정리하다

房间太乱了，你整理一下房间吧。

방이 엉망이네, 너 방 좀 정리해.

Tip 整理资料 자료를 정리하다 | 整理笔记 필기를 정리하다

整齐
zhěngqí
4급 ••

형 깔끔하다, 가지런하다

树枝被剪得很整齐。 나뭇가지를 가지런하게 잘랐다.

整体
zhěngtǐ
5급 ••

명 전체, 전부

考虑问题要从整体利益出发。

문제를 고려하는 것은 전체의 이익에서 출발해야 한다.

正
zhèng
5급 •••

부 마침, 때마침, 바로　형 바르다, 곧다

我正要找你，你就来了。真是说曹操曹操就到啊。

내가 마침 당신을 찾으려고 했는데, 당신이 왔다, 호랑이도 제 말 하면 온다더니.

Tip 说曹操曹操就到。 조조를 말하니까 조조가 오다. (호랑이도 제 말 하면 온다)

Z

4급 ••
正常
zhèngcháng

⑱ 정상적이다 (↔ 反常 fǎncháng 비정상적이다)

这个孩子的心理状态很正常。 이 아이의 심리 상태는 정상적이다.

4급 ••
正好
zhènghǎo

⑲ 마침, 때마침 ⑱ 딱 맞다, 꼭 맞다

正好我今天有时间，我们一起去吃顿饭吧。
때마침 내가 오늘 시간이 있으니까, 우리 함께 밥 먹읍시다.

4급 ••
正确
zhèngquè

⑱ 정확하다 (↔ 错误 cuòwù 부정확하다)

你要选择对你来说正确的路来走。
너는 너에게 정확한 길을 선택해서 가야 한다.

4급 ••
正式
zhèngshì

⑲ 정식으로

我很生气，你得正式向我道歉。
나는 정말 화났어, 너 정식으로 나한테 사과해.

2급 ••
正在
zhèngzài

⑲ ~하고 있다 (동사 앞에서 진행을 나타냄)

我们经理正在开会，请您一会儿再打电话。
우리 사장님은 지금 회의 중이십니다, 좀 이따 다시 전화 주세요.

5급 •
政策
zhèngcè

⑲ 정책

这是政府为了农民制定的政策，对农民有很大的帮助。
이것은 정부가 농민을 위해서 제정한 정책으로, 농민에게 아주 큰 도움이 된다.

5급 •
政府
zhèngfǔ

⑲ 정부

他在政府机关工作，虽然挣的钱不多，但还算稳定。
그는 정부 기관에서 일을 해서, 비록 돈을 많이 벌지는 않지만, 안정적인 셈이다.

5급 •
政治
zhèngzhì

⑲ 정치

中国在政治外交方面主张和平。
중국은 정치 외교 방면에서 평화를 주장한다.

Z

证件 zhèngjiàn — 5급 ••

명 증명서, 증거 서류

对不起，请出示一下您的证件。

미안해요, 당신의 증명서를 좀 보여주세요.

证据 zhèngjù — 5급 ••

명 증거

警察已经找到了证明他有罪的证据。

경찰은 이미 그에게 죄가 있다는 것을 증명할 증거를 찾았다.

证明 zhèngmíng — 4급 ••

동 증명하다

你得证明自己的清白。 당신은 스스로 당신의 결백을 증명해야 한다.

挣钱 zhèngqián — 5급 •

동 돈을 벌다 (= 赚钱 zhuànqián)

父母挣钱很辛苦，孩子怎么能那么浪费钱呢？

부모는 매우 고생스럽게 돈을 버는데, 아이는 어쩜 그렇게 돈을 낭비할 수 있지?

只 zhī — 4급 ••

양 마리 [동물을 세는 양사]

这只小狗真可爱。 이 강아지는 정말 귀여워요.

之 zhī — 4급 ••

조 ~의 대 이, 그

她太天真了，这是我喜欢她的原因之一。

그녀는 참 천진하다, 이것이 내가 그녀를 좋아하는 이유 중 하나이다.

支 zhī — 5급 •

양 자루 [가는 물건에 내린 양사]

我这支秃笔，难以描绘眼前的美景。

나의 이 보잘것없는 문장 실력으로는, 눈앞의 아름다운 풍경을 묘사하기가 어렵다.

Tip 一支笔 펜 한 자루

支持 zhīchí — 4급 •••

동 지지하다

我是刘德华的影迷，不管他做什么事情我都会永远支持他的。 나는 리우더화(유덕화)의 팬이다, 그가 무슨 일을 하든 나는 영원히 그를 지지할 것이다.

Z

5급 ••
支票
zhīpiào

명 수표

我身上没有现金了，支票行吗? 저는 현금이 없는데, 수표가 되나요?

Tip 一张支票 수표 한 장

2급 •
知道
zhīdào

동 알다

你知道这份礼物对我来说有多重要吗? 你怎么能说拿走就拿走了呢? 당신은 이 선물이 나에게 얼마나 중요한지 알아요? 당신은 어떻게 가져가려면 가져가라는 식으로 말할 수 있어요?

4급 •
知识
zhīshi

명 지식

知识改变命运，所以父母们都希望孩子努力学习。
지식은 운명을 바꿀 수 있다. 그래서 부모들은 아이가 열심히 공부하길 바란다.

5급 ••
直
zhí

형 곧다 (↔ 弯 wān 완만하다)

这个女生的腿又长又直，真羡慕。
이 여자의 다리는 길고 곧다, 정말 부럽다.

4급 ••
直接
zhíjiē

형 직접적이다 (↔ 间接 jiànjiē 간접적이다)

你就直接说吧，别拐弯抹角的。
당신 직접적으로 말해요, 빙빙 돌려서 하지 말고.

Tip 拐弯抹角 말을 빙빙 돌려 하다

4급 •••
值得
zhíde

동 ~할 가치가 있다

虽然经历了那么多波折，但最后还是成功了，所有的努力都是值得的。 비록 그렇게 많은 풍파를 겪었지만, 최후에는 성공했다, 모든 노력은 다 가치가 있다.

4급 •
植物
zhíwù

명 식물

家里养一些植物可以改善空气情况。
집에서 식물을 기르면 공기 상황을 개선할 수 있다.

Z

执行
zhíxíng
5급 ••

동 집행하다

警察**执行**政府给他们的任务。
경찰은 정부가 그들에게 준 임무를 집행한다.

> Tip **执行**任务 임무를 집행하다 | **执行**计划 계획을 집행하다
> **执行**命令 명령을 집행하다 | **执行**法规 법규를 집행하다

执照
zhízhào
5급 ••

명 허가증, 면허증, 증서

你闯红灯了，请出示一下您的驾驶**执照**。
당신 신호 위반했어요, 당신의 운전면허증 좀 제시해주세요.

职业
zhíyè
4급 •••

명 직업

你想从事什么**职业**? 당신은 어떤 직업에 종사하고 싶어요?

指
zhǐ
4급 •

동 가리키다, 지시하다, 비평하다, 지적하다 명 손가락

请**指**出这句话错误的地方。 이 말에서 잘못된 부분을 지적해주세요.

指导
zhǐdǎo
5급 ••

동 지도하다

在化学课堂上，老师正在耐心地**指导**着学生做化学实验。
화학 수업에서, 선생님은 인내심 있게 학생들이 화학실험 하는 것을 지도하고 있다.

指挥
zhǐhuī
5급 ••

동 지휘하다

只有战场经验丰富的将军才能**指挥**大军成功作战。
전장 경험이 풍무한 징군만이 대균의 성공적인 전투를 지휘할 수 있다.

只
zhǐ
3급 •

부 단지, 다만, 오직

我**只**想问一个问题，老师您现在有时间吗?
저는 단지 질문이 하나 있는데, 선생님 지금 시간 있으세요?

只好
zhǐhǎo
4급 •••

부 하는 수 없이 (= 不得不 bùdébù, 只能 zhǐnéng, 只得 zhǐdé)

我的车坏了，**只好**坐公共汽车上班了。
내 차가 고장 나서, 하는 수 없이 버스를 타고 출근했다.

Z

4급 •• **只要** zhǐyào	접 ~하기만 하면 你一定要相信，只要努力就能成功。 당신이 반드시 믿고, 노력만 하면 성공할 수 있다. **Tip** 只要…就… ~하기만 하면 ~하다 (필연적인 결과를 나타냄)

5급 ••• **制定** zhìdìng	동 세우다, 제정하다 我已经制定好了这一年的学习计划。 나는 이미 올 일 년간의 학습 계획을 다 세웠다. **Tip** 制定计划 계획을 세우다 ǀ 制定目标 목표를 세우다

5급 •• **制度** zhìdù	명 제도 好的国家制度会让人民的生活越来越富裕。 좋은 국가제도는 사람들의 생활을 점점 더 부유하게 할 것이다.

4급 ••• **制造** zhìzào	동 만들다, 제조하다 在世界上有很多东西都是中国制造的。 세계의 많은 물건은 중국에서 제조한 것이다.

5급 ••• **制作** zhìzuò	동 제작하다 电脑专家们制作的3D动画让人们欣赏。 컴퓨터 전문가가 제작한 3D 동영상을 사람들이 좋아하게 되었다.

5급 •• **智慧** zhìhuì	명 지혜 智慧就是金钱、智慧就是力量、智慧就是武器。 지혜는 돈이고, 지혜는 힘이고, 지혜는 무기이다.

5급 • **至今** zhìjīn	부 지금까지 (= 到现在 dào xiànzài) 虽然很多人死于癌症，但在医学界至今还没发现抗癌药物。 많은 사람이 암으로 죽었지만, 의학계는 지금까지 아직도 항암물질을 발견하지 못했다.

4급 ••
至少
zhìshǎo

图 최소한 (= 最少 zuìshǎo)

虽然公司破产了，但至少我们还有健康的身体，可以从头再来。 비록 회사는 파산했지만, 최소한 우리는 아직 건강한 몸이 있어서, 처음부터 다시 시작할 수 있다.

5급 ••
至于
zhìyú

젠 ~에 대해서 (새로운 화제 도입) 图 ~의 정도에 이르다

至于这个问题我们以后再讨论。
이 문제에 대해서 우리는 이후에 다시 토론하자.

你至于这么生气吗? 당신이 이렇게 화낼 정도입니까?

4급 ••
质量
zhìliàng

图 품질

产品的质量决定产品的销售量，所以我们要把质量放在首位。 상품의 품질은 상품의 판매량을 결정한다, 그래서 우리는 품질을 최우선으로 해야 한다.

5급 ••
治疗
zhìliáo

图 치료 图 치료하다

患有心理疾病的人，得通过药物治疗和心理治疗才能使病情获得改善。 심리적인 질병을 겪은 사람은, 약물 치료와 심리 치료를 통해야만 비로소 병세를 개선할 수 있다.

5급 ••
秩序
zhìxù

图 질서

稳定的社会秩序是社会发展的关键。
안정된 사회질서는 사회발전의 관건이다.

5급 •
志愿者
zhìyuànzhě

图 지원자

很多韩国学生想成为上海世博会的志愿者。
많은 한국 학생이 상하이 세계박람회의 지원자가 되고 싶어한다.

5급 •
钟
zhōng

图 시계, 종

在中国绝对不能把钟当成礼物送给别人。
중국에서는 절대로 시계를 선물로 다른 사람에게 주어서는 안 된다.

Z

1급
中国
Zhōngguó

고유 중국

中国已逐渐发展成世界强国，并受到各国的认可。
중국은 이미 점점 세계 강국으로 발전해가며, 게다가 각국의 인정도 받았다.

3급
中间
zhōngjiān

명 사이, 가운데, 중간

这部电影在孩子们中间影响很大。
이 영화는 아이들 사이에서 영향이 매우 크다.

5급
中介
zhōngjiè

명 매개 동 중개하다

大使馆是沟通两国政治、经济、文化交流等各个方面的中介。 대사관은 양국의 정치·경제·문화교류 등 각 방면의 중개를 교류한다.

4급
中文
Zhōngwén

명 중국어 [글]

在国外学习中文的人越来越多了。
외국에서 중국어를 공부하는 사람이 점점 많아졌다.

Tip 中文은 중국 글로 쓰여진 것을 나타냅니다.
中文小说 중국어 소설 | 中文报 중국어 신문

1급
中午
zhōngwǔ

명 낮, 대낮

我们公司每天中午有一个小时的休息时间。
우리 회사는 매일 오후 한 시간의 쉬는 시간이 있다.

5급
中心
zhōngxīn

명 센터, 중심

纽约是世界经济的中心，是很多人想去的地方。
뉴욕은 세계 경제의 중심이다, 아주 많은 사람들이 가보고 싶어하는 곳이다.

Tip 购物中心 쇼핑 센터 | 健身中心 스포츠 센터

5급
中旬
zhōngxún

명 중순

每月中旬我都会去中国出差。
매월 중순 나는 중국으로 출장 간다.

Tip 上旬 초순 | 中旬 중순 | 下旬 하순

Z

3급 ••
终于
zhōngyú

㈒ 마침내, 결국 (= 总算 zǒngsuàn)

经历了两次高考，他终于考上大学了。
두 번의 대입시험을 겪고, 그는 마침내 대학에 합격했다.

3급 •
种
zhǒng

㈈ 종류

在人生中会遇到各种各样的困难，所以你得学会如何
面对。 인생에서 각양각색의 어려움을 마주칠 수 있는데, 당신은 어떻게 맞서
야 하는지를 배워야 한다.

> **Tip** 各种各样 각양각색의, 각종의 | 种类 종류

5급 •
重
zhòng

㈌ 무겁다 (↔ 轻 qīng 가볍다)

行李太重了，我拿不动。 짐이 지나치게 무거워서, 나는 들 수가 없다.

4급 ••
重点
zhòngdiǎn

㈈ 핵심, 중점

这些是我们今天学习的重点，请大家记住。
이것은 우리들이 오늘 배운 것의 핵심이다, 모두 기억하도록.

5급 •
重量
zhòngliàng

㈈ 중량, 무게

这袋大米的重量大概是50公斤。
이 쌀포대의 무게는 대략 50킬로그램이다.

4급 ••
重视
zhòngshì

㈌ 중시하다 (↔ 忽视 hūshì · 轻视 qīngshì 무시하다)

韩国政府非常重视人民的教育情况。
한국 정부는 국민들의 교육 정황을 배우 중시한다.

3급 ••
重要
zhòngyào

㈓ 중요하다

夫妻两人之间的沟通是非常重要的。
부부 두 사람 간의 소통은 매우 중요한 것이다.

Z

5급 •••
周到
zhōudào

㈓ 주도면밀하다, 세심하다, 꼼꼼하다

这家餐厅的服务周到，价格便宜，所以客人非常多。
이 음식점은 서비스가 세심하고, 가격도 싸서, 손님이 매우 많다.

3급 •
周末
zhōumò

명 주말

为了父母的身体健康，每个周末我都会陪父母去爬山。
부모님의 신체 건강을 위해서, 매주 주말 나는 부모님을 모시고 산에 오른다.

4급 ••
周围
zhōuwéi

명 주위, 주변 (= 附近 fùjìn, 旁边 pángbiān)

大学周围有很多餐厅和酒吧，所以这儿成为了年轻人娱乐的天堂。 대학 주변에는 많은 음식점과 술집이 있다, 그래서 이곳은 젊은이들 오락의 천국이 되었다.

4급 •
猪
zhū

명 돼지

猪看起来虽然笨笨的，但其实是一种很聪明的动物。
돼지는 멍청해 보이지만, 그러나 사실 매우 똑똑한 동물이다.

Tip 一头猪 돼지 한 마리

5급 ••
逐步
zhúbù

부 점차, 점점

他的病情正在逐步好转。 그의 병은 점차 호전되고 있다.

4급 ••
逐渐
zhújiàn

부 점차, 점점

这位演员的演技逐渐得到了观众的认可。
이 배우의 연기는 점점 관중의 인정을 받는다.

5급 •
竹子
zhúzi

명 대나무

在中国的四川到处都是竹子，所以这里成为了熊猫的故乡。 중국의 쓰촨성은 도처가 모두 대나무여서, 이곳은 판다의 고향이 되었다.

5급 ••
煮
zhǔ

동 삶다, 익히다

我的拿手菜是煮拉面。 내가 자신있는 요리는 라면 끓이는 것이다.

5급 •••
主持
zhǔchí

동 주최하다, 진행하다

刘在石主持的节目大家都很喜欢看。
유재석이 진행하는 프로그램은 모두 다 보기를 매우 좋아한다.

Tip 主持人 진행자, 사회자 | 主持节目 프로그램을 진행하다

Z

4급 ••
主动
zhǔdòng

형 능동적이다 (↔ 被动 bèidòng 수동적이다)

学生应该**主动**向老师提问，这样进步才快。

학생은 마땅히 능동적으로 선생님께 질문해야 하는데, 이래야 진보가 비로소 빠르다.

5급 •
主观
zhǔguān

형 주관적이다 (↔ 客观 kèguān 객관적이다)

你的想法太**主观**了，应该客观地考虑问题。

네 생각은 매우 주관적이다, 마땅히 객관적으로 문제를 고려해야 한다.

5급 •
主人
zhǔrén

명 주인

我是房子的**主人**，您有什么事儿吗?

제가 집주인입니다, 무슨 일이십니까?

5급 •
主席
zhǔxí

명 주석, 의장, 위원장

在胡锦涛**主席**的带领下，中国正在走向发展。

후진타오 주석의 인솔 하에, 중국은 지금 발전하고 있다.

3급 ••
主要
zhǔyào

형 주요한, 주된 (↔ 次要 cìyào 부수적이다, 이차적이다)

我去中国留学的**主要**原因是学习汉语，次要原因是了解中国文化。 내가 중국으로 유학 가는 주된 원인은 중국어 공부이고, 부수적인 원인은 중국 문화를 이해하기 위해서이다.

4급 •
主意
zhǔyi

명 생각, 아이디어

我最近正在为假期做什么而苦恼，你有什么好**主意**吗?

난 요즘 휴일에 뭘 할 것인지 고민하고 있어, 너 무슨 좋은 아이디어 있니?

5급 ••
主张
zhǔzhāng

동 주장하다 명 주장

教育学家们**主张**让孩子自由发展。

교육학 전문가들은 아이들을 자유롭게 발전시키라고 주장한다.

5급 ••
嘱咐
zhǔfù

동 부탁하다 (= 叮嘱 dīngzhǔ)

妈妈一再**嘱咐**我要按时吃饭，她说这样身体才会健康。

엄마는 재차 나에게 제때에 밥을 먹으라고 당부하셨다, 그녀는 이렇게 해야 몸이 건강해질 거라고 하셨다.

Z

1급 •

住
zhù

동 살다

我以前**住**在中国农村的一个小村庄里。
나는 이전에 중국 농촌의 한 작은 마을에 살았다.

3급 •

祝
zhù

동 바라다, 빌다, 축원하다

我真心地**祝**你身体健康，天天开心。
나는 진심으로 당신의 몸이 건강하고, 매일 행복하기를 기원합니다.

5급 ••

祝福
zhùfú

명 축복　동 축복하다, 축원하다

新婚夫妇得到大家真心的**祝福**。
신혼부부는 모두에게 진심 어린 축복을 받았다.

4급 ••

祝贺
zhùhè

동 축하하다　명 축하

祝贺你取得了这么好的成绩。
네가 이렇게 좋은 성적을 받은 것을 축하한다.

5급 ••

注册
zhùcè

동 등록하다

我们公司的产品都是经过**注册**的，其他公司没有权利使用。 우리 회사의 생산품은 모두 등록된 것으로, 다른 회사는 사용할 권리가 없다.

3급 ••

注意
zhùyì

동 주의하다

过人行横道时一定要**注意**车辆。
횡단보도를 건널 때 꼭 차량에 주의해야 한다.

4급 ••

著名
zhùmíng

형 유명하다, 저명하다

李白是中国古代**著名**的诗人。
이백은 중국 고대의 저명한 시인이다.

5급 ••

抓紧
zhuājǐn

동 꽉 쥐다, 단단히 잡다

快要考试了，你得**抓紧**时间复习。
곧 시험이니, 너는 시간을 아껴서 복습해야 한다.

Z

专家
zhuānjiā
5급 •

명 전문가 (↔ 门外汉 ménwàihàn 문외한)

这位是电脑专家，如果你的电脑出现问题请找他。
이 분은 컴퓨터 전문가이니, 만약 당신 컴퓨터에 문제가 생기면 그를 찾아주세요.

专门
zhuānmén
4급 ••

부 전문적으로, 특별히 형 전문적이다

我是专门来看你的。 나는 일부러 널 보러 왔다.

专心
zhuānxīn
5급 ••

형 심혈을 기울이다, 온 정신을 쏟다

高中学生不应该谈恋爱，应该专心学习。
고등학생은 연애를 하면 안 된다, 마땅히 공부에 전념해야 한다.

专业
zhuānyè
4급 ••

명 전공

我的专业是汉语，所以我来中国留学。
내 전공이 중국어여서, 나는 중국에 유학 왔다.

转变
zhuǎnbiàn
5급 ••

동 바꾸다, 바뀌다

知道我是富人以后，他对我的态度转变了。
내가 부자라는 것을 알게 된 이후, 그가 나를 대하는 태도가 바뀌었다.

转告
zhuǎngào
5급 ••

동 말을 전하다

麻烦您转告李老师我来找过他。
죄송하지만 제가 찾아왔었다고 이선생님께 좀 전해주세요.

赚
zhuàn
4급 ••

동 벌다

我的梦想就是赚一大笔钱，带全家人去旅行。
나의 꿈은 돈을 많이 벌어서, 전 가족을 데리고 여행을 가는 것이다.

装
zhuāng
5급 ••

동 담다, 포장하다

把冬天的衣服装进箱子里。 겨울 옷을 상자 안에 담았다.

Z

装饰
zhuāngshì
5급 •••

동 장식하다, 꾸미다

女生喜欢用各种各样的东西来装饰自己。
여성은 각양각색의 물건으로 자신을 꾸미는 것을 좋아한다.

撞
zhuàng
4급 ••

동 부딪히다

他被车撞了一下，受了重伤。 그는 차에 부딪혀서, 중상을 입었다.

状况
zhuàngkuàng
5급 ••

명 상황

最近家里的经济状况不太好，所以我们花钱都比较节省。
최근 집 안의 경제 상황이 그다지 좋지 않아서, 우리는 돈을 비교적 아껴 쓴다.

状态
zhuàngtài
5급 ••

명 상태

我最近身体状态不好，不适合参加体育比赛。
나는 최근 몸 상태가 안 좋아서, 체육대회를 참석하기에는 부적절하다.

追求
zhuīqiú
5급 •••

동 추구하다, 따르다

虽然他的汉语水平很高了，但一直追求更大的进步。
비록 그의 중국어 수준은 매우 높지만, 계속 더 큰 진보를 추구한다.

准备
zhǔnbèi
2급 •••

동 준비하다 명 준비, 예비, 계획

我最近正忙着准备HSK考试呢。
나는 최근 HSK 시험 준비로 바쁘다.

准确
zhǔnquè
4급 ••

형 정확하다, 틀림없다

你可以告诉我准确的答案吗?
너 정확한 답안을 나에게 가르쳐줄 수 있니?

准时
zhǔnshí
4급 ••

부 정각에 동 시간을 잘 지키다

每次约会她都会准时到，我认识她那么多年了，她从没迟到过。 매번 약속 때마다 그녀는 정각에 도착했다, 내가 그녀를 안 지 몇 년이나 되었는데, 그녀는 늦은 적이 없다.

Z

1급 •

桌子
zhuōzi

명 탁자

我的桌子上摆着很多书和家人的照片。

나의 책상 위에는 매우 많은 책과 가족사진이 놓여 있다.

Tip 一张桌子 책상 하나

5급 ••

资格
zīgé

명 자격

因为违反规则，所以他被大会取消了资格。

규칙을 위반했기 때문에, 그는 대회에서 자격을 취소당했다.

5급 ••

资金
zījīn

명 자금

公司破产了，所以资金被冻结了。

회사가 파산해서, 자금이 동결되었다.

5급 •••

资料
zīliào

명 자료

我以前都是去图书馆找资料，但最近都是上网找资料
了。因为又方便又快捷。 나는 이전에 도서관에 가서 자료를 찾았다,
하지만 최근엔 모두 인터넷에서 자료를 찾는다, 왜냐하면 편하고 빠르기 때문이다.

5급 ••

资源
zīyuán

명 자원

虽然中国资源丰富，但近几年来资源浪费的情况也非
常严重。 비록 중국은 자원이 풍부하지만, 최근 몇 년 동안 자원을 낭비하는
상황이 매우 심각하다.

5급 ••

姿势
zīshì

명 자세

练习瑜伽时正确的姿势很重要。

요가 연습할 때 정확한 자세는 매우 중요하다.

Tip 摆姿势 자세를 취하다, 포즈를 취하다 | 姿势不正 자세가 바르지 않다

保持姿势 자세를 유지하다 | 纠正姿势 자세를 교정하다

5급 ••

咨询
zīxún

동 자문을 구하다, 자문하다, 물어보다

如果你有问题可以向服务台咨询。

만약 당신이 문제가 있다면, 안내 데스크에 물어봐도 됩니다.

Tip 向…咨询 ～에게 자문을 구하다, ～에게 묻다

Z

5급 •
紫
zǐ

형 자줏빛의, 보라색의

紫色代表浪漫，所以很多女性喜欢紫色。
자주색은 낭만을 상징한다, 그래서 많은 여성이 자주색을 좋아한다.

4급 ••
仔细
zǐxì

형 자세하다, 상세하다, 꼼꼼하다

考试时一定要仔细阅读问题，千万不要马虎。
시험을 볼 때 반드시 문제를 자세히 읽어야 한다, 결코 덤벙대서는 안 된다.

1급 ••
字
zì

명 글자

他写汉字写得很漂亮。 그는 중국어를 매우 예쁘게 쓴다.

3급 ••
字典
zìdiǎn

명 자전

学习外国语时，字典必不可少。
외국어 공부를 할 때, 자전은 반드시 필요하다.

Tip 查字典 자전을 찾다

5급 ••
字幕
zìmù

명 자막

看外国电影一定得有字幕才能看懂。
외국 영화를 볼 때, 꼭 자막이 있어야만 이해할 수 있다.

5급 ••
自从
zìcóng

전 ~부터

自从我们分手以后就再也没联系。
우리는 헤어진 이후로 다시는 연락하지 않았다.

自从建国以来，中国经济不断发展。
건국되고 나서, 중국 경제는 계속해서 발전한다.

自从他生病开始，性格就越来越内向。
그가 병이 났을 때부터 시작해서, 성격이 점점 내성적이 되었다.

Tip 自从…以后 ~한 이후로 | 自从…以来 ~한 이래로
自从…开始 ~부터 시작해서

5급 ••
自动
zìdòng

부 자동으로 형 자동적이다 (기계)

现在的空调都很高级，会自动调整温度。
현재의 에어컨은 매우 고급이다, 자동으로 온도를 조절할 수 있다.

Z

5급 •••
自豪
zìháo

형 자랑스럽다 (= 骄傲 jiāo'ào)

有这样优秀的孩子父母感到很自豪。
이렇게 뛰어난 아이가 있어 부모는 매우 자랑스럽게 느낀다.

3급 ••
自己
zìjǐ

대 스스로, 자신 (= 自我 zìwǒ)

既然做错了事，你就自己负责吧。
일을 잘못한 이상, 네 스스로 책임져라.

5급 •••
自觉
zìjué

형 자발적인, 자진하여 동 자각하다, 스스로 느끼다

等公共汽车时要自觉排队，插队是非常没有礼貌的行为。
버스를 기다릴 때 자발적으로 줄을 서야 한다, 새치기는 매우 예의가 없는 행동이다.

4급 •••
自然
zìrán

부 저절로, 자연스럽게 명 자연, 천연 형 자연스럽다

你是累病的，休息几天自然就会好的。
넌 피곤해서 병난 거야, 며칠 쉬면 저절로 좋아질 거야.

Tip 自然保护区 자연보호 구역

5급 ••
自私
zìsī

형 이기적이다

人人都有自私的一面，并不是每个人都是大公无私的。
사람은 모두 이기적인 면이 있다, 모든 사람이 다 공평무사한 것은 결코 아니다.

5급 ••
自信
zìxìn

명 자신 형 자신 있다

没有自信的人是没有资格在我们公司工作的。
자신이 없는 사람은 우리 회사에서 일할 자격이 없다.

他对自己很自信。 그는 자기 자신에게 매우 자신이 있다.

Tip 自信心 자신(감)

2급 •
自行车
zìxíngchē

명 자전거

80年代中国是自行车王国。 80년대 중국은 자전거 왕국이었다.

Tip 骑는 '타다'라는 의미로, 두 발을 벌리고 타는 교통수단이 목적어로 쓰입니다.

骑自行车 자전거를 타다 | 骑马 말을 타다 | 骑摩托车 오토바이를 타다

Z

自由
zìyóu

명 자유 형 자유롭다

我向往自由自在的生活，不受任何拘束的生活。
나는 자유로운 생활을 갈망한다, 어떤 구속도 받지 않는 생활 말이다.

5급 ••

自愿
zìyuàn

동 자원하다 명 자원

学校举办运动会，学生们自愿参加比赛。
학교에서 운동회를 개최하니, 학생들이 자원해서 경기에 참가한다.

5급 •••

综合
zōnghé

동 종합하다 명 종합

我们应该综合考虑一个学生的素质。
우리는 마땅히 종합적으로 학생의 자질을 고려해야 한다.

5급 ••

宗教
zōngjiào

명 종교

宗教信仰是人们的精神支柱，政府并不反对宗教信仰。
종교 신앙은 사람의 정신적 지주이다, 정부는 종교 신앙을 결코 반대하지 않는다.

5급 ••

总裁
zǒngcái

명 총재

比尔盖茨是微软公司的总裁，是世界上最富有的人之一。
빌게이츠는 마이크로 소프트사의 총재로, 세계에서 가장 부유한 사람 중 하나이다.

5급 ••

总共
zǒnggòng

부 전부, 모두 (= 一共 yígòng)

我们学校总共有5400名学生。
우리 학교는 총 5400명의 학생이 있다.

5급 •••

总结
zǒngjié

명 총결, 최종 평가 동 정리하다, 총괄하다

今天我们对上次的会议进行一下总结。
오늘 우리는 지난번 회의에 대한 총결을 진행할 것이다.

4급 ••

总理
zǒnglǐ

명 (국가의) 총리

周恩来是中国人民最为尊敬的一位总理。
쩌우언라이는 중국 인민들이 가장 존경하는 총리이다.

5급 •

Z

3급 •••

总是
zǒngshì

뷔 항상, 늘

他总是迟到，而且每次都有不同的理由。
그는 항상 지각을 하는데, 매번 모두 다른 이유가 있다.

3급 •••

总算
zǒngsuàn

뷔 결국은, 마침내 (= 终于 zhōngyú)

考试总算结束了，可以放松一下了。
시험이 마침내 끝났다, 긴장을 좀 풀어도 된다.

5급 ••

总统
zǒngtǒng

몡 대통령, 총통

优秀的总统会一直被人民记在心中。
뛰어난 대통령은 줄곧 국민의 마음 속에 기억될 것이다.

5급 ••

总之
zǒngzhī

젭 요컨대, 결론지으면, 하여간, 어쨌든

不管用什么办法，总之我要去中国留学。
어떤 방법을 쓰든지 간에, 아무튼 나는 중국으로 유학을 갈 것이다.

2급 •

走
zǒu

동 떠나다, 걷다

时间还来得及，你慢慢走吧。
시간은 아직 늦지 않았다, 너는 좀 천천히 가라.

4급 ••

租
zū

동 임대하다, 빌리다, 세를 내다

首尔的房价太高了，我租不起。
서울의 방세는 너무 높아서, 나는 세를 낼 수 없다.

4급 •••

组成
zǔchéng

동 구성하다

你知道水是由什么组成的吗?
너는 물이 무엇으로 구성되었는지 아니?

Tip 由…组成 ~로 구성되다 | 组成部分 구성 부분

5급 ••

组合
zǔhé

동 조합하다

这个明星团体是由12名美少女组合而成的。
이 스타 그룹은 12명의 미소녀로 구성된 것이다.

组织 zǔzhī · 4급 ··

동 조직하다, 구성하다, 결성하다 | 명 조직

每年学校都会组织学生们参加运动会。
매년 학교는 학생들을 구성해서 운동회에 참가한다.

Tip 组织人力 인력을 조직하다 | 组织讨论 토론을 조직하다

祖国 zǔguó · 5급 ··

명 조국

虽然我身在国外，但我时刻惦记着我的祖国。
비록 나의 몸은 외국에 있지만, 난 항상 나의 조국을 생각한다.

祖先 zǔxiān · 5급 ··

명 선조, 조상

这些宝贵的财产是祖先留给我们的。
이 귀중한 재산은 선조가 우리에게 남겨준 것이다.

阻止 zǔzhǐ · 5급 ···

동 막다, 저지하다

这个罪犯是极其危险的人物，我们一定要阻止他的非法行动。
이 범인은 매우 위험한 사람이다, 우리는 꼭 그의 범법 행동을 막아야 한다.

嘴 zuǐ · 4급 ·

명 입

你的嘴怎么这么甜？有什么事求我?
너 왜 이렇게 듣기 좋게 말해? 뭐 부탁할 거라도 있어?

Tip 张嘴 입을 벌리다 ↔ 闭嘴 입을 다물다

醉 zuì · 5급 ··

동 취하다

每次喝醉以后他都是一直笑，看起来很奇怪。
매번 취하고 나면 그는 계속 웃는다, 보기에 매우 이상하다.

Tip 醉倒 취해서 쓰러지다 | 喝醉了 술 마시고 취하다

最 zuì · 2급 ··

부 가장, 제일, 매우 | 명 최고, 으뜸

要学好汉语最好的办法就是经常和中国人聊天。
중국어를 공부하는 데 가장 좋은 방법은 항상 중국인과 이야기하는 것이다.

Z

5급 ••
最初
zuìchū

명 최초, 처음

我最初只是想和她做朋友，没想到后来居然结婚了。
나는 처음에 단지 그녀와 친구가 되고 싶었다, 후에 결혼할 것이라고는 생각지도 못했다.

4급 ••
最好
zuìhǎo

부 가장 좋은 것은　형 가장 좋다

你的胃不舒服，最好别喝酒。
너의 위는 좋지 않다, 가장 좋은 것은 술을 마시지 않는 것이다.

4급 ••
最后
zuìhòu

명 최후, 맨 마지막

这是你可以证明自己的最后机会，你一定要抓住啊。
이것은 네가 자신을 증명할 수 있는 마지막 기회이다, 반드시 꼭 잡아야 한다.

3급 ••
最近
zuìjìn

명 최근

最近发生了很多不开心的事，所以我打算去旅行，散散心。 최근 좋지 않은 일이 많이 일어나서, 나는 여행 가서 기분전환을 할 생각이다.

5급 ••
罪犯
zuìfàn

명 범인, 죄인

对待罪犯要给予严厉的惩罚。죄인에 대해서는 엄한 징벌을 주어야 한다.

5급 ••
尊敬
zūnjìng

동 존경하다

他是一位很了不起的人，所以他受到大家的尊敬。
그는 매우 대단한 사람이어서, 모두의 존경을 받는다.

4급 ••
尊重
zūnzhòng

동 존중하다

父母应该尊重孩子自己的选择。
부모는 마땅히 아이들 자신의 선택을 존중해야 한다.

5급 ••
遵守
zūnshǒu

동 지키다, 준수하다

公民应该遵守社会秩序。 국민은 마땅히 사회 질서를 지켜야 한다.

Tip 遵守 뒤에는 다음과 같은 목적어가 옵니다.

遵守秩序 질서를 지키다 | 遵守规则 규칙을 지키다
遵守诺言 약속을 지키다 | 遵守时间 시간을 지키다

Z

昨天
zuótiān

명 어제

昨天我没休息好，所以今天一直没精神。
어제 나는 잘 쉬지 못해서, 오늘 계속 기운이 없다.

1급 ●

左边
zuǒbian

명 왼쪽 (↔ 右边 yòubian 오른쪽)

我左边这位是我们的汉语老师。
내 왼쪽의 이 분은 우리의 중국어 선생님이다.

2급 ●

坐
zuò

동 앉다 (↔ 站 zhàn 서다)

有的人坐地铁上班，有的人坐公共汽车上班。
어떤 사람은 지하철을 타고 출근하고, 어떤 사람은 버스를 타고 출근한다.

1급 ●

做
zuò

동 하다

做一件好事并不难，难的是做一辈子好事。
한번 좋은 일을 하는 것은 어렵지 않다, 어려운 것은 평생 좋은 일을 하는 것이다.

1급 ●

做生意
zuò shēngyi

동 장사를 하다 (= 做买卖 zuò mǎimài)

很多韩国商人去中国做生意，因为在那里发展前景更广阔。
매우 많은 한국 상인이 중국에 가서 장사를 한다, 왜냐하면 그곳의 발전 가능성이 더 많기 때문이다.

4급 ●●

座
zuò

양 동, 채 [크고 고정된 사물에 대한 양사] 명 좌석, 자리

看电影时要对号入座。 영화 볼 때 번호에 맞게 앉아야 한다.

Tip 一座山 산 한 채 | 一座楼 건물 한 채

4급 ●

座位
zuòwèi

명 좌석, 자리

坐公共汽车时要给老人让座位。
버스에 탈 때는 노인에게 자리를 양보해야 한다.

4급 ●●

作品
zuòpǐn

명 작품

鲁迅的每部作品都非常出色。
루쉰의 각각의 작품은 다 매우 뛰어나다.

5급 ●

Z

5급 •••
作为
zuòwéi

图 ~의 신분 으로서, ~로 삼다

作为一名老师，你要尽自己的职责。
선생님으로서, 당신은 자신의 직책을 다해야 합니다.

这本书作为礼物送给你。 이 책을 선물로 당신에게 드릴게요.

2497

5급 ••
作文
zuòwén

图 작문

对外国学生来说，写作文是最难的。
외국 학생에게 있어, 작문이 가장 어렵다.

2498

3급 ••
作业
zuòyè

图 숙제

老师给学生留了很多作业。
선생님은 학생들에게 매우 많은 숙제를 내주었다.

2499

3급 •••
作用
zuòyòng

图 작용, 역할, 효과

他对这次访中起了很大的作用。 그는 이번 방중에 큰 역할을 했다.

他的话终于发挥作用。 그의 말이 결국 효과를 발휘했다.

Tip 作用은 다음과 같은 동사와 같이 사용합니다.
起作用 역할을 하다 | **发挥作用** 작용을 하다

2500

4급 ••
作者
zuòzhě

图 작가

这本小说的作者是谁？我想认识一下这位了不起的人物。
이 소설의 작가가 누구야? 난 이 대단한 인물을 좀 알고 싶어.

✔ 신 HSK 성어 처방전 5

화사첨족 (画蛇添足 huà shé tiān zú)

画(화 그리다) 蛇(사 뱀) 添(첨 더하다) 足(족 발)
뱀을 그리는 데 발을 더하다. 뱀은 발이 없으므로, 쓸데없는 내용을 덧붙이는 것
을 일컬음.

Z

제1부분 다음 단어들을 이용해 문장을 완성하세요.

1   要努力   学习   再三   告诉   妈妈   我

2   电话   奶奶家的   战线   一直

3   我   制定好了   已经   学习计划   这一年的

4   好转   他的   病情   正在   逐步

5   有   5400名   学生   我们学校   总共

6   一定要   非法行动   我们   阻止   他的

7   HSK考试   正忙着   准备   呢   我   最近

제2부분 다음 그림을 보고, 80자 내외의 작문 한 편을 완성하세요.

▶ 원고지에 직접 답안을 적어보세요.

新 HSK VOCA

실전 테스트
모범답안 및 해설

▌제1부분 ▌

1

已经　　老师　　日程　　把　　安排好了　　[기출]

정답　老师已经把日程安排好了。　　선생님께서는 이미 일정을 다 잡아놓으셨다.

문장분석　老师　　已经　　把日程　　安排好了。
　　　　　주어　　부사　　전치사구　　술어

2

令人佩服　　对　　角度　　她　　把握　　的　　[기출]

정답　她对角度的把握令人佩服。　　그녀의 관점에 대한 파악은 사람을 감탄케 한다.

문장분석　她对角度的把握　　令人佩服。
　　　　　주어　　　　　　　술어

전치사구는 관형어로도 사용될 수 있습니다.
→ 전치사 + 목적어 + 的 + 명사
　　对　　角度　　的　　把握 : 관점에 대한 파악
　　각도/관점　　　파악

3

打算　　旅行社　　签证　　去　　办　　我

정답　我打算去旅行社办签证。　　나는 여행사에 가서 비자를 만들 계획이다.

문장분석　我　　打算　　去旅行社　　办签证。
　　　　　주어　　능원동사　　동사구1　　동사구2

여행사에 가다 + 비자를 만들다 (동작의 순서대로 나열)

4

学习　　表现　　她的　　突出　　非常　　[기출]

정답　她的学习表现非常突出。　　그의 학습 태도는 정말 뛰어나다.

문장분석　她的学习表现　　非常　　突出。
　　　　　주어　　　　　부사　　술어

5

我　　表示　　向　　感谢　　老师　　想　　[기출]

정답　我想向老师表示感谢。　　나는 선생님께 감사함을 표시하고 싶다.

문장분석　我　　想　　向老师　　表示　　感谢。
　　　　　주어　　능원동사　　전치사구　　술어　　목적어

감사함을 표시하다

6

| 我 | 老师 | 表扬 | 复习 | 得 | 很好 |

| 정답 | 老师表扬我复习得很好。 | 선생님께서는 내가 열심히 복습한다고 칭찬해 주신다. |

문장분석 老师 表扬 我 复习得很好。
주어　　술어　목적어/주어(겸어)　술어2

→ 表扬은 겸어문을 만들 수 있는 동사입니다.

7

| 不得不 | 我 | 说明了 | 跟父母 | 情况 |

| 정답 | 我不得不跟父母说明了情况。 | 나는 어쩔 수 없이 부모님께 상황을 설명했다. |

문장분석 我 不得不 跟父母 说明了 情况。
주어　부사　전치사구　술어　목적어

▌제2부분 ▌

1

| 结账 | 感谢 | 不好意思 | 临时 | 海鲜 | 기출 |

포인트 1

스토리 전개의 핵심 단어 포착 : 주어진 단어 중에 상황을 나타내는 동사가 있으면 그 동사를 가지고 스토리를 만들어낸다.
结账, 海鲜 ─ 해산물(海鲜) 식당에서 음식을 먹고, 계산할 때(结帐) 일어난 부끄러웠던 상황 설정.

포인트 2

스토리 구체화 : 식당에서 친구에게 밥을 사기로 했는데, 계산할 때 지갑이 없어서 친구에게 정말 미안하고 부끄러웠던 상황을 스토리로 구성.

지난번 친구의 도움에 감사하기 위해서, 나는 친구에게 밥을 사기로 결정했다. 친구는 평소에 해산물을 좋아해서 나는 그에게 해산물을 사주기로 했다. 식당에서 밥을 다 먹고, 계산할 때, 비로소 지갑을 가져오지 않은 것을 발견했다. 친구 앞에서 정말 부끄러웠다. 친구가 임시로 계산하고, 그 다음 날 내가 그에게 돈을 갚았다. 정말 창피했다.

단어 结账 툉 결제하다, 계산하다 | 感谢 툉 감사하다 | 不好意思 미안하다, 부끄럽다 | 临时 퉈 임시로 펑 임시 | 海鲜 펑 해산물

		为	了	感	谢	上	次	朋	友	的	帮	助	，		我	决
定	请	朋	友	吃	饭	。		朋	友	平	时	爱	吃	海	鲜	，
所	以	我	决	定	请	他	吃	海	鲜	。		在	餐	厅	吃	完
饭	，	结	帐	时	，	才	发	现	我	没	带	钱	包	，		在
朋	友	面	前	真	不	好	意	思	。		朋	友	临	时	结	了
账	，	第	二	天	我	把	钱	还	给	了	他	。		真	丢	脸

▌제1부분 ▌

1 立即　　得　　我们部门　　措施　　采取　　［기출］

정답　我们部门得立即采取措施。
= 我们部门立即得采取措施。

우리 부서는 즉시 대책을 취해야 합니다.

문장분석　我们部门　　得　　立即　　采取　　措施。
　　　　　　주어　　능원동사　부사　　술어　　목적어

대책을 취하다. 조치를 취하다

2 给我　　留下了　　印象　　长城　　深刻的　　［기출］

정답　长城给我留下了深刻的印象。

만리장성은 나에게 깊은 인상을 남겼다.

문장분석　长城　　给我　　留下了　　深刻的印象。
　　　　　주어　　전치사구　술어　　목적어

给 + 사람 + 留下 + 深刻的印象 : ~에게 깊은 인상을 남기다

3 我爸爸　　服装　　行业　　从事　　［기출］

정답　我爸爸从事服装行业。

우리 아빠는 의류 업종에 종사하신다.

문장분석　我爸爸　　从事　　服装行业。
　　　　　주어　　　술어　　목적어

从事…行业 ~ 업종에 종사하다

4 常常能　　最近　　见到　　他　　［기출］

정답　最近常常能见到他。

최근에 그를 자주 볼 수 있다.

문장분석　最近　　常常　　能　　见到　　他。
　　　　시간명사　부사　능원동사　술어　목적어

5 中秋节　　一个　　节日　　传统的　　是　　［기출］

정답　中秋节是一个传统的节日。

중추절은 중국의 전통 명절이다.

문장분석　中秋节　　是　　一个传统的节日。
　　　　　주어　　술어　　목적어

6

日本	出差	去	常常	我丈夫

정답 我丈夫常常去日本出差。　　　내 남편은 자주 일본으로 출장을 간다.

문장분석　我丈夫　　常常　　去日本　　出差。
　　　　　　주어　　　부사　　동사구1　　동사구2

일본 가다 + 출장으로 → 연동문 어순 : 동사1 + 동사2(동사1의 목적)

7

理由	不太	他	辞职的	充分

정답 他辞职的理由不太充分。　　　그가 사직한 이유는 그다지 충분하지 않다.

문장분석　他辞职的理由　　不太　　充分。
　　　　　　　주어　　　　　부사　　술어

理由充分 이유가 충분하다

‖ 제2부분 ‖

1

포인트

그림 보고 떠오르는 핵심단어 파악하기 : 시험
그림 보고 연상하기 : 시험과 관련된 일화 떠올리기 → 간단한 스토리를 일기 형식으로 구성.

오늘은 기말고사다. 우리 반 대부분 친구는 어제 저녁에 준비를 제대로 하지 못했다. 그래서 모두 자포자기했다. 그러나, 우리는 이번 시험을 못 보면, 성적이 엉망일 거라는 것을 알고 있다. 우리는 같이 커닝을 했지만 선생님께 들키고 말았다. 그 결과 우리는 모두 빵점을 받았다. 정말 선생님을 뵐 면목이 없다.

		今	天	是	期	末	考	试	。	我	们	班	大	部	分
同	学	昨	晚	都	没	准	备	好	，	所	以	都	破	罐	子
破	摔	了	。	但	是	，	我	们	知	道	这	次	考	试	考
不	好	的	话	，	成	绩	会	很	糟	糕	。	我	们	一	起
作	了	弊	，	但	竟	然	被	老	师	发	现	了	。	结	果
我	们	都	考	了	鸭	蛋	，	真	是	没	脸	见	老	师	啊！

▌제1부분▌

1

| 打听 | 你 | 去 | 一下 | 向老师 | 考试内容 |

정답 你去向老师打听一下考试内容。　　당신은 선생님께 가서 시험 내용을 여쭤보세요.

문장분석 你（주어）　去（술어）　向老师（전치사구）　打听（술어2）　一下考试内容。（목적어）

向…打听 ~에게 물어보다

一下는 동사 뒤에서 '좀 ~하다'라는 뜻으로 쓰임

2

| 态度谦虚 | 道歉的时候 | 要 | 一定 | 기출 |

정답 道歉的时候一定要态度谦虚。　　사과를 할 때는 반드시 태도가 겸손해야 한다.

문장분석 道歉的时候（시간）　一定（부사）　要（능원동사）　态度谦虚。（주술술어）

3

| 事情的失败 | 导致了 | 直接 | 他的失误 |

정답 他的失误直接导致了事情的失败。　　그의 실수는 직접적으로 사건의 실패를 가져왔다.

문장분석 他的失误（주어）　直接（부사）　导致了（술어）　事情的失败。（목적어）

导致 + 좋지 않은 결과(목적어)

4

| 对 | 我 | 这个问题 | 非常 | 感 | 兴趣 |

정답 我对这个问题非常感兴趣。　　나는 이 문제에 매우 흥미를 느낀다.

문장분석 我（주어）　对这个问题（전치사구）　非常（부사）　感（술어）　兴趣。（목적어）

5

| 朝我 | 头 | 点了点 | 弟弟 | 기출 |

정답 弟弟朝我点了点头。　　남동생은 나를 향해 고개를 끄덕였다.

문장분석 弟弟（주어）　朝我（전치사구）　点了点头。（술어）

전치사구는 주어 뒤, 술어 앞에 위치합니다.

동사가 중첩되었을 때 了는 동사 중첩 사이에 위치합니다.

6

| 很　　厉害　　今天　　得　　堵车　　堵 |

| **정답** 今天堵车堵得很厉害。 | 오늘 차가 심하게 막힌다. |

문장분석　今天　　堵车　　堵　　得很厉害。
　　　　　　　시간　　주어　　술어　　보어

得는 보어구조를 만들어주므로 「동사 / 형용사 + 得 + 보어」 형태로 쓰입니다.
堵车堵得很厉害(○) = 车堵得很厉害(○)

7

| 取材　　这个电视剧　　于　　一个民间传说　　　기출 |

| **정답** 这个电视剧取材于一个民间传说。 | 이 드라마는 한 민간 전설에서 소재를 취했다. |

문장분석　这个电视剧　　取材　　于一个民间传说。
　　　　　　　주어　　　　　술어　　　보어

取材于 소재를 취하다. 소재를 가져오다

■ 제2부분 ■

1

| 天气　　下雪　　堵车　　厉害　　浪费　　　기출 |

포인트 1

스토리 전개의 핵심 단어 포착 : 주어진 단어 중에 상황을 나타내는 동사가 있으면 그 동사를 가지고 스토리를 만들어낸다.
下雪, 堵车— 눈 오는 날을 배경으로 차가 막히는 상황을 스토리로 구상.

포인트 2

스토리 구체화 : 출근길에 날씨가 좋을 줄 알았는데, 눈이 오고 차가 심하게 막혀서 길에서 시간을 낭비해 회사에 지각했음.

일기예보에서, 오늘 날씨가 맑을 거라고 했다. 그러나 아침에 일어나서 밖을 보니, 큰 눈이 내리고 있었다. 출근하기 위해서 나는 집에서 나왔다. 길에는 많은 눈이 쌓여 있었고, 많은 차들도 있었다. 그래서 차가 심하게 막혔다. 나는 길에서 많은 시간을 낭비했다. 세 시간 후에 나는 간신히 회사에 도착했다.

단어　天气 몡 날씨 | 下雪 동 눈이 오다 | 堵车 동 차가 막히다 | 厉害 형 대단하다, 심하다
浪费 동 낭비하다

		天	气	预	报	说	，		今	天	天	气	晴	。		但	是
我	早	上	起	来	一	看	外	边	，		下	着	大	雪	。		因
为	要	上	班	，		我	出	了	门	。	路	上	积	了	很	多	
雪	，	车	也	很	多	，		所	以	堵	车	堵	得	很	厉	害	，
我	在	路	上	浪	费	了	很	多	时	间	。		三	个	小	时	
以	后	，		我	好	不	容	易	到	了	公	司	。				

▌제1부분 ▌

1

反复	重要性	强调了	老师	学习的

정답 老师反复强调了学习的重要性。 선생님께서는 반복해서 학습의 중요성을 강조하셨다.

문장분석

老师	反复	强调了	学习的重要性。
주어	부사	술어	목적어

반복하다, 되풀이하다 (자주 부사로 사용)

2

都	集体的	服从	我们	应该	安排

정답 我们都应该服从集体的安排。 우리는 모두 단체의 계획에 복종해야 한다.

문장분석

我们	都	应该	服从	集体的安排。
주어	부사	능원동사	술어	목적어

服从安排 계획에 복종하다, 안배에 복종하다

3

分配	给了	每个士兵	把食物	领导	기출

정답 领导把食物分配给了每个士兵。 상사는 음식물을 각 사병에게 분배해주었다.

문장분석

领导	把食物	分配	给了每个士兵。
주어	전치사구	술어	보어

4

调查	打算	我们俩	分别	进行

정답 我们俩打算分别进行调查。 우리 둘은 각각 조사를 진행할 계획이다.

문장분석

我们俩	打算	分别	进行	调查。
주어	능원동사	부사	술어	목적어

각각, 따로따로, 나누어서(부사)   조사를 진행하다

5

获得了	方案	那个	建筑	批准	기출

정답 那个建筑方案获得了批准。 그 건축 방안은 비준을 얻었다.

문장분석

那个建筑方案	获得了	批准。
주어	술어	목적어

6

| 放弃 | 不会 | 怎么样 | 我 | 不管 | 这个机会 |

| 정답 | 不管怎么样，我不会放弃这个机会。 | 어찌 되었든, 나는 이 기회를 포기하지 않을 것이다. |

문장분석　　不管　　怎么样，　　我　　不会放弃　　这个机会。
　　　　　　접속사　　　술어　　　주어　　　술어　　　목적어

放弃机会 기회를 포기하다

7

| 承受不起 | 一般 | 家庭 | 费用 | 旅游的 |

| 정답 | 一般家庭承受不起旅游的费用。 | 일반적인 가정은 여행의 비용을 감당할 수 없다. |

문장분석　　一般家庭　　承受不起　　旅游的费用。
　　　　　　　주어　　　　술어　　　　목적어

承受费用 비용을 감당하다

1

포인트

그림 보고 떠오르는 핵심단어 파악하기 : 신문
그림 보고 연상하기 : 신문의 기본 역할 → 신문의 이점 / 요즘은 인쇄 신문보다 인터넷 신문을 더 많이 봄. 인터넷 신문의 장점 → 결론 도출

현대인은 매일 신문을 통해서 각종 뉴스와 소식들을 접한다. 또한 여러 가지 생활에 유용한 정보도 얻을 수 있다. 인터넷이 발달하면서, 요즘은 많은 사람들이 인터넷에서 신문을 읽는다. 인터넷에서 신문을 보면 더 편리하다. 결론지어 말하면, 신문은 확실히 우리 생활에 유익한 매체 중의 하나이다.

		现	代	人	每	天	通	过	报	纸	可	以	知	道	各
种	新	闻	和	消	息	。	而	且	可	以	得	到	对	生	活
有	用	的	信	息	，	随	着	网	络	的	发	达	，	最	近
很	多	人	在	网	上	看	报	纸	。	网	上	看	报	纸	更
方	便	。	总	之	，	报	纸	是	对	我	们	生	活	有	益
的	媒	体	之	一	。										

■ 제1부분 ■

1

所	感动了	被	这部电影	我

정답 我被这部电影所感动了。 　　나는 이 영화에 감동받았다.

문장분석 我　被这部电影　所感动了。
주어　전치사구　술어

被…所… ~에 의해서 ~를 당하다

2

比	更加	漂亮了	她	以前

정답 她比以前更加漂亮了。 　　그녀는 이전보다 더욱 예뻐졌다.

문장분석 她　比以前　更加　漂亮了。
주어　전치사구　부사　술어

比…更加… ~보다 더욱 ~하다

3

很大的	运动员们	作出了	为祖国	贡献

정답 运动员们为祖国作出了很大的贡献。 　　운동선수들은 조국을 위해 큰 공헌을 했다.

문장분석 运动员们　为祖国　作出了　很大的贡献。
주어　전치사구　술어　목적어

为…作出了贡献 ~을 위해 공헌을 하다

4

关于	没有	想过	从来	这个问题	我

정답 关于这个问题，我从来没有想过。 　　이 문제에 대해서 나는 생각해본 적이 없다.

문장분석 关于这个问题，　我　从来没有　想过。
전치사구　주어　부사어　술어

~에 대해서(단독으로 주어의 앞으로 나갈 수 있음)

从来＋没＋동사＋过 : 지금껏 ~해본 적이 없다

5

柜台前	请您	去	拿	钥匙	一下	기출

정답 请您去柜台前拿一下钥匙。 　　당신 카운터 앞에 가서 열쇠를 받으세요.

문장분석 请您　去柜台前　拿一下钥匙。
주어　동사구1　동사구2

6

| 牌子 | 门上 | 挂着 | 请勿入内 | 的 |

정답 门上挂着请勿入内的牌子。

문 위에는 '들어오지 마세요'라는 팻말이 걸려 있습니다.

문장분석 <u>门上</u> <u>挂着</u> <u>请勿入内的牌子。</u>
주어　　　술어　　　　목적어

7

| 他 | 好好儿 | 得 | 感谢 | 你 |

정답 你得好好儿感谢他。

당신은 그에게 충분히 감사해야 합니다.

문장분석 <u>你</u> <u>得</u> <u>好好儿</u> <u>感谢</u> <u>他。</u>
주어　능원동사　부사　　술어　　목적어

好好儿은 부사로 感谢를 직접 수식합니다.

▮ 제2부분 ▮

1

| 规律 | 起床 | 健康 | 严重 | 继续 |

포인트 1
스토리 전개의 핵심 단어 포착 : 健康, 规律
— 규칙적인 생활을 통한 건강 유지 방법 및 이와 관련된 상황 설정.

포인트 2
스토리 구체화 : 나는 매일 아침 달리기를 하는 규칙적인 생활을 한다. 예전에 병을 앓았는데, 운동으로 극복했다. 계속적인 운동으로 건강을 지켜갈 생각임.

나의 생활은 규칙적이다. 매일 새벽 4시에 일어나서 한 시간씩 달리기를 한다. 그래서 몸이 아주 건강하다. 원래 나는 심각한 병을 앓았다. 그러나 매일 아침 몸을 단련한 이후로 나의 몸은 점점 좋아졌다. 나는 건강이 혁명의 밑천이라고 생각하므로, 계속 운동을 할 생각이다.

단어 规律 명 규칙 | 起床 동 일어나다, 기상하다 | 健康 형 건강하다 명 건강 | 严重 형 심각하다
继续 부 계속해서

		我	的	生	活	很	有	规	律	。		每	天	早	晨	4
点	钟	起	床	，	跑	一	个	小	时	步	，		所	以	我	的
身	体	很	健	康	。	原	来	我	得	过	很	严	重	的	病	，
但	是	每	天	早	晨	锻	炼	身	体	以	后	，		我	的	身
体	越	来	越	好	。	我	觉	得	身	体	是	革	命	的	本	
钱	，		所	以	我	打	算	继	续	锻	炼	身	体	。		

▌제1부분▌

1

在中国	很受	韩国	欢迎	商品

정답 韩国商品在中国很受欢迎。　　한국 상품은 중국에서 매우 인기가 있다.

문장분석

韩国商品	在中国	很受	欢迎。
주어	전치사구	술어	목적어

매우 환영을 받다, 매우 인기가 있다
很受＋人＋欢迎 : 매우 人의 환영을 받다
很受女人欢迎 매우 여성들의 환영을 받다
很受韩国人欢迎 매우 한국인의 환영을 받다

2

他	要求	提出的	合理	很不

정답 他提出的要求很不合理。　　그가 제기한 요구는 합리적이지 않다.

문장분석

他提出的要求	很不合理。
주어	술어

提出要求 요구를 제기하다　要求合理 요구가 합리적이다

3

出席此次	她	环境讨论会	打算	邀请专家	기출

정답 她打算邀请专家出席此次环境 讨论会。　　그녀는 전문가가 이번 환경 토론회에 참가하기를 초청할 계획이다.

문장분석

她	打算	邀请专家	出席此次环境讨论会。
주어	능원동사	동사구1	동사구2

4

很多	早睡早起	好处	对	身体	有

정답 早睡早起对身体有很多好处。　　일찍 자고 일찍 일어나는 것은 몸에 이점이 많다.

문장분석

早睡早起	对身体	有	很多好处。
주어	전치사구	술어	목적어

对…有很多好处 ～에 많은 이로운 점이 있다

5

汉语水平	我	让	他的	很佩服	기출

정답 他的汉语水平让我很佩服。　　그의 중국어 수준은 정말 나를 감탄하게 했다.

문장분석

他的汉语水平	让我	很佩服。
주어	전치사구	술어

6 很好奇　　经力　　对　　这几年的　　我　　他

정답 我对他这几年的经历很好奇。 | 나는 그의 요 몇 년간의 경험에 매우 호기심을 느낀다.

문장분석 我　对他这几年的经历　很好奇。
주어　전치사구　술어

对…好奇 ~에 대해 매우 호기심을 느끼다. 궁금해하다

7 三年的　　合同　　签了　　跟那家公司　　他　　`기출`

정답 他跟那家公司签了三年的合同。 | 그는 그 회사와 삼 년간의 계약을 맺었다.

문장분석 他　跟那家公司　签了　三年的合同。
주어　전치사구　술어　목적어

签合同 계약을 맺다

1

포인트

그림 보고 핵심 단어 포착 : 도로의 표지판
그림 보고 연상하기 : 길 찾는 도로 표지판 – 표지판의 역할 – 길을 잃었을 때 찾아주는 지도와 나침반 같은 역할 – 인생에서 길을 잃었을 때는 표지판이 없음 – 스스로의 주관과 다른 사람의 충고, 자기의 나름의 기준의 방향을 가지고 결정해야 함.

우리는 도로에서 길을 잃었을 때, 표지판을 보고 정확한 길을 찾아간다. 원하는 목적지에 도착하는 것을 도와주기 위해서, 도로 위에는 많은 안내 표지판이 있다. 그러나, 우리 인생의 길은 다르다. 어떠한 표지판도 없다. 때로는 자신의 경험과 생각을 근거로, 때로는 다른 사람의 충고를 받아들여서, 스스로 길을 찾는다.

我	们	在	路	上	迷	路	的	时	候	,		看	着	指
示	牌	找	正	确	的	路	。	为	了	帮	助	人	们	到	达
目	的	地	,	路	上	有	很	多	指	示	牌	。	但	是	我
们	人	生	的	路	却	不	一	样	,		没	有	任	何	指	示
牌	。	有	时	我	们	根	据	自	己	的	经	验	和	想	法	,
有	时	接	受	别	人	的	劝	告	,		自	己	寻	找	路	。

▌제1부분 ▌

1

| 绝对 | 不会 | 别人 | 告诉 | 我 |

정답 我绝对不会告诉别人。

나는 절대로 다른 사람에게 알려주지 않을 것이다.

문장분석 我   绝对不   会   告诉   别人。
주어   부사   능원동사   술어   목적어

绝对(일반부사) + 不(부정부사) : 일반적으로 부사는 「일반부사 + 부정부사」의 순서로 위치합니다.

2

| 没想到 | 他 | 拿走 | 东西 | 竟然 | 我的 |

정답 没想到他竟然拿走我的东西。

그가 내 물건을 가져갈 것이라고는 생각지도 못했다.

문장분석 没想到   他竟然拿走我的东西。
술어   목적절

생각지도 못했다

어기부사로 뜻밖에 일어난 사실을 나타내는 동사 앞에 사용합니다.

3

| 勤俭节约 | 是 | 的 | 中华民族 | 传统美德 |

정답 勤俭节约是中华民族的传统美德。

근검절약은 중화민족의 전통미덕이다.

문장분석 勤俭节约   是   中华民族的传统美德。
주어   술어   목적어

근검절약

4

| 我的 | 有 | 很特殊的 | 意义 | 这段经历 | 기출 |

정답 我的这段经历有很特殊的意义。

나의 이 기간의 경험은 매우 특별한 의의가 있다.

문장분석 我的这段经历   有   很特殊的意义。
주어   술어   목적어

5

| 小高 | 经营 | 一直在 | 一家 | 餐厅 | 中国 | 기출 |

정답 小高一直在经营一家中国餐厅。

샤오가오는 줄곧 중국 음식점 하나를 경영하고 있다.

문장분석 小高   一直在   经营   一家中国餐厅。
주어   부사   동사   목적어

6

| 一种 | 打工 | 是 | 经验 | 积累 | 的 | 办法 |

정답 打工是一种积累经验的办法。 | 아르바이트는 일종의 경험을 축적하는 방법이다.

문장분석 打工 / 是 / 一种积累经验的办法。
주어 / 술어 / 목적어
경험을 축적하다, 쌓다

7

| 他们 | 定在 | 聚会时间 | 把 | 10月下旬 | 기출 |

정답 他们把聚会时间定在10月下旬。 | 그들은 모임 날짜를 10월 하순으로 정했다.

문장분석 他们 / 把聚会时间 / 定 / 在10月下旬。
주어 / 전치사구 / 술어 / 보어

1

| 学期 | 鼓励 | 羡慕 | 竟然 | 虚心 | 기출 |

포인트 1
스토리 전개의 핵심 단어 파악 : 学期, 鼓励
— 이번 학기 시험 성적과 관련된 일화 설정.

포인트 2
스토리 전개 : 이번 학기 친구의 성적이 더 좋아서 부러웠음. 겸허하게 비결을 물었고 친구의 격려로 나도 좀 더 노력해야겠다고 생각함.

오늘 이번 학기의 성적이 나왔다. 나와 내 친한 친구는 항상 같이 공부하는데, 내 친구의 성적은 의외로 나보다 훨씬 좋았다. 친구가 부러워서 겸허한 마음으로 그에게 비결이 뭐냐고 물어보았다. 친구는 나를 격려해주면서, 평소에 예습과 복습이 매우 중요하다고 말했다. 다음 학기에는 그를 본받아서, 열심히 공부해야겠다.

단어 学期 圀 학기 | 鼓励 동 격려하다 | 羡慕 혱 부러워하다 | 竟然 뵘 의외로, 뜻밖에 |
虚心 혱 겸손하다

		今	天	这	个	学	期	的	成	绩	出	来	了	。	我
和	我	的	好	朋	友	总	是	在	一	起	学	习	，	我	朋
友	的	成	绩	竟	然	比	我	好	得	多	。	我	很	羡	慕
他	，	虚	心	地	问	他	秘	诀	是	什	么	。	他	鼓	励
我	说	平	时	预	习	和	复	习	是	很	重	要	的	。	下
个	学	期	，	我	要	向	他	学	习	，	努	力	地	学	习	。

▌제1부분▌

1

录取了　　我　　清华大学　　终于　　被　　［기출］

정답 我终于被清华大学录取了。　　나는 마침내 칭화대학에 합격했다.

문장분석 我　　终于　　被清华大学　　录取了。
　　　　　주어(대상)　　부사　　전치사구(동작의 주체)　　술어

2

很流利　　得　　汉语　　说　　我朋友

정답 我朋友汉语说得很流利。　　내 친구는 중국어를 유창하게 한다.

문장분석 我朋友汉语　　说得　　很流利。
　　　　　주어　　술어　　보어

汉语说得很流利 = 说汉语说得很流利

3

一名　　理想　　老师　　成为　　是　　我的

정답 我的理想是成为一名老师。　　나의 꿈은 한 명의 교사가 되는 것이다.

문장분석 我的理想　　是　　成为一名老师。
　　　　　주어　　술어　　목적절

4

任务　　完成　　一定要　　我　　困难　　克服

정답 我一定要克服困难完成任务。　　나는 반드시 어려움을 극복하고 임무를 완성할 것이다.

문장분석 我　　一定　　要　　克服困难　　完成任务。
　　　　　주어　　부사　　능원동사　　동사구1　　동사구2
　　　　　　　　　　　　　　어려움을 극복하다　　임무를 완성하다

5

领域　　他的理论　　被　　应用到　　很多　　［기출］

정답 他的理论被应用到很多领域。　　그의 이론은 많은 영역에 응용되었다.

문장분석 他的理论　　被应用到　　很多领域。
　　　　　주어　　술어　　목적어

6

新的　　开发　　软件　　正在　　公司　　我们　　［기출］

정답 我们公司正在开发新的软件。　　우리 회사는 새로운 프로그램을 개발하고 있다.

문장분석 我们公司　　正在　　开发　　新的软件。
　　　　　주어　　부사　　술어　　목적어

开发软件 프로그램을 개발하다

시간과 상태를 나타내는 부사로 동사 앞에서 진행을 의미함

<table>
<tr><td>**7**</td><td>非常</td><td>听说</td><td>奥运会的</td><td>北京</td><td>精彩</td><td>开幕式</td><td>기출</td></tr>
</table>

정답	听说北京奥运会的开幕式非常精彩。	듣자하니 베이징 올림픽의 개막식은 매우 훌륭했다고 한다.

문장분석　听说北京奥运会的开幕式　非常精彩。
　　　　　　　주어　　　　　　　　술어

(스포츠·문화·예술 방면에 있어서) 뛰어나다, 훌륭하다

제2부분

1

포인트

그림 보고 떠오르는 핵심 단어 파악하기 : 자전거
그림 보고 연상하기 : 요즘 불고 있는 자전거 열풍 – 자전거 타기의 이점을 몇 가지로 나열하기 – 결론 도출.

요즘 자전거 열풍이라고 말할 수 있다. 많은 사람이 자전거를 타고 출근하거나, 학교에 간다. 사실, 자전거를 타면 많은 이점이 있다. 첫 번째는 대기오염을 막을 수 있다. 자동차를 운전하면 대량의 배기가스가 배출된다. 그러나 자전거를 타면 환경을 보호할 수 있다. 두 번째로, 신체에도 이롭다. 자전거를 타는 것은 신체를 단련하는 좋은 방법이다.

		最	近	可	以	说	是	个	自	行	车	热	。	很	多
人	骑	自	行	车	上	班	、		上	课	。	其	实	,	骑	自
行	车	有	很	多	好	处	。	第	一	,	防	止	大	气	污
染	。	开	车	会	排	出	大	量	的	汽	车	尾	气	。	但
骑	车	可	以	保	护	环	境	。	第	二	,	对	身	体	也
有	好	处	。	骑	车	是	锻	炼	身	体	的	好	办	法	。

‖ 제1부분 ‖

1

着	老师	耐心地	指导	学生

정답 老师耐心地指导着学生。

선생님은 인내심을 가지고 학생들을 지도하고 있다.

문장분석 老师（주어） 耐心地（부사） 指导着（술어） 学生（목적어）。

인내심이 강하다(형용사), 인내심(명사)

2

请	输入	您的	密码	再次	기출

정답 请再次输入您的密码。

당신 비밀번호를 다시 입력해주세요.

문장분석 请再次（부사） 输入（술어） 您的密码（목적어）。

3

目标	自己的	每个人都	明确	应该

정답 每个人都应该明确自己的目标。

매 사람마다 자신의 목표를 명확히 해야 한다.

문장분석 每个人（주어） 都（부사） 应该（능원동사） 明确（술어） 自己的目标（목적어）。

明确目标 목표를 명확히 하다

4

一家	贸易公司	在	秘书	当	她

정답 她在一家贸易公司当秘书。

그녀는 한 무역회사에서 비서 일을 한다.

문장분석 她（주어） 在一家贸易公司（전치사구） 当（술어） 秘书（목적어）。

비서를 하다

5

客人	服务	很满意	对	服务员的	기출

정답 客人对服务员的服务很满意。

손님은 종업원의 서비스에 매우 만족해합니다.

문장분석 客人（주어） 对服务员的服务（전치사구） 很满意（술어）。

对…很满意 ~에 대해 매우 만족하다

6

| 苗条的身材　　她　　让　　很嫉妒　　人 | 기출 |

정답 她苗条的身材让人很嫉妒。 | 그녀의 날씬한 몸매는 사람들로 하여금 질투하게끔 한다.

문장분석 她苗条的身材　　让人　　很嫉妒。
　　　　　주어　　　전치사구　　술어

7

| 我们国家的　　面临着　　股票市场　　新的调整 | 기출 |

정답 我们国家的股票市场面临着新的调整。 | 우리나라 주식시장은 새로운 조정에 직면해 있다.

문장분석 我们国家的股票市场　　面临着　　新的调整。
　　　　　주어　　　　　　술어　　　목적어

面临调整 조정에 직면하다

제2부분

1

포인트

그림의 핵심 단어 포착 : 선물
선물 보고 연상하기 : 왜 사람들은 선물을 하는가 – 선물의 의미 및 의의 / 선물의 가치 서술 – 결론 도출

우리는 축하나 혹은 감사를 표현할 때 선물을 할 수 있다. 선물을 하는 것은 축하의 말과 감사의 말을 하는 것과는 또 다르다. 선물은 자신의 정성을 표현하기 위한 방법이다. 선물은 가격이 비싸든, 싸든, 무엇이든 관계없이, 선물 안에 상대의 마음이 담겨 있으므로 우리는 그것을 소중히 여겨야 한다.

		我	们	表	示	祝	贺	或	者	感	谢	时	，		会	送
礼	物	。	送	礼	物	跟	说	一	些	祝	贺	的	话	或	者
感	谢	的	话	又	不	一	样	。		礼	物	是	一	种	表	达
自	己	心	意	的	办	法	。		不	管	礼	物	贵	还	是	不
贵	，	是	什	么	东	西	，		礼	物	里	面	都	包	含	着
对	方	的	心	意	。		所	以	，		我	们	应	该	珍	惜	它	。

‖ 제1부분 ‖

1

电视上　　这是　　**偶然**　　看到的　　在

정답 这是偶然在电视上看到的。　　｜　　이것은 우연히 텔레비전에서 본 것이다.

문장분석

这	是	偶然在电视上看到的。
주어	술어	목적어

偶然(우연히)은 부사로 주어 뒤, 술어 앞에 위치합니다.

2

每个　　我都　　公园　　去　　**跑步**　　周末

정답 每个周末我都去公园跑步。　　｜　　주말마다 우리는 공원에 가서 달리기한다.

문장분석

每个周末	我	都	去公园	跑步。
시간	주어	부사	동사구1	동사구2

공원에 가다 + 달리기를 하다 (동작의 발생 순서)

3

不能　　再　　推迟了　　出国日期　　`기출`

정답 出国日期不能再推迟了。　　｜　　출국 날짜를 더 이상 미룰 수는 없습니다.

문장분석

出国日期	不能	再	推迟了。
주어	능원동사	부사	술어

4

孩子的　　**期待**　　太大　　了　　父母　　对

정답 父母对孩子的期待太大了。　　｜　　부모님의 아이들에 대한 기대는 정말 크다.

문장분석

父母对孩子的期待	太大了。
주어	술어

아이들에 대한 기대

5

要求　　工资　　涨　　**强烈**　　职员们　　公司　　`기출`

정답 公司职员们强烈要求涨工资。　　｜　　회사 직원들은 임금 상승을 강하게 요구한다.

문장분석

公司职员们	强烈	要求	涨工资。
주어	부사	술어	목적어

임금을 올리다

6

| 是 | 世界 | 长城 | 七大奇迹 | 之一 | 吗? | 기출 |

정답 长城是世界七大奇迹之一吗? | 만리장성은 세계 7대 기적 중의 하나입니까?

문장분석 长城 是 世界七大奇迹之一 吗?
주어 술어 목적어 의문조사

7

| 偶尔 | 会 | 去 | 公园 | 散步 | 她 | 기출 |

정답 她偶尔会去公园散步。 | 그녀는 가끔 공원으로 산책하러 간다.

문장분석 她 偶尔 会 去公园 散步。
주어 부사 조동사 동사구1 동사구2

▌제2부분▐

1

| 公司 | 扩大 | 信心 | 服务 | 谦虚 |

포인트 1

스토리 전개의 핵심 단어 포착 : 公司
— 주어진 단어 중에 장소가 있으면 그 장소를 배경으로 스토리를 전개시킴.

포인트 2

스토리 전개의 구체화 : 회사의 규모 확대, 회사의 서비스에 관련된 내용, 업무에 대한 자신감, 사장 혹은 직원들의 겸손한 태도를 가지고 스토리 전개.

우리 회사는 이미 세워진 지 십 년이 되었다. 직원들이 열심히 일해서 회사의 규모는 많이 확대되었다. 우리는 서비스에 매우 자신이 있다. 세계 일류의 서비스는 우리 회사가 성공을 얻도록 도왔다. 비록 우리 회사가 크게 성공했으나, 우리는 여전히 겸손한 태도를 유지해야 한다.

단어 公司 몡 회사 | 扩大 통 확대하다, 확장하다 | 信心 몡 자신감 | 服务 통 서비스하다. 봉사하다 몡 서비스, 봉사 | 谦虚 혱 겸손하다

		我	们	公	司	已	经	成	立	十	年	了	。		经	过
大	家	的	努	力	,		公	司	的	规	模	扩	大	了	很	多 。
我	们	在	服	务	方	面	很	有	信	心	。	世	界	一	流
的	服	务	帮	助	我	们	公	司	获	得	了	成	功	。	虽
然	我	们	公	司	取	得	了	很	大	的	成	功	,		不	过
我	们	还	是	应	该	保	持	谦	虚	的	态	度	。			

▌제1부분▐

1

| 我 | 的 | 文件 | 把笔记本里 | 删除 | 了 | 기출 |

정답 我把笔记本里的文件删除了。　│　나는 노트북 안의 문서를 삭제했다.

문장분석　我（주어）　把笔记本里的文件（전치사구）　删除了。（술어）

2

| 属于 | 每个人 | 都有 | 的 | 回忆 | 自己 | 기출 |

정답 每个人都有属于自己的回忆。　│　사람들마다 다 자신에게 속하는 추억을 가지고 있다.

문장분석　每个人（주어）　都（부사）　有（술어）　属于自己的回忆。（목적어）

3

| 发言 | 你的 | 说服力 | 缺乏 | 기출 |

정답 你的发言缺乏说服力。　│　너의 발언은 설득력이 부족하다.

문장분석　你的发言（주어）　缺乏（술어）　说服力。（목적어）

4

| 进入了 | 我们公司 | 已经 | 市场 | 中国 |

정답 我们公司已经进入了中国市场。　│　우리 회사는 이미 중국 시장에 진출했다.

문장분석　我们公司（주어）　已经（부사）　进入了（술어）　中国市场。（목적어）

进入市场 시장에 진출하다, 진입하다

5

| 以后 | 放在 | 看完书 | 把 | 书架上 | 书 | 기출 |

정답 看完书以后把书放在书架上。　│　책을 다 본 후에 책꽂이에 두세요.

문장분석　看完书以后（시간）　把书（전치사구）　放（술어）　在书架上。（보어）

6

| 学习 | 摔倒 | 经常 | 走路 | 的时候 | 孩子 |

정답 孩子学习走路的时候经常摔倒。　│　아이는 걸음마를 배울 때 자주 넘어진다.

문장분석　孩子学习走路的时候（시간）　经常（부사）　摔倒。（술어）
넘어지다

7 | 中国出差　　　给你　　　中国食品　　　带　　　顺便　　　我去

정답 我去中国出差，顺便给你带中国食品。	내가 중국 출장 가는 김에 너에게 중국 식품을 가져다줄게.

문장분석 我　　去中国　　出差，　　顺便　　给你　　带　　中国食品。
　　　　　주어　　동사구1　　동사구2　　부사어　　전치사구　　술어　　목적어
　　　　　　　　　　　　　　　　　　　　〜한 김에

▌제2부분 ▌

1 | 宿舍　　　开心　　　老实　　　感谢　　　帮助

포인트 1

스토리 전개의 핵심 단어 포착 : 宿舍, 帮助
— 기숙사(宿舍)에서 생긴 에피소드 중 누군가의 도움(帮助)을 받았던 일로 스토리를 전개.

포인트 2

스토리 전개 : 기숙사 방에 열쇠를 놔둔 채 방문을 잠그고 나와서, 경비 아저씨의 도움을 받아 문을 열었던 내용으로 스토리 전개.

나는 기숙사 생활을 하고 있는데, 하루는 방에 있는 열쇠를 잊어버리고, 문을 잠가버렸다. 수위 아저씨께 말씀 드릴 때 매우 죄송스러웠다. 나의 솔직한 모습을 보고, 아저씨는 별 말씀을 안 하시고, 곧바로 올라가서, 문을 열어주셨다. 나는 어떻게 아저씨께 감사해야 할지 몰랐으나, 아저씨는 나를 도와줄 수 있어서 아저씨도 매우 기쁘다고 말씀하셨다.

단어 宿舍 몡 기숙사 | 开心 혱 즐겁다, 유쾌하다 | 老实 혱 솔직하다, 성실하다 | 感谢 동 감사하다
帮助 동 돕다 몡 도움

	我	住	在	宿	舍	，	有	一	天	把	钥	匙	忘	在
房	间	里	，	就	把	门	锁	上	了	。	跟	看	门	的	师
傅	说	的	时	候	，	觉	得	很	不	好	意	思	。	看	我
样	子	很	老	实	，	师	傅	没	说	什	么	，		马	上	上
楼	帮	我	开	了	门	。	我	不	知	怎	么	感	谢	他	，
但	他	说	，	能	帮	助	我	，	他	也	很	开	心	。	

┃제1부분┃

1

特意　　为你　　我　　这是　　准备的　　礼物

정답 这是我特意为你准备的礼物。 | 이것은 내가 특별히 너를 위해 준비한 선물이다.

문장분석
这（주어）　是（술어）　我特意为你准备的礼物。（목적어）
特意 → 특별히

2

可以　　提高　　玩玩具　　智商　　孩子的

정답 玩玩具可以提高孩子的智商。 | 장난감을 가지고 노는 것은 아이의 지능을 높일 수 있다.

문장분석
玩玩具（주어）　可以（능원동사）　提高（술어）　孩子的智商。（목적어）
提高智商 지능을 높이다, 아이큐를 높이다

3

天气原因　　导致　　上涨　　物价　　[기출]

정답 天气原因导致物价上涨。 | 날씨의 원인은 물가 상승을 초래했다.

문장분석
天气原因（주어）　导致（술어）　物价上涨。（목적어）

4

权力　　借着　　他　　自己的　　威胁　　别人

정답 他借着自己的权力威胁别人。 | 그는 자신의 권력을 빌려서 다른 사람을 위협한다.

문장분석
他（주어）　借着自己的权力（전치사구）　威胁（술어）　别人。（목적어）
→ 다른 사람을 위협하다

5

免费　　服务　　提供　　这里　　各种

정답 这里免费提供各种服务。 | 이곳은 무료로 각종 서비스를 제공한다.

문장분석
这里（장소）　免费（부사）　提供（술어）　各种服务。（목적어）
提供服务 서비스를 제공하다

<table>
<tr><td>6</td><td>没有</td><td>绝对</td><td>世界上</td><td>的</td><td>理论</td><td>完美</td><td>기출</td></tr>
</table>

정답 世界上没有绝对完美的理论。　｜　세상에는 절대적으로 완벽한 이론은 없다.

문장분석 世界上 （주어）　没有 （술어）　绝对完美的理论。 （목적어）

<table>
<tr><td>7</td><td>成为</td><td>年轻人</td><td>明星</td><td>都</td><td>无数的</td><td>想</td></tr>
</table>

정답 无数的年轻人都想成为明星。　｜　무수한 젊은이들이 다 스타가 되고 싶어한다.

문장분석 无数的年轻人 （주어）　都 （부사）　想 （능원동사）　成为 （술어）　明星。 （목적어）
　　　　　　　스타가 되다

제2부분

1

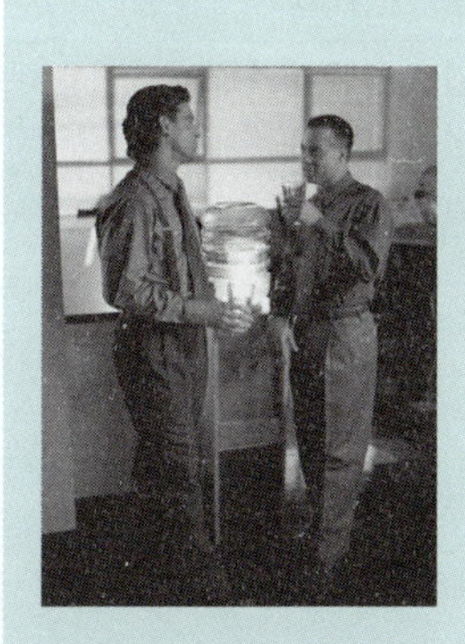

포인트 1
그림의 핵심 단어 포착 : 정수기 혹은 직장 내의 상사와 부하직원

포인트 2
그림으로 연상하기 : 정수기의 보편화 현상 – 이는 수질 오염으로 인한 것 – 수질 오염 문제 – 결론 도출 → 환경 오염 문제는 사람들의 관심 유도 필요.

최근에 거의 모든 건물에서 정수기를 볼 수 있다. 이것은 우리를 편리하게 했지만, 동시에 우리는 지금의 수돗물은 직접 마실 수가 없다는 것을 발견하게 된다. 단지 정화의 과정을 거친 물을 마실 수밖에 없다. 수질 오염뿐만 아니라, 기타 오염 문제도 비교적 심각하다. 전세계는 이러한 환경 문제들에 관심을 가져야 한다.

最近几乎每个楼里都能看到饮水机。这虽然方便了我们，但同时我们也发现现在的自来水是不能直接饮用的。只能喝经过净化处理的水。不光是水质污染，其他污染问题也比较严重。全世界都应该重视这些环境问题。

▌제1부분▐

1

被	电脑	病毒	破坏了	系统

정답 电脑系统被病毒破坏了。　　컴퓨터 시스템이 바이러스에 의해 망가졌다.

문장분석 电脑系统　被病毒　破坏了。
　　　　　주어 (대상)　전치사구 (주체)　술어

2

要学习	我们	对方的角度	从	问题	看	기출

정답 我们要学习从对方的角度看问题。　　우리는 상대방의 각도에서 문제를 보는 법을 배워야 합니다.

문장분석 我们　要　学习　从对方的角度　看　问题。
　　　　　주어　능원동사　동사　전치사구　술어　목적어

3

一个学生的	考试	并不	真实成绩	代表

정답 考试并不代表一个学生的真实成绩。　　시험은 결코 한 학생의 실제 성적을 대표하는 것은 아니다.

문장분석 考试　并不　代表　一个学生的真实成绩。
　　　　　주어　부사　술어　목적어

并(부사) + 不(부정부사) + 代表(동사)
并은 부정과 어울려 쓰이는 부사로 '전혀·결코'의 의미입니다.

4

学习	向学生们	询问	情况	老师

정답 老师向学生们询问学习情况。　　선생님께서 학생들에게 학습 상황을 물어본다.

문장분석 老师　向学生们　询问　学习情况。
　　　　　주어　전치사구　술어　목적어

向…询问 ~에게 묻다

5

自己满意的	要	选举出	总统	人民

정답 人民要选举出自己满意的总统。　　인민은 자기가 맘에 드는 대통령을 선출해야 한다.

문장분석 人民　要　选举出　自己满意的总统。
　　　　　주어　능원동사　술어　목적어

选举总统 대통령을 선출하다

6

| 都 | 现在 | 有许多人 | 要去中国 | 做生意 |

정답 现在有许多人都要去中国做生意。 | 지금 많은 사람이 중국 가서 사업하려고 한다.

문장분석

现在	有许多人	都	要	去中国	做生意。
시간	주어	부사	능원동사	동사구1	동사구2

중국에 가다 + 사업하러 (동작의 순서대로 나열)

7

| 老年 | 消费者 | 这种手机 | 主要 | 针对 | 기출 |

정답 这种手机主要针对老年消费者。 | 이 휴대전화는 주로 노년층 소비자를 겨냥한다.

문장분석

这种手机	主要	针对	老年消费者。
주어	부사	동사	목적어

겨냥하다, 겨누다

▌제2부분▌

1

포인트 1
그림 보고 떠오르는 핵심 단어 파악하기 : 노트북

포인트 2
그림 보고 연상하기 : 인터넷 발달에 따른 노트북 사용 증가 – 인터넷 사용의 장단점 나열 – 적절한 인터넷 사용 관련 결론 도출

인터넷이 보급됨에 따라, 많은 이들이 컴퓨터를 사용한다. 컴퓨터가 없는 생활은 정말 상상할 수가 없다. 우리는 매일 컴퓨터를 통해서 정보를 검색하고, 이메일을 보내고, 일을 처리한다. 현대인들의 생활은 이미 컴퓨터와 뗄 수 없다. 그러나 인터넷도 많은 문제점을 수반한다. 우리는 마땅히 제대로 인터넷을 사용해야 한다.

		随	着	网	络	的	普	及	，	很	多	人	都	使	用
电	脑	。	没	有	电	脑	的	生	活	，	真	的	无	法	想
象	。	我	们	每	天	通	过	电	脑	，	浏	览	信	息	、
发	电	子	邮	件	、	处	理	事	情	。	现	代	人	的	生
活	已	经	与	电	脑	离	不	开	了	。	但	网	络	也	带
来	很	多	问	题	。	我	们	应	该	正	确	使	用	它	。

제1부분

1

习惯　　孩子　　要　　从小　　养成　　良好的

정답 孩子要从小养成良好的习惯。

아이는 어렸을 적부터 좋은 습관을 길러야 한다.

문장분석

孩子	要	从小	养成	良好的习惯。
주어	능원동사	전치사구	술어	목적어

养成·形成 + 习惯 습관을 기르다

2

5号座位　　被　　预订了　　别的客人　　已经　　기출

정답 5号座位已经被别的客人预订了。

5번 좌석은 이미 다른 손님이 예약하셨습니다.

문장분석

5号座位	已经	被别的客人	预订了。
주어	부사	전치사구	술어

3

换成　　想　　把这些硬币　　纸币　　我

정답 我想把这些硬币换成纸币。

나는 이 동전을 지폐로 바꾸고 싶다.

문장분석

我	想	把这些硬币	换成	纸币。
주어	능원동사	전치사구	술어	목적어

4

你的　　严重的　　后果　　失误　　造成了

정답 你的失误造成了严重的后果。

당신의 실수는 심각한 결과를 가져왔다.

문장분석

你的失误	造成了	严重的后果。
주어	술어	목적어

造成后果 결과를 초래하다
后果严重 결과가 심각하다

5

他的一句话　　比　　都　　谁的话　　有影响力　　기출

정답 他的一句话比谁的话都有影响力。

그의 한마디 말은 누구의 말보다 영향력이 있다.

문장분석

他的一句话	比谁的话	都	有	影响力。
주어	전치사구	부사	술어	목적어

6

| 遇到　　会　　经常　　各种困难　　在工作中 |

정답　在工作中经常会遇到各种困难。　｜　일하면서 자주 각종 어려움에 부딪힐 것이다.

문장분석　在工作中　经常　会　遇到　各种困难。
고정구　　부사　능원동사　술어　　목적어

遇到困难 어려움에 부딪히다

7

| 要是　　能　　永远　　幸福　　好了　　就　　保持　[기출] |

정답　要是能永远保持幸福就好了。　｜　만약 영원히 행복을 유지할 수 있다면 좋겠다.

문장분석　要是　能　永远　保持　幸福　就　好了。
접속사　능원동사　부사　술어　목적어　부사　술어

제2부분

1

| 压力　　游戏　　偶然　　缓解　　乐观　[기출] |

포인트 1

스토리 전개의 핵심 단어 포착 : 缓解，压力
— 스트레스를 해소하다 – 스트레스 해소법으로 내용 전개.

포인트 2

스토리 구체화 : 평소에 업무 스트레스가 많은데, 우연히 스트레스 해소법으로 낙관적으로 생각하기, 자기가 좋아하는 일 하기라는 스트레스 해소법을 알게 됨. 화자는 자기가 좋아하는 게임으로 스트레스를 해소해야겠다고 생각함.

나는 평소에 일 스트레스가 비교적 많다. 근래에 나는 우연히 텔레비전에서 어떤 사람이 소개하는 스트레스 해소법을 보았다. 가장 중요한 것은 낙관적인 태도를 가지는 것이고, 자기가 좋아하는 일을 하는 것이었다. 나는 특별히 게임을 좋아한다. 나는 마음속으로 앞으로 스트레스가 많을 때 가끔씩 게임을 해야겠다고 생각했다.

단어　压力 閔 스트레스 ｜ 游戏 閔 게임, 오락 ｜ 偶然 囝 우연히 閺 우연이다 ｜ 缓解 동 해소하다, 완화시키다 ｜ 乐观 閺 낙관적이다

我	平	时	工	作	压	力	比	较	大	，		近	来	我
偶	然	在	电	视	上	看	了	有	人	介	绍	的	缓	解	压
力	的	方	法	。	最	重	要	的	是	要	乐	观	一	点	儿	，
做	自	己	喜	欢	的	事	情	。	我	特	别	喜	欢	玩	儿
游	戏	。	我	心	里	想	，	今	后	工	作	压	力	大	的
时	候	，	偶	尔	玩	儿	一	会	儿	游	戏	。		

▌제1부분▌

1

要努力　　学习　　再三　　告诉　　妈妈　　我

정답 妈妈再三告诉我要努力学习。　　엄마는 열심히 공부해야 한다고 내게 재차 말씀하셨다.

문장분석　妈妈　再三　告诉　我　要努力学习。
주어　부사　술어　목적어　목적어2
재차, 다시 (부사)

2

电话　　奶奶家的　　战线　　一直　　[기출]

정답 奶奶家的电话一直占线。　　할머니 댁 전화가 계속 통화 중이다.

문장분석　奶奶家的电话　一直　占线。
주어　부사　술어

3

我　　制定好了　　已经　　学习计划　　这一年的

정답 我已经制定好了这一年的学习计划。　　나는 이미 올 한 해의 학습계획을 다 세웠다.

문장분석　我　已经　制定好了　这一年的学习计划。
주어　부사　술어　목적어
制定计划 계획을 세우다

4

好转　　他的　　病情　　正在　　逐步

정답 他的病情正在逐步好转。　　그의 병세는 지금 점차 호전되고 있다.

문장분석　他的病情　正在　逐步　好转。
주어　부사　부사　술어
(시간부사)　(상태부사)　호전되다

5

有　　5400名　　学生　　我们学校　　总共　　[기출]

정답 我们学校总共有5400名学生。　　우리 학교에는 총 5,400명의 학생이 있다.

문장분석　我们学校　总共　有　5400名学生。
주어　부사　술어　목적어

414

6

| 一定要 | 非法行动 | 我们 | 阻止 | 他的 | 기출 |

정답 我们一定要阻止他的非法行动。 | 우리는 그의 범법 행위를 반드시 막아야 한다.

문장분석 我们 一定 要 阻止 他的 非法行动。
주어 부사 능원동사 술어 목적어

阻止非法行动 범법 행위를 막다

7

| HSK考试 | 正忙着 | 准备 | 呢 | 我 | 最近 | 기출 |

정답 我最近正忙着准备HSK考试呢。 | 나는 최근에 HSK 시험을 준비하느라 바쁘다.

문장분석 我 最近正 忙着 准备HSK考试 呢。
주어 부사 술어 목적어 조사

正忙着…呢 ~로 바쁘다

▮ 제2부분 ▮

1

포인트
그림 보고 핵심 단어 파악 : 휴대전화
그림 보고 연상하기 : 휴대전화를 들고 있는 여자 – 요즘 휴대전화의 보편화 현상과 기능의 다양화 – 휴대전화의 이점을 3, 4가지로 서술 – 결론 도출(휴대전화는 생활에 유용한 도구이다. 혹은 휴대전화 사용의 단점 및 주의사항)

과학이 발달하면서, 사람들의 생활이 점점 편리해졌다. 특별히 휴대전화의 출현은 사람들에게 많은 편리함을 제공했다. 만약 한 사람이 다른 사람에게 전화를 하고 싶으면 언제 어디에 상관없이 모두 가능하다. 그러나 사무실과 지하철 안에서 사용할 때는 주의해야 한다.

		随	着	科	学	的	发	达	，	人	们	的	生	活	越
来	越	方	便	了	。	特	别	是	手	机	的	出	现	给	人
们	提	供	了	很	多	便	利	。	如	果	个	人	想	给	别
人	打	电	话	，	不	管	在	哪	儿	或	者	什	么	时	候
都	可	以	。	但	是	在	办	公	室	和	地	铁	里	使	用
时	应	该	注	意	。										